周鸿祎传

从行业公敌到数字化卫士

陈 润◎著

团结出版社

图书在版编目（CIP）数据

周鸿祎传 / 陈润著 . —— 北京 : 团结出版社 , 2020.11
ISBN 978-7-5126-8290-0

Ⅰ . ①周… Ⅱ . ①陈… Ⅲ . ①周鸿祎—传记 Ⅳ . ① K825.38

中国版本图书馆 CIP 数据核字 (2020) 第 181724 号

周鸿祎传

陈 润 著

出　　版：团结出版社
　　　　　（北京市东城区东皇城根南街84号　邮编：100006）
责任编辑：郑 纪
电　　话：（010）65228880
发　　行：（010）51393396
网　　址：http://www.tjpress.com
E－mail：65244790@163.com
经　　销：全国新华书店
印　　刷：三河市龙大印装有限公司

开　　本：145×210　1/32
印　　张：9.75
字　　数：250千字
版　　次：2020年11月第1版
印　　次：2020年11月第1次印刷

书　　号：978-7-5126-8290-0
定　　价：59.00

为标杆立传：重塑企业家精神，推动中国商业进步

在我们一生中，总会遇到那么一个人，用自己的智慧之光、精神之光，照亮我们人生的道路。

我从事企业传记写作、出版已有 10 多年，在访谈企业家、创业者的时候，我通常会问两个问题：谁对你影响最大？哪本书令你受益匪浅？答案往往是某位标杆企业家及其传记作品。可以说，很多企业家都曾深受成功前辈企业家传记的影响，他们以偶像为标杆，完成自我认知、自我突破、自我进化，在对标中寻找坐标，在蜕变中加速成长。

人们常说，选择比努力更重要，而选择正确与否取决于认知。决定人生命运的关键选择就那么几次，大多数人不具备做出关键抉择的正确认知，然后要花很多年为当初的错误决定买单。对于创业者、管理者来说，阅读成功企业家传记是形成方法论、构建学习力、完成认知跃迁的最佳捷径，越早越好。

无论个人还是企业，不同的个体、组织有不同的基因和命运。对于个人来说，要有思想、灵魂，才能活得明白，取得成功。对于企业而言，要有愿景、使命、价值观，才能做大做强，基业长青。世间万物，皆有"灵魂"。每个企业出生时都有"灵魂"，但发展壮大以后就容易被忽视。企业的灵魂人物是创始人，他给企业创造的最大财富是企业家精神；管理的核心是管理愿景、使命、价值观，我们通常概括为企业文化。有远见的企业家重视"灵魂"，其中效率最高、成本最低的方式是写

作企业家传记和企业史，前者重塑企业家精神，后者提炼企业文化，以此找到企业复兴之路。

"立德、立功、立言"，这是儒家追求，也是人生大道。在过去10年间，我所创办的润商文化秉承"以史明道，以道润商"的使命，汇聚一大批专家学者、财经作家、媒体精英，专注于企业传记定制出版和传播服务，为标杆企业立传。我们为华润、招商局金融、戴尔中国、用友、卓尔、光威等数十家著名企业提供知识服务，策划出版过全球商业史系列、世界财富家族系列、中国著名企业家传记系列等近百部具有影响力的作品，还将部分优秀作品版权输出海外，堪称最了解中国本土企业实践和理论模型的知识服务机构之一。

正是出于重塑企业家精神、构建商业文明的专业研究精神和时代使命感、责任感，当我提出策划出版"中国著名企业家传记"丛书的倡议之后，得到团结出版社的大力支持。2019年初，我们启动"中国著名企业家传记"丛书的学术研究和出版工程。

为了高标准、高品质打造精品，我们聚集业内知名财经作家组建研究团队，进行专题研究和创作，陆续出版了李嘉诚、任正非、马云、雷军、董明珠、彭蕾等企业家传记作品，面世后深受读者欢迎，一版再版。2020年，我们继续完成王兴、张一鸣、黄峥、周鸿祎、曹德旺、段永平等企业家传记作品，为企业家立言，为企业立命，为中国商业立标杆。

一直以来，我们致力于为有思想的企业提升价值，为有价值的企业传播思想。作为中国商业观察者、记录者、传播者，我们将聚焦于更多标杆企业、行业龙头、区域领导品牌、高成长型创新公司等有价值的企业，将"中国著名企业家传记"丛书不断完善，重塑企业家精神，传播企业品牌价值，推动中国商业进步。

通过"中国著名企业家传记"丛书的调查研究和出版工程，我们意在为更多企业家、创业者提供前行的智慧和力量，为读者在喧嚣浮华的时代打开一扇希望之窗：

在这个美好时代，每个人都可以通过奋斗和努力，成为想成为的那个自己。

"中国著名企业家传记"丛书主编

陈润

2020 年 9 月 12 日

周鸿祎的"人生三问"

在北京 360 大厦 15 层周鸿祎的办公室里，半夜十二点经常响起音乐声。他也喜欢坐在录音棚的沙发上，陶醉在音乐的世界里。他最喜欢交响乐，尤其是西方古典乐曲，最喜欢的音乐家是马友友。

这样柔情、优雅、文艺的形象，似乎与周鸿祎留给外界的印象严重不符。他曾说："我是一个很感性的人，大家都觉得我很强势。但其实我会遇到很多困难时刻，我都觉得很难过。"其实，侠骨柔情更符合周鸿祎的性格特点。马云等互联网大佬推崇金庸，周鸿祎则仰慕古龙，他评价说："古龙和他书中的男主角都是逃避成长的，他们心里住着一个孩子。他们不愿背负世俗对中年的要求，从而轻装上阵，肆意而行。这些大叔们永远对人生抱有好奇、想象与热情，或率真，或热烈，加上皱纹里藏着沧桑阅历，那种迷人，太难抵抗。"

在交响乐中，在武侠小说里，我们或许可以窥见不为人知的周鸿祎：他率真热烈，喜怒哀乐都写在脸上；他自由随性，将一切束缚彻底挣脱；他追求理想，以斗争颠覆的姿态一往无前。纵观周鸿祎过去 20 多年里的几段创业历程，有得有失，有褒有贬，但基本逻辑始终未变：他追求创办一家伟大公司的梦想，并且以免费模式大行其道，颠覆互联网行业，并因此与各路英雄结仇，以"战争之王"的形象且战且行，愈战愈强。

看清楚周鸿祎的性格特征与商业逻辑，才能由表入里，回答三个基本问题：周鸿祎是谁？周鸿祎是怎么成长起来的？他的人生理想和使命、价值观是什么？他将来会把奇虎 360 带到哪里去？

这三个问题，也是本书试图解答的"终极三问"。古希腊伟大的思想家、哲学家柏拉图有灵魂三问："我是谁？我从哪里来？要到哪里去？"管理学大师彼得·德鲁克也有对企业家的灵魂三问："我们的业务是什么？我们的业务将是什么？我们的业务究竟应该是什么？"

周鸿祎的"人生三问"，就藏在这部传记作品里，从序言漫说开来。

"战争之王"

在周鸿祎办公室的墙壁上，贴着十来张黑底靶纸，靶心周围都是密密麻麻的枪眼，这是他在香港实弹射击的成绩。在北京郊区怀柔的大山里，他拿下一百多亩地建成真人 CS 训练基地，还专门请退伍特种兵训练枪战，周末会去"荷枪实弹"地对战几个回合，他自称"像巴顿将军，喜欢打仗，闲不下来"。

"打仗"不只是周鸿祎的兴趣爱好，也是他商业生涯的真实写照。周鸿祎的创业史就是一部战争史，他几乎和所有的互联网巨头都交过手：1998 年创办 3721 网站伊始，他就与微软、CNNIC（中国互联网信息中心）正面交锋。2003 年将 3721 卖给雅虎之后，他出任雅虎中国总裁，因电子邮箱业务与丁磊开战，又因合作问题与杨致远爆发冲突。2006 年出任奇虎董事长，他因"反流氓软件"得罪马云，又因"免费杀毒"与瑞星、卡巴斯基、金山交恶。

再往后，"战争"一场比一场凶险，影响也越来越大。2010 年 9 月底，周鸿祎以"泄露用户隐私"为由向腾讯宣战，直到 2013 年 4 月 25 日，法院认定 360 不正当竞争，判令赔付腾讯 500 万元并在媒体公开道歉，360 当庭提出上诉。周鸿祎一脸委屈地说："腾讯赤裸裸地抄袭 360 产品和强制捆绑，导致 360 不得不进行反击，这是'3Q 大战'的根本原因。"

2012年8月，重温搜索旧梦的周鸿祎与李彦宏短兵相接，战法与"3Q大战"如出一辙，直到2012年11月工信部介入，各方以和解收场。这已经不是工信部第一次介入周鸿祎的"战争"，2011年周鸿祎就因与金山的网络战和雷军一起被工信部领导请去谈话。几乎每次"战争"都有相关部委出面调停，"调"已完成，"停"倒未必。2013年4月23日，360推出良医搜索，剑指百度，"3百大战"再次升级，战火将至，烟云满天。

绵延不断的"战火"让周鸿祎"红衣大炮"的名号很早就成为业界共识。他总是穿一件红色T恤衫，蓝灰色的领口和袖口都已泛白，正反面都可以穿，一件能穿好多年，家里衣柜中几乎全是同一品牌、同一款式的红T恤。穿红衣源于刚出道时人们常错喊他为"周鸿伟"，"红衣"更形象化，容易记住。他头发粗短精神，额头宽阔圆润，双目有神，嗓门洪亮，说话像连珠炮一样迅疾而清晰，思维敏捷，逻辑清晰，交谈时遇到错误或不认同之处，他一定会毫不客气地纠正反驳。他喜欢掌控话语权，对指出别人错误有与生俱来的冲动，这种心直口快的性格和主动出击的欲望，必然出现"有周鸿祎在必有战事"的景象，无论是在访谈节目、微博中还是商场，他就像一根导火索，一点就爆。

从某种意义上说，射击和打CS已不仅是周鸿祎的爱好，更像是他锻炼商业逻辑和竞争心态的自我修炼，如他所言：

> 打CS是外在的表象，真正需要锻炼和改变的是内心的价值观。害怕风险、恐惧失败、从众随大流、经不起别人的冷嘲热讽甚至谩骂攻击、盲目崇拜大公司大企业，这都是没办法去创新创业的，这样的人你给他发一把真枪他都不敢拿。

如同CS训练一样，"战争"已成为周鸿祎布局新战略、进入新领域的有效途径和宣告方式，战火越激烈，规模越宏大，影响越深远，他就越有进取心和成就感。如果一项业务不是以"3X 大战"作为开始，那只能说明它不重要，或者周鸿祎已退休。

"战争之王"逐渐在南征北战中成为"全民公敌"，360 的产品却随"战火"在用户电脑或手机界面成燎原之势。浏览器、杀毒软件、安全卫士、安全桌面、云盘、压缩、游戏、网盾……只要上网就会使用。四面开花意味着四面树敌，尽管竞争对手的正面打击和联合封杀从未间断，可 360 却如疯长的"野草"，"野火烧不尽，春风吹又生"。

烧不尽并能吹又生的秘密，在于野草扎根的这片土地。周鸿祎以"一切为了用户"为价值观和竞争法则，即便挑战巨头，他也毫不畏惧，底气十足。

以免费颠覆互联网行业

周鸿祎说："如果你按照巨头的游戏规则玩，你就永无出头之日。商业的规则都是用来被打破的。"这是 15 年商海沉浮的经验总结，他自比为大闹天宫的孙悟空，无意中扮演了反抗者的角色，他说：

> 美国人崇尚颠覆式创新，而不是跟在别人后面，因此颠覆者和破坏者都被视为英雄。在中国，颠覆和破坏往往是贬义词，被认为是麻烦制造者，因此在中国创新需要勇气。

1998 年 10 月，周鸿祎怀揣"让中国人能用自己的母语上网"的远大理想下海创业，推出 3721 地址栏搜索软件。"3721"源于"不管三七二十一"的俗语，周鸿祎打破规则、颠覆创新的锋芒不言而喻。为快速推广，当用户打开网页或安装软件时，3721 插件就强行安装并提供服务，丝毫不考虑用户感受，周鸿祎首创的推广模式后来在互联网行业泛滥，甚至会弹出广告、间谍软件和广告软件，变异为流氓软件，"流氓软件之父"的帽子就这样扣在他头上。

2002年与百度争夺IE地址栏用户流量时，转投百度的用户发现卸载3721客户端总有无法清除的程序，周鸿祎以此干扰使用者正常使用百度搜索软件。这种粗暴手段招来如潮责骂。周鸿祎曾反省说："千不该万不该，为了竞争而眼里已经看不到用户！"并认为卖掉3721是"至少10亿美金的失败"。

这两次惨痛教训令周鸿祎深刻意识到，"对用户好才是根本"，"成败往往取决于用户体验"。2007年，周鸿祎创立"拜用户教"，"用户需要什么我们就做什么"。

周鸿祎尊崇的美国学者克莱顿·克里斯坦森说过："一家实力强大的公司不可能被一家小公司所打败，打垮它的是行业趋势，是被它大大忽略或无视的用户需求。"在互联网行业，免费是取悦用户、抢夺流量的有效手段，也是大势所趋。从2005年开始，周鸿祎以天使投资人的身份先后投资迅雷、酷狗、康盛创想、快播等互联网公司，尽管他深知"不要越俎代庖，不要替创业者做决策"的游戏规则，但还是坚定不移地向每位创业者灌输"免费"理念，他总结说："提供免费软件的公司是真正的互联网公司，收费公司只是软件倒卖公司，至于商业模式，等用户数达到一定的量级之后，是迟早的事情。"

创办奇虎之后，周鸿祎继续高举免费大旗。2006年7月，360安全卫士宣布为广大网友免费提供杀毒功能。在360进入之前的20多年中，中国安全行业只有10亿元的规模，用户不到1000万，付费已成习惯思维和固定模式，免费必犯（厂商）众怒。周鸿祎却认为，中国有2亿网民，未来会有5亿甚至更多，只要把安全打造成互联网基础服务，免费之后厂商可以寻求增值业务收费或者企业用户收费。他说："我们并不是通过免费杀毒来打击其他厂商，而是通过免费来做大安全市场。"

要实现用户利益与行业和谐、保持一致并不容易，所以周鸿祎强调："谁是我们的用户，谁是我们的竞争对手，这个问题是从事互联网的首要问题。"周鸿祎是业界有名的"学毛标兵"，如今正上演东山再起的传奇，尤其是连续挑战行业巨头之后，他已成为当今互联网行业最炙手可热的人物之一，他的每一句创业语录都会迅速传开。

毫不夸张地说，周鸿祎的"战争史"就是一部中国互联网发展史，他曾感慨道："我觉得能参与这些时代的变革，不是做一个旁观者，而是做一个推动者，是非常有意义的事情。"纵观周鸿祎的历次"战争"，"颠覆"已成基本战法，"免费"则是"致胜神器"。他说："只有竞争打破垄断才会让消费者和行业获益，改善质量，让用户成为赢家。"

以用户需求为导向，通过竞争和颠覆推动行业发展，这样的颠覆者值得尊敬。

伟大公司的梦想

2010年之后，史蒂夫·乔布斯逐渐成为继杰克·韦尔奇之后中国企业界的"西方教父"，人们希望能复制他的成功经验，缔造传奇。

周鸿祎虽然未曾与乔布斯谋面，却读过几乎所有关于他的书籍。1988年进入西安交大之后，一本名为《硅谷热》的书重新点燃周鸿祎的梦想。离开雅虎中国的那段时光是周鸿祎人生的低潮期，他关在屋子里苦读乔布斯的传记。他认为："乔布斯屡战屡败，桀骜不驯，性格缺陷明显，很像我自己。"2011年8月底，乔布斯的病情日益恶化，有"中国乔布斯"之称的雷军接受《创业家》采访时说："我们生存的意义就是等他挂掉。这个世界没有神，因为新一代的神正在塑造。"这句话令周鸿祎火冒三丈，他尖锐地批评道："成功商人的你和理想主义者乔布斯真的不是一类人。"尽管雷军公开道歉，周鸿祎还是不依不饶，可见其对乔布斯的崇敬之情。

做一家伟大公司，这应该是乔布斯对周鸿祎最重要的影响。2006年3月，正是老朋友齐向东鼓动他"咱们一起做一个伟大的互联网公司"，周鸿祎才踌躇满志地答应出任奇虎董事长，共同创业。

2011年3月30日，奇虎360在纽交所挂牌上市，发行价14.5美元，首日收盘价34美元，上涨134.5%，融资1.75亿美元，市值高达40亿美元。这一年周鸿祎41岁，刚过不惑之年，他说："360上市那一刻没有激动，只有淡定，甚至可以说是压力，因为我们得实现对投资者的承诺。"对于周鸿祎来说，虽然谈伟大公司或创业成功还为时尚早，但作为中国最早一批互联网创业者，尽管"起个大早却赶了个晚集"，上市依然是最好的自我证明方式。

在互联网行业，几乎没有一家软件公司不利用广告盈利，可周鸿祎却坚决反对——与伟大公司的理想相比，广告收入不值一提，为此360公司每年损失近亿元。他说：

> 如果今天没了 Google、腾讯、Facebook，将不可想象，因为他们是伟大的公司，而坐电梯时没了广告显示屏，好像也没什么。

正是为了实现伟大公司的理想，周鸿祎再次作出了一项重大决择。2018年2月28日，历经三年努力，360重回A股怀抱。上市当日收盘时，360总市值高达4278亿元，堪称当时A股最大市值的互联网公司。360回归后便开始全面实施"大安全"战略，开创性地发布了"360安全大脑"，通过持续建设"国家安全大脑""城市安全大脑""家庭安全大脑"，为国家安全及国民安全提供更强劲的保障，全面进军政企安全市场的雄心昭然。

明确的发展战略与创新的产品系列让360在2018年创下辉煌业绩。2019年4月15日，360回归A股1周年后首次公布2018年度财务报告：2018 年度，360 实现营业收入 131.29 亿元人民币，同比增长 7.28%，其中，互联网广告及服务、互联网增值服务、智能硬件业务仍为其主营构成的"三驾马车"，分别实现营业收入 106.58 亿元、11.78 亿元、10.15 亿元。报告期内，360 实现归属于上市公司股东的净利润人民币 35.35 亿元，同比增长 4.83%；实现扣非后归属于上市公司股东的净利润 34.18 亿元，同比增长 24.22%。周鸿祎有足够的信心和实力继续战斗，向伟大公司进发。

2020 年，周鸿祎迎来 50 岁生日，如今他唯一想干的，"就是别人不敢干或者别人想都没想过的事"。"做一家伟大公司"正符合他的追求，也是使命与信念。他曾经被动或主动地进行过很多次战斗，他清楚，这世界上唯一要战胜的人，只有自己。如果有一天，周鸿祎不再愤怒，不再怼天、怼地、怼空气，不再挑战更强劲的对手，那说明，要么他厌倦商业，是时候退出江湖；要么，他已经实现了心中梦想，别无所求。

但是，至少目前，周鸿祎仍然是一名"斗士"，在一个新的永无止境的领域继续奋斗。

目　录

第八章 "小3之争"

第九章 重温旧梦再"搜索"

第十章 上市才有话语权

第十一章 回归 A 股

第十二章　以投资开启转型之路

第十三章　"大安全时代"的新战场

附录

第一章

每次都在被需要的时候站出来

　　对于一介武夫，好斗可能是致命伤；但对于一个有着高学历、智慧加持的创业家来说，却不啻为一笔无形财富。这个世界上太多有才华有抱负的人最终落得个"泯然众人矣"的人生结局，很大程度上就是因为胆商的匮乏。正是"不服周"的个性，让周鸿祎这个起个大早赶个晚集的互联网老兵在与成功一次次错过之后，凭借非凡的胆商，最终还是赢得了属于自己的地盘。

打架从没怕过谁

互联网是一个英雄辈出的行业，但互联网精神天生就反对英雄主义，周鸿祎更是众所周知的"斗士"——"有周鸿祎在必有战事"。

十余年来，互联网大佬无不领教过他的锋芒：他率先把电子邮箱推广到 G 时代，将网易的丁磊惊得一身冷汗；他和李彦宏数度交手，打过官司；他把马云气得面红耳赤，声称"坚决要封杀"；他从雅虎离职创业之际，老东家杨致远亲自写信让风投"不要投资他"；他和马化腾在"3Q 大战"中拼得你死我活，最终惊动国家发改委出面介入调停；他因杀毒和手机业务与老乡、昔日好友雷军交手，后者一度"不敢回应"……周鸿祎说："每次都是在被需要的时候站出来的，打了架，树敌无数，却赢得了用户。"

在战火纷飞的互联网江湖，刀光剑影目不暇接，周鸿祎总是以一副挑战者姿态南征百战，他经常底气十足地告诉对手：

> 无论是群殴，还是单挑，我都会奉陪。我小时候打架就没怕过谁，现在当然也不会怕谁。

这可不是信口开河，而是从小就磨练出来的本事。时间可以将一个好斗者的个性磨砺得圆润，但却不会改变其本质。

1970 年 10 月 4 日，周鸿祎出生于湖北省黄冈市蕲春县的一个美丽乡村——青石镇边街村秀才湾。蕲春位于湖北省东部、大别山南麓，是著名医学家李时珍的故乡。更为传奇的是，古城蕲州有条不到 500 米的东长街，100 多户人家竟培养出了 140 多位博士，而近现代以来从蕲春走出的教授就有 4300 多位。据蕲春县委书记徐和木介绍："当地人重视教育，家里再穷再苦也要把孩子送到学校读书，借债都要供孩子读书。"

对于故乡人杰地灵的荣耀，周鸿祎并不买账。2013 年 2 月 1 日，周鸿祎做客湖南卫视《天天向上》节目，谈及家乡黄冈，他轻描淡写地回答主持人汪涵："那是籍贯，但是我没去过。"

不过，在 2013 年 11 月初举行的楚商联合会首届理事会上，周鸿祎与雷军等湖北企业家一起当选为楚商联合会副会长。无论是出于政商关系还是从投资兴业的角度考虑，看得出来，周鸿祎对于湖北的认同感与日俱增。

无论是出生地湖北黄冈还是成长地河南郑州，周鸿祎都无法回避那个动荡时代带来的影响。20 世纪 70 年代，中国正处在十年动乱终结与改革开放浪潮初起时风雨飘摇的岁月，所有人都在焦虑与渴望中祈祷中国这艘重新起锚的航船能一帆风顺，早日抵达繁荣富强的彼岸。童年时期的周鸿祎对于国家已经发生和即将发生的事情茫然不知，在这样一个风云变幻、充满创伤的时代，缺失安全感的少年会变得敏感，"打架"是男孩最好的摔打、成长方式，只有让自己变得更强大，成长的环境才会更安全。

周鸿祎从小随父母迁居郑州，在陌生的环境中成长，他不但没有变得怯懦胆小，反而勇猛好战。早在读幼儿园的时候，周鸿祎就经常跟小朋友打架。周鸿祎的父母都是地质勘探局的高级测绘工程技术师，家教相当严格，对打架这种事情非常反感。每次他惹事回来，就被父亲狠揍，却总是屡教不改，往往是头天挨父亲打，第二天回学校继续打别人。

一般来说，爱打架闹事的都是大孩子，但是块头小的周鸿祎却打破了人们的刻板印象，他虽然瘦小，却照样迎头而上，而且越挫越勇，明知不敌，也死活要跟人家斗争到底。作为独子，没有哥哥姐姐保护，本该安分守己的他却总在"强敌"面前硬着头皮自己上。这种受不得欺负、说打就打的做派，从童年一直延续到大学。

1988 年，周鸿祎被保送到西安交大。当时，西安民风彪悍，打架风行，而且往往打着打着就动刀子见红了，关于这一点，另一位互联网大腕、地道的西安人、同样从小爱打斗的张朝阳，在回忆往昔时曾如是坦言。周鸿祎就是在这样的背景下度过了青春岁月。有一次，某同班同学被大二的师兄欺负，周鸿祎实在看不过去，仗义出面制止，却惹来了大麻烦。觉得没面子的师兄很快聚集了几个"小混混"，一顿暴打后，周鸿祎的腰被捅了一刀，缝了好几针，据说时至今日，一到阴雨天，还隐隐作痛。被"打挂"不说，还被送到派出所，挨了学校通报批评。愿赌服输，这些他都无所谓，令周鸿祎至今想起来都郁闷的是，他被打的时候，其他胆怯的同学都只是在一旁围观。

这件事让周鸿祎"看到了人性冷漠的一面"，他虽然下决心不再出风头了，但事实证明他根本无法改变爱打抱不平的本性。后来有一次，校方临时改变考试时间，坐等了半天的同学们都很生气。周鸿祎忍不住怒吼："老子还就不考了！"说完就离场了。所幸，这一次因为不涉及武力，同学们给足了他面子，跟着罢考了。

2012 年年底，周鸿祎曾在湖南卫视的《天天向上》节目中提到，大学期间他和同学们去上海实习的时候，到小市场买衣服，同伴因为老摸衣服只看不买，被摊主打了一耳光，两人觉得很委屈：堂堂陕西汉子怎么能吃亏呢？就回去组织了十几个同学，气势汹汹地去小摊准备雪耻，结果反被摊主率领一条街商贩追打，后来一干同学全被送进了派出所。

美国有位现代实验心理学家通过 20 年对上千名对象的追踪研究证明，攻击、好斗属于稳定、持续性格。幼儿期爱打架的孩子，童年时仍然爱打架；5 岁 -10 岁时富有攻击性，则 10 岁 -20 岁时具有打架、挑事儿、与他人争斗的倾向性；成年以后，还有打架行为，决定了这个人一生都热衷激烈竞争。周鸿祎的成长经历似乎证明了这个结论。如今已近知天命之年的周鸿祎，依然保持着童年时期的个性——谁招惹他，他必还手。有人因此说他爱记仇，他一点儿也不反驳，在他看来，没有必要和本性过不去。

对于一介武夫，好斗可能是致命伤，但对于一个有着高学历、智慧加持的创业家来说，却不啻为一笔无形财富。这个世界上太多有才华有抱负的人最终落得个"泯然众人矣"的人生结局，很大程度上就是因为胆商的匮乏。正是"不服周"的个性，让周鸿祎这个起个大早赶个晚集的互联网老兵在与成功一次次错过之后，凭借非凡的胆商，最终还是赢得了属于自己的地盘。

每个人都无法选择出生的家庭、地域和时代，一切都是命中注定的。周鸿祎的斗争精神，并非涉足互联网行业之后的作秀或表演，而是与生俱来的气质，在少年动荡而荒唐的岁月里，他的心里已埋下"不服周"的种子，那是一种力量、一种信念、一种改变命运的勇气和毅力。

在西安交大感受"硅谷热"

苏联作家尼古拉·奥斯特洛夫斯基所著的《钢铁是怎样炼成的》是一部广为人知的长篇小说，其中有一大段文字曾激励过无数心怀梦想者："人最宝贵的是生命。生命对于每个人只有一次。人的一生应该这样度过：当他回首往事的时候，不因虚度年华而懊悔，不因碌碌无为而悔恨；这样在临终的时候，他就可以自豪地说：'我把我的生命和全部的精力，都献给了世界上最壮烈的事业——为人类的解放而斗争。'"

20 世纪 70 年代的中国青年几乎都是手捧《钢铁是怎样炼成的》长大的，主人公保尔·柯察金的故事深深影响过数代中国人。身处英雄主义情结和理想主义色彩浓烈的时代，那时的年轻人大多养成了这样的宏大思维范式：人的生命只有一次，只有做出一番大事才能终生无憾。今天，理想越来越成为一种口号，而于当时，他们却视理想为实在的信仰：人生只为一件大事而来。

周鸿祎年少时的理想是做一家属于自己的计算机公司。早在郑州九中上学时，他就发下了"办自己的软件公司"的宏愿。由于父母都是测绘工程技术人员，工作时常用到计算机，所以周鸿祎从高中时期就得以接触苹果电脑。他常常在课余时间跑到父母的单位"蹭电脑"，当然，年少的他根本不懂得什么是编程，不过纯粹是出于好奇和喜欢，却自此与计算机结下不解之缘。值得提及的是，那时他就感觉到计算机将会成为改变世界的"好东西"。

一个人所能达到的人生高度，无不始于一种内心的渴求。周鸿祎从小骨子里就老想着做点儿与众不同的事情，想干成一件大事。多年后，当他和丁磊闲聊的时候，发现对方也是在中学时代就梦想着通过计算机来改变点儿什么，志趣相投，再加上性格相似，两人于是就成了惺惺相惜的圈内好友。

周鸿祎有一句名言，引起了很多人的共鸣：

> 一个人越早知道自己的价值观，对自己的发展越有利。我的成功得益于我很早就有很清楚的价值观。

周鸿祎中学时期，正赶上华罗庚、陈景润引发的数学热和李政道、杨振宁带来的物理风。陈景润住 6 平方米小屋，借一盏煤油灯，伏在床板上，耗去几麻袋草稿纸，攻克数学难题"哥德巴赫猜想"，采摘"数学皇冠上的明珠"的故事，感动过一个时代，全国年轻人对数学乃至科学的热情一下子被激发起来。随后，李政道、杨振宁发现"宇称不守恒"而荣获诺贝尔奖，引爆新的热潮，很多人的脑海里都装有或多或少的"诺贝尔情结"，中国家长开始不遗余力地为子女的教育问题投入热情和金钱，当时的中学生们开始踏上漫长的奥数和各种物理竞赛之路。

这股风潮让周鸿祎成为幸运儿。在数学、物理方面他都很有天赋，曾经获得各种奥赛大奖，为此赢得免高考、直接保送大学的宝贵机会。照理说，他应该遵循天赋，去选择物理专业，但是他坚持要学计算机，所以就报了西安交大。当时对大学一无所知的他，并不清楚西安交大的排名地位，事实上，他还可以选择很多比西安交大更好的学校，但只有西安交大提供计算机专业。当时，计算机并非热门专业，远比不上国际贸易和食品工程等抢手。周鸿祎的父母一心希望他去学食品工程，他们都是经过三年困难时期过来的人，认为学习跟食品有关的专业，将来一定不会饿肚子。但周鸿祎坚持要学计算机，因为计算机能实现人生抱负。

进入西安交大之后，一个偶然的机会，他读到了一本经济科学出版社 1985 年出版的《硅谷热》。这本书总共分三部分，第一部分以苹果电脑的传奇故事为主线，讲述了硅谷的发展历史；第二部分从风险投资、创业故事、人物传奇等各个方面描绘了硅谷的生态状况；第三部分为"硅谷的明天"，讲述了硅谷模式在全球的扩散、硅谷面临的全球竞争和深远影响。PC 革命、半导体传奇、软件神话、惠普、英特尔、苹果、休利特、乔布斯、格罗夫……大洋彼岸的电脑天才们以知识改变世界的英雄主义情结，令周鸿祎血脉偾张。多年以来，他都将苹果创始人乔布斯视为精神偶像。众所周知，乔布斯并不安分，超越常规，一贯狂傲、偏执，对完美严厉苛求，对细节精益求精。据说，他曾要求苹果首席技术官将原本只能减去 1/4 毫米的尺度再缩减 1 毫米。这种令人匪夷所思的故事，日后也在周鸿祎身上发生了。

《硅谷热》无疑点燃了周鸿祎心中深藏多年的梦想。对于这个熟悉又陌生的名词，他一直都有清晰认知："只有实现超越物质的精神追求，才有可能称之为梦想。"在他看来，真正的梦想需要具备三个条件：一是"奇思妙想"。这就是说，必有新颖之处才称得上是梦想。想要房子、想要车，只是拥有物质的欲望。二是"不那么自私"，实现梦想的首要目的不是赚钱，不是为了自己，而是通过改变别人的生活，让别人更幸福、更快乐。三是"有实现的能力"。没有实现梦想的基本技能，这样的梦想只能是"白日做梦"。

虽然一直梦想着开公司，但周鸿祎从来没有把赚钱作为第一目标。这不是清高，因为 20 世纪 70 年代出身的人普遍带有点儿英雄情结。他后来第一次创业，动机是让普通百姓更容易上网；第二次创业，动机是让普通百姓更方便、更放心地上网。为理想，他可以一年损失几千万，撤掉 360 主界面里晃来晃去、用户看着很碍眼的广告。

周鸿祎是一个理想主义者，同时又是一个实用主义者。理想督促着他朝着心中的目标不断奋进；同时，实用主义让他养成踏踏实实的作风。"毕生理想、近期计划、今日功课"，周鸿祎很欣赏马英九的这句座右铭。他一方面为梦想而激情膨胀，另一方面也甘愿为梦想而付出。

周鸿祎的老师、西安交通大学计算机研究所的张德运教授这样评价他："周鸿祎在我印象中，脑子非常灵活，他第一看得清楚，能看得长远看到未来，第二肯拼命干而不是等待。"周鸿祎很珍惜大学的学习机会。在他看来，大学是人生的关键阶段。这是一生中唯一一次系统化接受教育、拥有大段时间用于学习、能够全心建立知识基础的时期。所以，上大学期间，在很多同班同学都沉迷于玩游戏的时候，他开始迷上了编程；在别人毫无方向感的时候，他专心于学习专业课，因为他认定这些课程对未来比较有价值；大家都在疯赶出国风，考托福、雅思的时候，他天天忙着泡机房。

当然，性格和梦想只是成就命运的部分原因，对于即将创业的周鸿祎而言，行动才是真理，而后者所起的作用，往往远大于前者。

极客精神

互联网观察家林军在《沸腾十五年》一书中把周鸿祎、丁磊等人归为"极客"：都是技术出身，熟悉并极度忠实用户感受和体验，才华出众。但都是"bad boy"，不擅处理人际关系，口无遮拦，毫不掩饰自己的情绪和观点。

极客是美国俚语"geek"的音译，该词被用于形容对计算机和网络技术有狂热兴趣并投入大量时间钻研的人。很长时间在西方文化里，极客的意思一直偏向鄙意，在 PC 革命初期，极客开始衍生为一般人对电脑黑客的贬称，他们具有极高的技术能力，对计算机与网络的痴迷有时会达到不正常的状态。但随着互联网的日益普及，极客走向了历史舞台的中央。

极客们像宗教信徒一样强烈信仰电脑技术改变世界的力量。极客有四大标志性人物：苹果的创始人史蒂夫·乔布斯、微软公司创始人比尔·盖茨、Facebook 创始人马克·扎克伯格和谷歌联合创始人拉里·佩奇，他们都表现出对技术异乎常人的狂热追求，并凭此留下了神一样存在的令消费者顶礼膜拜的传世作品。

周鸿祎坦诚："从骨子里来说，跟李彦宏、雷军等人相比，他们可能更成熟，更容易去驾驭商业的成功。而我骨子里不是一个商人，我是一个对技术着迷的程序员和注重用户体验的产品经理。"为了理想，周鸿祎也曾经像个十足的极客，为技术痴狂过、付出过。

很多程序员都这样感慨和抱怨过生活状态："干得比驴累，吃得比猪差，起得比鸡早，睡得比狗晚，看上去比谁都好，五年后比谁都老。"周鸿祎也有过为了编程对着电脑一坐就是十几个小时的经历，正是因为早期做程序员的时候用眼过度，如今的他不能盯屏幕太久，很多邮件都是让秘书打印来看。去过他办公室的人都知道，那里只有酷炫的音响，却没有电脑。但是，周鸿祎表示："我一直很自豪曾经是名程序员。"

周鸿祎上大学的时候，正值中国程序员崛起的时期。当时，IT业最耀眼的明星是王志东、求伯君、严援朝和朱崇君，这些充满个人英雄主义和爱国情怀的早期程序员创造的业绩，激励了很多程序员进入软件开发领域。

编程，对喜欢的人来说，是快乐；对不喜欢的人来说，可能是炼狱。周鸿祎属于前者。直到今天，写软件依然是周鸿祎的最爱。"没日没夜，历经千辛万苦，把一个软件做出来了，跑起来了，那种感觉，比挣了好多钱、战胜竞争对手更愉悦，非常爽！"

而大学四年，周鸿祎对于计算机编程知识的追求，近乎如饥似渴。他当时上的是西安交大特种班，专业要求很严，所在班级实施能上能下的制度，学期考试如两门课不到 70 分，就转到普通班，这使得周鸿祎不得不把基础课学好。他后来回忆说：

> 我在高中的时候就编程，但那时候没有理论指导，只是靠兴趣、凭感觉，因此遇到了很多问题。当我在大学开始学习后，所学课程让我明白了很多困扰已久、百思不得其解的问题，所以内心产生了学习的欲望。这样基础打得扎实，课程学得也好，而且不是为了应付考试。现在想来，我很多灵感都是来自于学校打下的坚实基础。

除了重视学好基础课程之外，周鸿祎还花了很多时间去实践。当时没有现在这么好的条件，但周鸿祎在学校一直利用任何一个机会在计算机上去做开发和实践。为此，他不知道与机房看管员斗智斗勇过多少次。

程序员必须积累足够的代码知识，才会有感觉。写程序一方面要读别人的程序，一方面是模仿，一方面是自己写，三者缺一不可。大学时间，周鸿祎读的最多的就是源码。通过读这些源码，对语言的本质有了很深的了解，进而才能超越语言本身。比如当时新推出了Pascal 的图形工具箱，很多人只是为了用它，但周鸿祎却将源码通读。对于他而言，"大师级的软件作品就像唐诗三百首一样，读起来是艺术的享受"。后来，他还先后细读了 C 语言的库函数源代码、MFC类库、Delphi 的源码和类库。

周鸿祎还是一个善于思考、触类旁通的高手。当时同学们都在迷电脑游戏。周鸿祎也非常喜欢电脑游戏，但他的喜欢和别人不一样，他不是玩上瘾，而是琢磨上瘾。面对一个好游戏，他喜欢琢磨这个游戏是如何制作的。比如 Doom，他曾经仔细研究考虑它的三维图像和二维贴图是怎样处理的。别人的项目和软件，都会引起周鸿祎的好奇心，他会忍不住去思考这个东西是怎么来的，大多时候也琢磨不出来结果，但是这种思考和学习相结合的习惯，让他学起来特别有效率。

整个大学，周鸿祎都在以各种形式如痴如醉地学习，践行编程的无穷乐趣。大二的时候，周鸿祎参与过学校课题组的一个项目，是国内的程控交换机检错系统，他被分到自动报警中的屏幕显示出错中部件和电路图的模块。在此之前，有学长曾尝试把 2000 多张图纸输入到计算机中，可是毕业设计做了几个月，也就画了几张图，不了了之。虽然当时没有什么经验，但周鸿祎首先花了很多时间思考这个问题，后来受苹果电脑上画图系统的启发，写了一个画图程序。这个程序可以画元件、连接元件并加标注，而且还可以把线路图按照数据库的形式存储到计算机里面，并能很方便地调用。最终这个项目取得了非常大的成功，同时也奠定了周鸿祎的软件思维模式，就是如何创建通用的解决问题的方法。

周鸿祎没有把兴趣只集中在编程上，他对编程以外的很多事情都有兴趣，包括攒机器、装软件、做培训，为此，他还花了很多时间到一些公司学习各种技能。这些与编程无关的事情看起来很无聊，但一方面提高了他与人沟通的能力，另一方面也让他知道了客户和企业的需求。

从 1990 年开始写第一个商业化程序开始，周鸿祎既做过产品设计，也做过系统集成；既做过编码工作，也做过系统分析。他还亲自带过很多程序员，把刚刚大学毕业的学生培养成为软件工程师。

正是大学四年铆足劲儿打基础，近乎痴狂地学习编程知识，积累了深厚的底蕴，周鸿祎才拥有了敢与天下英雄叫板的底气。

没当过好员工不可能成为好老板

周鸿祎是个不安分的人，他不止一次说过："我特别喜欢创业，也善于创业。我一直觉得，只有创业，才能有快乐，才有成就感！"

很多人不知道的是，周鸿祎最早的创业经历源自求学期间，而且创办了两家公司，但都不是很成功。这次失败周鸿祎并未羞于提起，他曾坦言：

> 当时年少无知，急于求成，犯下了很多愚蠢的错误，所以我到现在都不太赞同学生创业的想法，因为经验和年龄是最不容易超越的。没有当过一个好员工就不可能成为一个好老板，你没有当员工好好地打基础，就不能当一个好老板。

1992 年，周鸿祎被保送至西安交通大学读研究生。此时周鸿祎对人生的定位比较清晰了，他知道，要想实现理想，开一家属于自己的软件公司，仅仅会编程是远远不够的。所以在保送的时候，他没有选择计算机专业的本硕连读，而是进入管理学院学起了经济管理。

与坐穿冷凳四年苦读的本科时期相比，周鸿祎的研究生读得很不一样。他用了"鬼混""不务正业"等负面词语来总结这段生涯。计算机并不是一门理论性很强的课程，它更多强调的是实践。周鸿祎所言的"不务正业"是指，三年读研期间，他大部分时间都没有上课，而是跑去做实践了。

从研一开始，周鸿祎就和两个同学一起创业了，正赶上计算机病毒肆虐横行——1988 年前后，随着软件交流的频繁，计算机病毒随软盘悄然进入中国内地。当时，西安交大的风云人物侯义斌从考核严格的荷兰爱因霍芬大学攻读完博士，回国后就在西安交大搞反病毒产品研发。周鸿祎受其影响，也和同学一起跟着做反病毒卡。

作为穷学生，他们连电脑都没有，一边给导师打工，一边偷偷做私活。但是，靠导师的电脑根本做不了多少，于是他们又打起了机房电脑的主意。当时，计算机还不像现在这么普及，交大计算机系机房的 PC 机很紧张，抢不到上机票的话，机房管理员是绝对不让人进去的。周鸿祎经常半夜溜进去，早晨学生上课前出来。据说有一次工作人员把他当作小偷送进了公安局，因证据不足他才被放出来。他对抓他的人说："我想将来有一天能做出一个别人都没做出来的东西，拥有自己的公司。"旁人听后都笑了，连导师都觉得他是个不安分守己的人。

功夫不负有心人。周鸿祎研发的反病毒卡，后来在全国大学生"挑战杯"比赛中拿到头奖。受到鼓舞的周鸿祎决定将其商品化，为了卖反病毒卡，他暑假只身一人到北京，租了一间清华大学附近的地下室，借了一辆旧自行车，走街串巷，围着中关村一家一家公司推销，但结果并不如人意。第一家公司就这样无疾而终。

创业上瘾的周鸿祎不甘心，紧接着又借了几十万再次创业。他在中关村兜售的时候，听说做广告公司很赚钱，就和朋友一起开广告公司。这一次进展顺利，据说公司最多的时候有五六十名员工。为了拉客户，卖平面设计，周鸿祎那段时间几乎和三教九流的人都打过交道，这不仅锻炼了他的口才和社交能力，还锻炼了他的酒量，更为他后来创立 3721 做渠道推广积累了经验和实力。

二次创业试验的结果还是两个字：失败。1995 年春节，在欠了一屁股债之后，周鸿祎回到了校园。为了好好反思，他在学校过的春节。"这一年春节我的心情很差。学校宿舍没有暖气，自己就点了个电炉，躲在被窝里看书，也没有什么心情。"周鸿祎回忆说。

大年初一，大雪纷飞，街头鞭炮声声，万家团圆，周鸿祎却独自在寒冷的集体宿舍想了很多，也顿悟了很多。他得出一个经验：注册公司很容易，把公司做成功很难。此前的创业都是瞎折腾，算不上真正的创业。真正创业，需要根据市场需求来发现机会，而不是按照自己能做什么，先做出产品再想市场。真正创业，还必须集中做擅长的事情，而不是听说什么赚钱就做什么。想清楚这些之后，周鸿祎决定先进大公司，从最基础的东西学起，积累经验，等待时机成熟时，再考虑创业的事情。

机缘巧合的是，几天后，周鸿祎去邮局打电话回家报平安时，遇到了一位在北大方正工作的学长，这位学长建议他进北大方正。当时北大方正是国内最大的软件公司，一向钟情于国产软件的周鸿祎从此找到了就业目标。

这年后的最后一个学期，周鸿祎开始突击学业。他向导师承认了错误，内心鼓励学生大胆创业的导师原谅了他。突击一个学期后，周鸿祎完成了论文，顺利拿到了硕士文凭。

有句话说得好：生活的有趣在于，你昨日的最大痛楚，极可能会造就你明日的最大力量。对于一个天生的创业家而言，挫折和失败更意味着财富，挫折让他们更加渴望成功，失败让他们更加珍惜机会。

尽管研究生期间两次创业都宣告失败，但周鸿祎很感激这些锤炼：

　　那个时候非常艰苦，这当然不是指物质上的，而是我给自己设置了比同龄人更高的目标，所以压力一直很大。我想，这也缘于我天生就渴望和别人不一样的性格。我一直觉得，什么事都应该去试试，哪怕会失败。我认为，人生最大的遗憾莫过于当时想做而没有去试试。而我想做的事我都去做了。年轻时最大的收获，就是养成了坚强的意志，能够承受很多的磨难和打击，并且不会轻易放弃，只要有 1% 的机会，就会用 100% 的力量去争取。

失败的创业经历磨练出周鸿祎良好的心态、坚强的意志、非凡的胆商、成熟的价值观和务实的作风，这些对于他之后的创业成功，无疑是一笔恒久的软财富。同时，失败也让他认识到自身存在的不足，所以在研究生即将毕业之际，当有人想投资给他开公司时，他非常明确地表示不再盲目创业，决定去北大方正，从头做起。

方正"唯一"的高级程序员

1995 年 7 月，25 岁的周鸿祎从西安交通大学管理学院系统工程系毕业，正式加入北大方正。当时北大方正给他的工资只有 800 元，而那些前往深圳发展的同学薪酬待遇比他高数倍。周鸿祎没有后悔当初的选择，他很清楚到北大方正的目的："我就是要到中国最大的软件公司干上两年，看看软件到底是什么工作。我不在乎他们给我什么头衔和多少年薪，我的目的就是想要学习。不是因为我清高，我认为它对我未来的发展有很大的促进，这远比我去其他公司多挣两三千元好得多。"

当年和他一起进方正的同事，总是抱怨待遇差，下班最大的事情就是骂公司剥削自己。周鸿祎认为这些毫无意义，关键要端正心态。如果定位于一个为方正打工的角色，自然就会把眼光聚焦在可怜的工资上，而周鸿祎从来没把自己当作一个单纯的打工者，他认为自己在为公司创造价值、为老板挣钱的同时，更是为自己的未来打工，给公司干的每一件事情，最大的受益者是自己。朝着内心想要做的事情去做，这就是他在方正工作时树立的价值观。

刚进方正的时候，周鸿祎特意隐瞒了两次创业的事，因此，方正把他当作一般的毕业生对待，安排他从普通程序员做起。周鸿祎就靠着 800 元的工资，和所有的北漂一样，住进了地下室。

生活可以凑合，但是搞编程周鸿祎却很舍得投资。当时，方正普通程序员的电脑配置 2M 内存，部门经理的电脑配置也不过 4M。周鸿祎觉得根本不够用，就自费 6000 元攒了一台电脑，放到办公桌。对于他的这种行为，有人在背后批判他"烧包"，他不以为意。

付出总有回报，周鸿祎既投钱又付出汗水，带来的收获就是，短时间内奠定了他在方正不可撼动的地位。他曾回忆说："如果说方正只有一个高级程序员，那就是我。"从 1995 年 7 月进入方正到 1998 年年底离开，短短三年半的时间里，周鸿祎从一个普通程序员做到了项目主管，再到部门经理、事业部总经理，最后做到方正研发中心副主任。没有过硬的真本事，自然不会晋升得如此神速。

在方正，周鸿祎最骄傲的事情是：在他的组织下，成功开发出中国第一款拥有自主版权的互联网软件——"方正飞扬"电子邮件系统。

飞扬电子邮件是第一套专为中国人设计开发的电子邮件，完全不同于其他类似产品，它模拟办公室的工作环境，充分利用人性化的游戏界面，创造了一个适合中国人使用习惯的优秀软件。使用飞扬电子邮件，可实现办公自动化，无论写信还是回信，几乎片刻就能完成；利用地址簿中的邮寄清单，一次可以发送成百上千封信件，很方便企业用户内部即时交流沟通；传递的内容还可以自动管理、归档、检索、复制、共享……当时一位用户感慨："这是一款设计精美、非常讲究人性化的软件产品。"一经推出，就深受办公族的追捧。

方正做"飞扬"项目，主要是给国家机关中的秘书培训互联网的电子邮件知识，当时很多人都不愿意干。"我在方正工作时老板不太喜欢我，别人不干的工作让我去做，这个活儿就这样派到我身上了。"为了把工作做好，周鸿祎特意去各大书店买了很多书籍研读，他发现电子邮件是一个很好的东西，代表着未来的一个互联网发展方向。

一个很多人都需要用的东西，却要有人去专门教操作，这件事儿让周鸿祎觉得很滑稽。他想：何不做一款傻瓜化的电邮软件呢？那什么最容易上手呢？周鸿祎想到游戏。那么多人喜欢玩游戏，就因为游戏的界面非常人性化，一些不良少年玩一个游戏30分钟就可以学会。于是，采用游戏化界面的飞扬软件，就这样诞生了。

有人说，如果周鸿祎不离开方正，坚持把飞扬电子邮件做下去，也许今天飞扬电子邮件会是人们用得最多的邮件工具，就没有以后的网易邮箱了。

在做飞扬软件的过程中，周鸿祎初步形成了独到的互联网世界观。通过飞扬的广受欢迎，他认识到：只有推动大众上网的、免费的互联网产品才有发展前途。后来他做的3721、360安全卫士，包括他投资的酷狗、迅雷、快播等，其产品基因一脉相承：大众的、免费的、傻瓜式的客户端软件。

遗憾的是，当他把这一观点推销给上司时，并没有得到应有的重视。领导觉得很矛盾："既然是一个好东西，为什么还要免费呢？"

方正飞扬本身并没有取得预期成功，但在研发和推广方正飞扬的实战过程中，周鸿祎却有很多"意外的收获"：首先，他意识到"免费是互联网精神"，这直接影响了他后来创业与风投的价值观；其次，这是他第一次以产品经理的身份全面参与、掌控研发过程，为随后自主创业、研发新产品积累了经验；另外，通过与外界的频繁接触，他学会了与媒体打交道，也积累了人脉和资源。

飞扬软件当时只是内部使用的办公自动化工具，周鸿祎很想把它互联网化，但是互联网却不属于方正的主营方向。于是，周鸿祎产生了单干的想法：

> 当时我可以一拍屁股一走了之，但我觉得老板对我不错，所以我就给公司再做一件事情，作为报答。老板就让我带了我的团队去新疆工作。我们在新疆一待就是10个月。就像电影《阿甘正传》里的阿甘一样，阿甘每次的选择都不是自己的选择，结果可以得到意外的回报。

在新疆，周鸿祎和他的团队主要是帮助新疆建行在不升级硬件的前提下，提升服务器处理效率。每天几万次到十几万次的试，周鸿祎最终做到了在海量数据访问的情况下，依然能够保证处理速度。项目完成后，新疆建行的领导非常满意，直接打电话到方正，对周鸿祎赞口不绝，周鸿祎被提升为研发部经理。这段经历为他随后创业3721、开发出高效搜索引擎打下了坚实基础。如果没有新疆的实战经验，他就不会拥有这种大型服务器的编程能力，这对周鸿祎来说，的确是一份意外的回报。

在方正这所"大学"里，周鸿祎受益良多，后来周鸿祎回到母校西安交大做演讲的时候，提到最多的就是这段经历，他以此劝慰年轻的后辈，要树立先就业再创业、先积累经验再考虑单干的正确理念。

事实上，在新疆服务的后期，他已经开始琢磨自主创业的事情。1998年从新疆回来后，他正式提出辞呈，而促使他下定决心离开方正的主因，则是他生命中最重要的一个人。

第二章

不管三七二十一

在风起云涌的互联网大潮中，周鸿祎进军搜索引擎一度遭到业内人士的嘲笑，被认为商业模式过于简单，根本没有任何商业价值，他说："我的这个想法从一开始就没有人看好。因为在 1997 年、1998 年的时候，上网的人都是专家，大家觉得这个想法很傻，敲入'www'又不难，为什么要输入中文？四年来，我们一直都处在一种被嘲笑、被轻视的状态下。但我相信中国会成为互联网第一大国，中文会成为互联网使用最广泛的语言，中国人最终会选择用母语上网。所以在别人不看好的时候，我对自己的 idea 始终保持信心。"

让中国人能用母语上网

说起中国互联网历史,业界公认1998年为"互联网元年"。这一年,中国互联网用户首次突破100万大关;这一年,"互联网"成为流行语,"网虫""网吧""网校"等新名词风靡;这一年,中国商业互联网蓬勃兴起,新浪、搜狐、网易三大门户网站集体亮相。对中国的互联网来说,1998年注定是不平凡的一年。

这一年,互联网热潮同样冲击着周鸿祎。他发现,身边不懂技术的朋友上网时,普遍对输入"www"开头的英文网址心存畏惧,他立即意识到创业机遇来了。周鸿祎笃定中文网址搜索将会是个大市场,当年10月,他放弃了北大方正的铁饭碗,怀揣"让中国人能用母语上网"的理想,成立国风因特软件有限公司,全力开发3721地址栏搜索软件。3721"中文上网服务"的初衷,就是要让老百姓更容易使用互联网,让中国的中小企业更容易利用互联网。

当然,周鸿祎不是搜索引擎的先驱。1994年,杨致远和大卫·费罗在斯坦福大学的校园车库里创办雅虎,他们以浏览列表的方式迅速成为最受欢迎的搜索引擎。1998年,拉里·佩奇和谢尔盖·布林在加利福尼亚山景城的车库里创办谷歌,至今称雄全球。1999年底,李彦宏从硅谷回国,创办中国第一家搜索公司百度。

在风起云涌的互联网大潮中,周鸿祎进军搜索引擎一度遭到业内人士的嘲笑,被认为商业模式过于简单,根本没有任何商业价值。他说:

"我的这个想法从一开始就没有人看好。因为在 1997 年、1998 年的时候，上网的人都是专家，大家觉得这个想法很傻，敲入'www'又不难，为什么要输入中文？四年来，我们一直都处在一种被嘲笑、被轻视的状态下。但我相信中国会成为互联网第一大国，中文会成为互联网使用最广泛的语言，中国人最终会选择用母语上网。所以在别人不看好的时候，我对自己的 idea 始终保持信心。"

周鸿祎后来总结道：

> 事实上，我认为，任何一个好的创意、一个好的想法，如果大家都一致说好，你才要怀疑这个想法是不是真的好了。因为从概率上来讲，90% 的人是平庸的人。你的想法 90% 的人一致叫好，有两种可能：这个想法已经被别的企业验证，你已经没有机会；要不，你这个想法肯定很愚蠢。而那些不被别人看好的想法，反倒有可能在那些大企业所不屑于或者没有意识到的领域创造出优势来。

周鸿祎给软件取名"3721"，正是"不管三七二十一，都要闯一闯"的寓意。市场很快验证了他的预测。3721 网络实名以其简单、方便的"用中文上网"理念，赢得了大量"小白"用户的认可。据媒体报道，3721 网络实名服务巅峰时覆盖超过 90% 的中国互联网用户，拥有数千万忠实用户，日均使用人次超过 3000 万，成为使用量最大的中文上网方式。

儿童文学作家冰心有句诗歌这样说："成功的花儿，人们只惊慕她现时的明艳，然而当初她的芽儿，浸透了奋斗的泪泉，洒遍了牺牲的血雨。"任何创业，都是一部艰辛的血泪史，3721 也不例外。周鸿祎创业的时候只有 5 个部下，都是在方正的同事。创业的资金也只有国风集团（妻子胡欢姐夫的公司）投资的几十万元和自己的一点点积蓄。1998 年，大批"海归"人士携带境外风险投资和商业计划书高调杀入互联网。周鸿祎没有海归背景，自然没敢奢望得到风投的支持。

尽管周鸿祎的诸多创意在方正没有得到重视，但他仍然非常感谢方正，因为他在那里找到了这辈子最大的幸福——认识了胡欢。周鸿祎说："能找到这样的老婆是我今生最大的幸运，为此我一直特别知足并心存感激。太太对我的事业帮助特别大。"

周鸿祎创办 3721 时，很长一段时间内都没有收入，全靠胡欢打工赚钱周济。在他犹豫不决的时候，胡欢告诉他："最坏的结果不就是赚不到钱嘛！"周鸿祎在北京马连洼租了一套三居室，其中一居室供他和新婚妻子胡欢住，另外两居室用来办公。白天支起电脑桌作为办公室，晚上放下折叠床就成为卧室。据说一位合作伙伴前来谈事时，被"暗无天日"的办公室惊呆了，因为只有一个小窗户迎接阳光，办公室只好全天开灯。

但胡欢对此毫无怨言，她还安慰周鸿祎："这样的生活让我很快乐，我相信这辈子我们不会挣不到钱，再不济，打工也可以养活两个人嘛。对你这种高智商的人来说，挣钱是早晚的事情，关键是做自己想做的事情才是最快乐的。"艰苦的创业条件和妻子的支持激发了周鸿祎的无穷斗志。他和创业伙伴们废寝忘食，办公桌集研发和休息双重功能。不舍昼夜奋斗的结果就是，不到半年时间，3721.com 和中文上网软件问世。

尽管这半年周鸿祎省了又省，微量的创业资金还是快用完了。而此时，来自 IDG（美国国际数据集团）的王功权一个电话救了 3721。这次注资颇具传奇色彩。据说在双方见面两个小时之后，王功权就代表 IDG 拍板，向 3721 投资 25 万美元的种子资金。按照王功权的事后解释，是周鸿祎的个人魅力让他"相见恨晚"。他在周鸿祎身上看到了不同于其他创业者的"特别的东西"。周鸿祎则视王功权为"恩师"和"贵人"，他在代表 IDG 负责 3721 项目时曾经给予周鸿祎管理、经营、市场、团队等方面的指导，并且在他的穿针引线下，很多 IDG 在中国投资的公司纷纷与 3721 合作，两个人自此成为很好的合作伙伴。在周鸿祎二次创业的过程中，王功权也起到了非常重要的作用，此为后话。

客观地看，与当时"张朝阳们"动辄就从风投那里融资千万相比，周鸿祎融到的 25 万美金有点儿"寒碜"，但周鸿祎对此感激至今。在他看来，钱少未必是坏事。因为钱少，用得谨慎，都花在刀刃上了。在烧钱成风的互联网泡沫时期，没钱烧的 3721 凭借低调、务实和专注，反而积累了非常大的优势。在周鸿祎稳扎稳打的创业策略下，2000 年 2 月，3721 入围亚洲杰出网际网络服务供应商奖；2000 年 5 月，周鸿祎被《中国青年报》推选为"IT 新生代十佳青年"。

值得一提的是，在周鸿祎创立 3721 的时候，马云、马化腾、李彦宏等后来叱咤中国互联网的风云人物还没有浮出水面。1998 年年底，马化腾和好友张志东注册成立"深圳市腾讯计算机系统有限公司"，到 1999 年 2 月，腾讯"QQ"才问世。1998 年年底，马云萌发了一个念头：带着几个老部下离开北京南下杭州创业，直到 1999 年年中，他正式辞去中国外经贸部的公职，开始创办阿里巴巴网站。此时的李彦宏以北京大学留学生的身份写了一本《硅谷商战》，正忙于为书做宣传，1999 年年底，他才怀抱"科技改变人们的生活"的梦想，回国创办百度。1999 年，陈天桥与妻子、弟弟、同学等一起创办盛大网络，做的只是卡通网站。陈天桥日后的对手史玉柱正身处巨人集团破产的低谷期，以《征途》杀入网游得到 7 年之后。

可以说，周鸿祎是互联网江湖的早起者，也是较早的创业成功者。作为"大哥级"人物，日后他总是不畏惧、不服气任何人，并不断与人争斗，这或许是原因之一。

"流氓软件之父"

在中国，领先一步往往会成为"先烈"。如今，以"3721"为关键词百度一下，显示出来的大量链接多指向"流氓软件"；以"周鸿祎"为关键词百度一下，显示出来很多"流氓软件之父"的报道。

当年，为了解决企业生存问题、推广自己设计的中文上网软件，周鸿祎拿不出足够的钱在正规媒体上打广告，他想到一个省钱、省力、省事的推广方式：在 IE 浏览器地址栏做插件，当用户打开某个网页或安装某软件时，3721 插件就强行安装进用户电脑，并向用户提供相应的服务。

一般来说，软件下载需要经过这样一个程序：（1）用户点击下载；（2）下载文件存在电脑的磁盘里；（3）在文件盘里点击安装；（4）运行同时在电脑桌面的右下方显示一个小的图标。周鸿祎觉得这种传统安装方式过于费事，他比较欣赏 Flash 插件的安装方式：自动弹出"yes"或"no"的窗口，用户点击"yes"按钮，就可以快速安装，安装过程简捷方便。

按照这样的思路，3721 将客户端软件大小压缩到 100K，同时运用插件技术提高网络实名的安装效率。接着，与新浪、搜狐、网易等门户网站展开合作，在网页上放上这个脚本。只要用户访问该网页，周鸿祎创业团队设计的这个脚本就会自动检查该用户是否安装过 3721

的插件，一旦发现网民没有安装，3721 就会通过 IE 弹出一个对话框，用户点击"yes"按钮后自动完成安装。这种类似 Flash 插件的安装方式，安装神速，很快就给 3721 带来了客户端资源量的疯狂上涨。

插件推广模式是周鸿祎首创，后来采用这个方式的还有百度、谷歌以及微软。这本是一种创新型盈利模式，但本身存在的先天不足以及随后的疯狂滥用，却让周鸿祎始料不及。

从 3721 的角度来说，插件弹窗方式是在征得用户同意的情况下安装的，因为按"no"意味着不同意，放弃安装，但是这样的方式忽略了用户的体验。如果用户不安装 Flash，网页显示内容就不全，所以很多用户会选择安装 Flash；与 Flash 网页不同的是，在网络实名的软件中，当用户看到相关提示时，根本不知道网络实名是一款什么软件，窗口提示的文字也十分有限，只能看到软件和公司名字。对于大多数用户来说，他们基本上是不会看弹窗的具体内容的，所以最后的结果是网络实名的弹窗出来以后，一半用户选择点击"yes"，而一半人点击"no"。一些"小白"用户即便点击"yes"，也不知道自己装上了网络实名这个软件，他们也基本上没察觉到在电脑右下角有一个代表网络实名的图标。

在这个过程中，周鸿祎忽略了一个细节，对于那些选择"no"的用户而言，这种插件方式还有一个弊病。网页上的窗口由 IE 弹出，3721 并没有技术去记录一个用户是否拒绝过安装。在 3721 看来，只有装过和没装过两种情况，没装的一律被默认为新用户，于是这些被看作新用户的就屡次被弹窗骚扰，这也是后来 3721 被人诟病的原因之一。

插件推广让 3721 获得了巨额利益。网络实名服务覆盖发展最好的时候，装机量超过 7000 万台，2002 年，超过 90% 的中国互联网用户在自觉或不自觉中使用了网络实名产品，3721 达到前所未有的黄金期，年度收入突破 1.4 亿，纯利润超过 6000 万。在 2002 年的春节晚会上，周鸿祎一掷千金，在央视打起广告，"不管三七二十一，中文上网更容易"的广告语一度深入人心。

与之对照的是，2002年，马云的阿里巴巴、李彦宏的百度、丁磊的网易等公司还处于破产和盈利的分界线上，即使有盈利，也不过区区数百万，与3721根本不在一个量级。这一年正是互联网经济最低潮的时期，《IT时代周刊》忧心忡忡地描述道："过去两年，北京的互联网企业就像电梯从天堂一层层地下落到地狱，几乎没有一个互联网英雄能够脱离集体疯狂，也没有一个能够逃离疯狂后的灾难。"

3721的大获成功，让很多人眼红，插件推广方式很快就成为互联网中小企业竞相效仿的对象。当时，只有IE游览器一个地址栏，为了抢占客户端，几乎所有需要网络推广的公司都开始研发插件产品，以至于用户的电脑有时候被不知情地安装了十余个插件。

面对"流氓软件之父"的称谓，周鸿祎曾公开表示：

> 推广3721确实给用户造成了很不好的印象，干过的事我认账。虽然当年我发明了插件推广的方式，但并没有做弹出广告、间谍软件和广告软件。后来，那些学习我的徒子徒孙们把这种方式逐步异化为流氓软件，并横行到无法收拾的地步。

后继者研究了3721的"网络实名"和其他客户端技术，但在模仿时却严重走了样。不仅使安装具有了强制性，而且软件在电脑里不断运行，删无可删，成为电脑肌体里的一个毒瘤、一个寄生虫。如果用户强行删除，这些强制软件会破坏电脑系统，造成死机或无法启动。获得永久驻留权只是一种途径，最终目的是大量弹出广告，或者偷窃用户文件，提供给广告主。这些插件最后演变得与木马、病毒非常接近。

在巨大的利益面前，整个行业一度陷入了癫狂，流氓软件开始地下产业化。周鸿祎曾经调查过中关村一家很出名的地下插件公司，结果令他大吃一惊：其负责人真实身份竟是竞争对手的一位高级技术总监。这位技术达人利用自己开发的流氓软件对外销售弹出窗口的流量，并向第三方提供捆绑插件业务。

周鸿祎深入分析后发现，地下插件公司有两个最主要的收入来源："一是帮广告主安装插件，也就是用自己的流氓软件推广别人的流氓软件，成功安装一个收4分钱；其二就是帮广告主做弹出窗口流量，每千个IP地址的市场价格为5-8元。这样，当他有百万台终端的装机量时，每天至少可以让50万个IP地址的电脑弹出广告窗口，每月至少可盈利50万元，而成本却相当低廉，他们每年只需支付托管4台服务器的2万—3万元成本。"

周鸿祎当初为了创业生存而采取的推广方式，在不自觉中造福了很多人，这些得益者一边赚着钱，一边把黑锅甩给了他。竞争对手为了打垮他，更是不惜通过"非常公关"，处处抹黑他，让3721和周鸿祎个人的名声一落千丈。

感到"非常不爽"的周鸿祎下定决心："我要尽最大努力、最大责任来把自己亲手打开的这个'潘多拉盒子'关上。"于是，才有了后来的360反戈一击。

与微软过招

周鸿祎创办 3721 的时候，中国互联网正处于成长期，创业者全面效仿甚至是完全复制美国互联网标杆的做法。当时，在许多国内互联网公司身上，都能清晰地看到国外同业公司的影子，比如搜狐就被称作"中国的雅虎"，8848 被称作"中国的亚马逊"。在这种创业风潮中，3721 一度被认为是土生土长的异类。

不过，正当周鸿祎感叹"没有竞争是痛苦的"的时候，一个巨无霸级的竞争对手呼啸而来。3721 创业的第二年，微软为了进入中国，牵手 Real Names 推出类似的中文上网服务。微软的实力可想而知，周鸿祎小心翼翼备战，与 Real Names 接触几次之后，周鸿祎"大开眼界"，他发现对方的主业务和 3721 有着惊人的雷同之处。

Real Names 公司比 3721 成立还要早一年。这家来自美国硅谷的同行，其核心业务就是向世界各国提供关键词搜索服务，这和 3721 的"网络实名服务"是同一种业务的不同叫法而已。但对方比 3721 运营更成功，已经在欧洲、日本、韩国等多个国家占领市场。

面对微软和 Real Names 的强强联盟，周鸿祎虽有压力，但也毫不畏惧。盛满石子的木桶里还可以倒入沙子，堆满石子和沙子的木桶里亦能灌进水，周鸿祎深信再强大的对手也不可能把整个市场填满。

没想到，Real Names 却主动找上门。为了吞并 3721，扫除独占中国市场的障碍，Real Names 先后和周鸿祎谈判了不下十次，最终不欢而散。关键因素在于技术控制权的问题，周鸿祎对此毫不妥协，他同意和 Real Names 在技术和市场方面进行合作，但绝不同意让美国人控制网络实名的标准，因为这与他"让中国人自由上网"的创业初心背道而驰。

周鸿祎说：

> 其实，做别人的代理是很省心的，如果 3721 替 Real names 卖它的产品，能比它挣的还多。但如果每个厂商都这样做，中国的互联网就没什么前途了。在某些领域我们很难与国外公司竞争，但在与中国文化有关的领域，我们不希望也被外国企业一统天下。外国公司从来不是一个慈善家，标准控制在对方手里，就必然受制于对方。

周鸿祎强硬的底气来自 3721 卓越的市场表现以及成熟的技术实力。经过 2 年多的推广实战，3721 不仅在市场占有率上有了优势，而且在技术上也形成了"防火墙"。周鸿祎自信地认为，3721 网络实名在技术上已经强大到可以与 Real Names 抗衡，凭借智能推测和数字、拼音输入功能等，3721 已形成自己的独特优势地位，而作为外来者，Real Names 先天不具备对中文及中国文化的理解优势。

最终，Real Names 选择与 CNNIC（China Internet Network Information Center，中国互联网络信息中心）合作，直接进入中国市场。和周鸿祎预料的一样，Real Names 的进入并没有带来灾难性的后果。

直到 2002 年 5 月，Real Names 也没有在中国市场上取得令微软满意的成绩，也没有成熟的汉化技术，微软于是放弃了与 Real Names 的合作，中断了为期三年的合同关系。5 月 13 日，Real Names 宣告破产倒闭。

就像武侠小说里所描写的，一个有资质的人会在比武中得到一些非同寻常的顿悟，进而功力大增。在与微软和 Real Names 竞争过程中，周鸿祎也从对手身上学到了很多。当初， Real Names 为了吞并3721，给周鸿祎讲了很多"诱惑"因子，其中一件事启发了周鸿祎。Real Names 在攻占韩国市场时，通过劫持地址栏方式来做域名解析，那些 IE 解析不通的韩文域名，转到 MSN 搜索后，被 Real Names 劫持到自己的服务器上。这种方式直接启发并催生了周鸿祎的插件推广模式。

而 Real Names 只因微软终止一纸合约就瞬间倒闭的事实则深刻警示了周鸿祎：千万不要将命运寄托在别人身上，必须发展自主产权的核心技术，做标准的制定者。微软之所以能决定 Real Names 的生死大权，正是因为其技术已经成为市场的标准，可以挟"标准"以令诸侯。于是，周鸿祎加快了参与国际标准制定的步伐。

行内人都知道，互联网上所有的标准都是由 IETF（Internet Engineering Task Force，互联网工程任务组）确定的。从表面上看，只要买一张机票，谁都可以参加 IETF 会议，但实际上只有那些掌握了市场、用户和核心技术的公司，才真正具有发言权。周鸿祎不知道花了多少机票钱，不断尝试发言，提交草案，才引起 IETF 的关注。最终，"3721 网络实名"成为国际标准的提出者和参与制定者。

战胜 Real Names 且具备"标准的力量"，这为 3721 获得巨额风投营造了良好基础。在互联网严冬尚未结束、很多公司融资困难的背景下，3721 拿到日本 JAFCO 一笔近 1000 万美元的风险投资。

JAFCO 在全世界范围内管理着合计约 30 亿美元的资金，已经投资 2400 多个项目，其中超过 657 个已经成功上市。众所周知，日本的风险投资一般都相对保守，其投入一笔资金，运作周期往往在 8–10年。JAFCO 之所以垂青 3721，IETF 网络实名标准起到了关键作用。自成立以来，3721 始终专注于网络实名的技术开发和服务提供，这种专注精神使得 3721 参与到网络实名国际标准的制定。JAFCO 在 1998-2000 年互联网热潮的时候不曾投资过任何互联网公司，反倒是在低潮期、风险投资人最保守的时段，一反常态投资了小公司 3721。JAFCO 的慧眼识珠也反映了 3721 当时的魅力。

商场如战场，但是商场又不同于战场，战场是一种你死我活的输赢，而商场在竞争的同时还必须追求合作双赢。在竞争的战场上，没有永远的敌人。3721 积累的市场、技术和客户基础，以及其吸引风投的魅力和迅猛势头，都使得微软下定决心化竞争为合作，双方于 2002 年年底在微软美国总部签订战略合作协议。

自此以后，微软的 IE 浏览器中全面集成 3721 网络实名功能，用户不用下载 3721 网址软件就可以直接从 IE 地址栏中键入中文词组或拼音获得所需要的信息，3721 的用户覆盖率借此再度提升。

挑战 CNNIC

在张见悦主编的《富豪春秋》中，有一段文字谈到周鸿祎回答普鲁斯特问卷的情形，将他心直口快的性格显露无疑：

"还在世的人中你最鄙视的是谁？"

"要直接说名字吗？李彦宏或者毛伟，就这两个人。"

百度创始人李彦宏家喻户晓，而毛伟何许人也人们并不熟悉。此人正是当时 CNNIC（中国互联网络信息中心）的主任——周鸿祎在 3721 时期遇到的"敌人"。

2001 年，经过大规模推广和自建渠道销售，3721 盈利正旺，毛伟领导的 CNNIC 却要来"分蛋糕"。

1997 年 6 月成立的 CNNIC 属于非赢利管理和服务机构，隶属于中国科学院计算机网络信息中心，业务上接受信息产业部领导。2001 年 7 月底，CNNIC 高举"规范服务，解决纠纷"的旗帜，联手微软发布一套"通用网址"，正式进军网络实名市场。

当时有网友发帖一针见血地指出："如果不是眼红 3721 一个网络实名一年收费 500 元，大赚特赚，CNNIC 应该不会搞什么通用网址吧？"

8 月 4 日，CNNIC 透过代理商喊出口号："CNNIC 通用网址是经信息产业部认可的国家标准。"言外之意，3721 是"山寨"。

这个行为惹怒了周鸿祎，脾气火爆的他在接受采访时说："我们欢迎市场竞争，但我们不欢迎不正当竞争。"

接下来的口水战引起了行业广泛关注，与具有官方背景的中国互联网络信息中心相比，此时的3721根本不是处于一个量级的对手，双方的较量颇有点儿"蚍蜉撼大树"的意味。后来谈起与CNNIC的战争，周鸿祎坦承："那段时间我一直处于极度恐惧之中，半夜可担心接听电话了，早晨醒来也提心吊胆，生怕接到政府的发文，3721因此一纸毙命。"

打蛇打七寸。周鸿祎自知3721属于弱势地位，他决定抓住CNNIC的要害——亦官亦商角色混乱，予以痛击，首先在舆论与道义上赢得支持。

CNNIC的身份一直饱受质疑。中国负责管理互联网行业的权威机构是信息产业部下设的电信管理局，而CNNIC是其授权成立的执行与代管组织，主要负责域名提供和中文域名的注册服务，本身并不具备制定行业标准的权力。同时，CNNIC此前因为收费问题已引起网民普遍不满，域名注册费过高，给部分域名注册代理商投机的空间。这些代理商抢注大量域名，高价待沽，让真正需要注册又买不起域名的公司不得不打擦边球，有些甚至名字和内容完全不符，以至于网民总是查找不到目标网站，怨声载道。

周鸿祎揪住CNNIC的身份高调发问："你到底是官还是商呢？"然后质疑其特权："CNNIC只是中科院下属的一个研究科室，却妄称'通用网址'为国家标准，这其实对3721形成了不正当竞争。"

针锋相对的进攻赢得了大量支持。吃了舆论败仗的CNNIC又不能一纸公文直接封杀3721，于是寄望在市场竞争中好好"教训"一下3721。

事实上，周鸿祎挑战CNNIC属于无奈之举。早在1999年，3721才成立不久，为了打开局面，周鸿祎曾主动找过CNNIC，希望背靠大树，通过合作借势发展。他多次给毛伟讲述 3721 的盈利前景：向注册中文名字的企业每年收取 500-800 元的服务费用，保守估计就是过亿市场。可惜，当时卖域名收费正酣的 CNNIC 根本看不上 3721，周鸿祎得到的回复总是："我们再考虑一下。"

等不下去的周鸿祎转向和 Real Names 合作。毛伟反过来找周鸿祎，开出的合作条件是 CNNIC 掌握源代码、数据库的控制权，作为补偿，由 CNNIC 给 3721 一个独家注册的权利，代为管理收费。简单地说，就是网络实名要上收到国家，3721 只能扮演代理商角色。

对此，周鸿祎不答应：

> 作为一个软件企业，我绝对不会把源代码主动交出。CNNIC 说得很简单，它代表政府"罩"着 3721，3721 去收钱，然后大家分。这样，3721 就从一个服务的提供者变成一个 CNNIC 在网络实名方面的总代理。这个条件令我们无法接受。

而据业内知情人士透露，双方谈判破裂的关键在于，CNNIC 没有满足 3721 "五五分成"的提议。

此后，CNNIC 利用官方资源打压 3721，并联手 Real Names 一起围剿。不过，周鸿祎镇定自若，他发现了对手的软肋。Real Names 与 CNNIC 合作最看重后者庞大的渠道体系，而这种"中央到地方"层层分级的垂直代理体系存在很大的管理问题。CNNIC 依靠的这些代理商都是传统的"坐商"，他们不会主动走访市场，完全坐等订单。这样，CNNIC 就不具备"基层"管控力，对市场真实需求无从了解。

于是，周鸿祎反其道而行，重视基层，简化中间代理环节，直接统管全国上千家代理商。周鸿祎采取的是最原始的渠道拓展方式：通过人海战术挨家挨户逐个拜访。然而，这种原始的开拓方式得到的市场却异常坚固，且富有长效。首先，因为与代理商展开了深度合作，积累了深厚感情，所以才有了一呼百应的可能；其次，在客户开发的过程中，3721 扮演了扫盲教育的角色，一对一教会中小企业如何利用网络赚钱，树立了很好的口碑。

周鸿祎开创的扁平化渠道很快显示了威力。招架不住的 CNNIC 开始渠道改革，学习 3721 的做法，变分级管理为全国统管，可是代理商不接受变革，于是，庞大的代理体系逐渐瓦解。3721 通过渠道战彻底打败了 CNNIC。

百度恩怨

2002 年，在 3721 和 CNNIC 打得热火朝天的时候，为争夺 IE 地址栏，百度加入战争。

当时无论市场份额还是流量，百度均不及 3721。周鸿祎后来说："我是唯一和百度打过仗的有经验的人，在 3Q 大战爆发之前，马化腾还因此联系过我。"

在加入 3721 与 CNNIC 的战事之前，李彦宏曾与周鸿祎谈过合并事宜，李彦宏坚持六四分，周鸿祎坚持五五分，最终谈崩。

百度彼时正谋求商业模式转型。此前，百度的模式是向门户网站兜售搜索引擎服务，2000 年硅谷动力买下百度第一套搜索引擎，百度每年收取 8 万元服务费。2001 年，搜狐、ChinaRen、新浪等中国主流门户网站采买百度搜索引擎。但是单靠这种模式，百度无法取得良好的经济收益，各大网站只想要"最便宜的技术"，而不是"最好的技术"。与此同时，3721 的销售额轻松达到 2 亿元，毛利 6000 万元。

3721 的盈利模式启发了李彦宏，他决定放弃门户改向企业客户收费，并且做出差异化。3721 有统一的收费标准，而百度则采用灵活收费的模式，让客户通过竞价的方式来争取 TOP1 的搜索位置，谁出价高谁的排名就靠前。为了推广新的商业模式，李彦宏不惜重金返利养新客户，但看不到实惠的企业客户始终不肯投资。归根结底，当时百度的流量和人气还不够，企业方认为不值得掏高价去竞标。

李彦宏认为，3721 的大流量源自其庞大的客户端。只有最大化占领客户端，才能吸引到企业客户的广告投资。看清楚了这一点，李彦宏才决定联合 CNNIC，合力对付共同的劲敌 3721。于是，争夺客户端的"三国杀"局面就这样产生了。百度推出专门抢占客户端的百度搜霸，周鸿祎立刻将 3721 卸载程序复杂化。那些背弃 3721 而选择百度搜霸的用户卸载的时候无法卸干净，而这些卸不掉的程序专门用来干扰百度搜霸的正常使用。

周鸿祎的做法堪称"杀敌一千，自损八百"，他击退敌人的同时，也背负上了"流氓软件之父"的骂名。强迫用户安装，然后又难以卸载，这种行为深深得罪了用户。多年以后，周鸿祎反省道："千不该万不该，为了竞争而眼里已经看不到用户。"

三方斗得不可开交，直至 2003 年闹上法庭。

CNNIC 的上级单位中科院计算机网络信息中心指出，周鸿祎在多种场合发表"CNNIC 私刻公章是非法机构"的言论侵害了名誉权，并以此为由将 3721 告上法庭。2003 年 10 月 20 日，3721 被判败诉，CNNIC 终于出了一口气。

百度也将 3721 推到被告席的位置。2003 年 12 月 23 日，北京朝阳法院作出一审判决，3721 妨碍"百度 IE 搜索伴侣"软件正常安装，属于不正当竞争。如果按照律师的建议，3721 可能不会败诉，但周鸿祎在法庭上"忘了"律师的提醒，直接承认："是的，我的插件就是删除百度的，谁让他们的插件先删除我们的。"这等于直接给百度提供了证据。

接连败诉导致 3721 由盛而衰，舆论谴责加上同行联手抵制导致客户逐渐流失，代理商转投对手旗下，周鸿祎疲惫不堪。此消彼长之中，百度羽翼不断丰满，流量骤增 7 倍，取代 3721 登上中国搜索引擎公司的头把交椅。从不做广告的百度全面铺开品牌推广计划，"有问题百度一下"的口号自此打响，由3721盈利模式演变而来的竞价排名模式也逐步赢得企业的认同。

百度的挑战让周鸿祎犯下了两个后悔一生的错误：其一，"只盯住对手不放，而忽略了用户的真正需求，让大家装上3721就卸载不下来，所以有了流氓软件之称"。其二，仓促中犯下更大的错误决策：通过套现来换取3721的发展。2003年底，中国互联网行业低迷之际，雅虎中国向3721伸出橄榄枝。周鸿祎相中雅虎"有搜索、有品牌、又有钱"的豪门背景，投怀送抱。他后来说：

> 在一个人或者一个企业的成长过程中，最可怕的不是面对一个强大的压力，或者突然遇到一个竞争者的挑战，或者突然遭到了灭顶之灾。在有压力的情况下，我们每个人都会爆发出一些潜能来应付这种情况。但是，在面对突然而来的机会时，并不是每个中小企业都能把握的。绝大多数机会会变成企业的陷阱和滑铁卢，这却不是每一个人所能意识到的。3721本来是最有机会在中国跟百度逐鹿搜索市场的，但是由于决策失误，错把雅虎抛来的诱惑当作机会，亲手葬送掉了3721。对我而言，这是个至少10亿美金的失败。

2005年8月，百度在美国纳斯达克成功上市，创下中国互联网境外上市神话，股价迅速暴涨5倍。

多年以后，周鸿祎才明白一个道理：创业如果要做出一番伟业，就绝不能凭借资本套现结束。回顾当初的潦草决定，周鸿祎坦承，李彦宏远更沉得住气，怪只怪当时自己根本没有清醒地看到3721的巨大价值，也没有制定一个远景规划。当时3721的流量遥遥领先，潜在的巨额广告效益令人艳羡，周鸿祎却认为这种商业模式没有意思，他不屑于赚取广告收入，宁愿以服务换取利润。如果他意识到3721

的流量价值和行业地位，抛弃理想化成分，更加务实地坚持下去，就不会给百度机会。

美国商界流传着这样一句话："一个人如果从未破产过，那他只是个小人物；如果破产过一次，他很可能是个失败者；如果破产过三次，那他就完全有可能无往而不胜。为什么？因为失败可以让我们更清晰地认识到自身的不足，能更深刻地体会到竞争对手的优势和竞争技巧，这将成为个人和企业发展过程中一笔不小的财富。"

从这个角度来说，3721 的创业失利对周鸿祎而言未尝不是一笔无形的财富。输给百度，让他反思很多，既看到了自己的轻率与不足，也看到了对手的长处，这种反思为他之后的东山再起积聚了不少能量。

第三章

雅虎中国往事

　　3721惜败百度之后，周鸿祎就把李彦宏视作"一生的敌人"。当百度主动报价靠拢雅虎的消息传出之后，周鸿祎进入了他的人生误区。2003年10月，急于求胜的周鸿祎并没有花太多心思挑选来自国内外的众多买家，而是以1.2亿美金的价格将3721卖给雅虎。在他的计划里，和雅虎合作等于傍上豪门，背靠大树好乘凉，在未来和百度的缠斗中，如果能从雅虎那里得到技术、品牌、资金、商业资源甚至更多，就可以一雪前耻。

"嫁人豪门"

2004年春天，雅虎迎来10岁生日。此时，雅虎在全球所向披靡，唯独在中国的发展始终不见起色，与市值超过500亿美元的互联网巨头身份极不相称。

同年4月13日，雅虎创始人、CEO杨致远带领全球管理团队隆重访华，如此高调实属首次。在首都国际机场，一大堆人正排队等候。当杨致远走下舷梯时，一阵土气十足的欢迎曲即刻萦绕耳畔。听惯了欧美流行乐的杨致远幽默地说："音乐够清新。"着人安排此曲的正是新任雅虎中国总裁周鸿祎——杨致远重燃雅虎中国梦的实现者。

杨致远祖籍福建，1968年生于中国台湾台北市，10岁随母亲迁往美国，22岁以优异成绩进入斯坦福大学。在大学写博士论文期间，他发明了最早的网站搜索软件，并与大卫·费罗一起在1994年4月创立雅虎，因此被称为"世纪网络第一人"。由于能够提供免费信息检索服务的公司寥寥无几，雅虎得到了市场广泛认可。1996年4月12日，雅虎成功上市，当日市值高达8.48亿美元。

作为美籍华人，杨致远一直有着深厚的中国情结，做中文网站是他长久以来的愿望。1998年5月4日，还没有正式进入中国大陆市场的时候，雅虎已经做好了中文雅虎站点，万事俱备只欠东风，杨致远在等着大陆投资政策进一步开放。1999年，雅虎正式进军中国，但杨致远回来得太晚了，竞争对手已经跑在前面。

1999 年 5 月 8 日，中国驻南联盟大使馆遭到美国"误炸"，国内群情激愤。新浪网抢在第一时间作出报道，一战成名，中国网民"看新闻上新浪"的习惯自此养成，新浪坐上中文第一门户的宝座。4 个月前，雅虎还是中国网民的首选浏览网站。

1999 年末 2000 年初，中国迎来互联网热潮。许多新上市的公司千方百计同网络挂钩。不管是传统制造业还是新兴产业，大家都一窝蜂地滥用互联网招牌。为了使公司看上去跟互联网有关，他们给公司取名字时可谓用心良苦，要么在名字后面挂".com"，要么在名字前面冠上"i"或者"e"，实在不方便换名字就不惜重金与互联网公司联姻。因为事实摆在面前，只要和互联网沾边股价就会翻番。

2000 年，本土成长起来的四大门户网站——中华网、新浪、网易和搜狐，轮番在境外上市。这些本土网站的成功上市充分显现出中国互联网市场巨大，吸引境外互联网巨头纷纷进军中国。

过度的繁荣背后往往跟着危机。2000 年 4 月之后，互联网股票开始持续大跌，一夕之间，人们慌了手脚：互联网冬天到来。2001 年，互联网泡沫破裂，雅虎深受影响，股价惨跌，总部自顾不暇，拓展中国市场成为可有可无的事情，导致进军中国 5 年一直碌碌无为。

与雅虎在华不作为形成对比的是，各大跨国公司纷纷抢占中国市场，连挑战雅虎地位的后起之秀谷歌也准备进军中国。杨致远不得不对中国市场重视起来，考虑再三，他选择通过收购的方式进入中国。

2003 年，雅虎成功并购中国台湾门户网站奇摩公司，尝到甜头之后，杨致远决定在中国大陆再来一次并购。当时，李彦宏希望让百度单独上市，向雅虎出价 1.5 亿美元，但周鸿祎的 3721 更合杨致远的胃口。3721 拥有 45 万中小型企业客户，这对雅虎未来的发展极为有利。雅虎定位于搜索、电子商务、宽带服务、企业邮箱、企业即时通讯等业务，主要服务对象是中小企业。更重要的是，3721 有很强的盈利能力，不需要雅虎过多的额外投入。此外，周鸿祎找过谷歌投资被拒，被收购的意愿较为强烈，也便于雅虎增加附加条款。

3721 惜败百度之后，周鸿祎就把李彦宏视作"一生的敌人"。当百度主动报价靠拢雅虎的消息传出之后，周鸿祎进入了他的人生误区。2003 年 10 月，急于求胜的周鸿祎并没有花太多心思挑选来自国内外的众多买家，而是以 1.2 亿美金的价格将 3721 卖给雅虎。在他的计划里，和雅虎合作等于傍上豪门，背靠大树好乘凉，在未来和百度的缠斗中，如果能从雅虎那里得到技术、品牌、资金、商业资源甚至更多，就可以一雪前耻。

作为第一代互联网创业者，拥有华人身份的杨致远激励了一代又一代中国后起之秀。当杨致远 26 岁创立雅虎的时候，30 岁的张朝阳还在苦苦寻找人生机会，31 岁的马云刚刚接触互联网，24 岁的丁磊还在为 Sybase 打工，24 岁的马化腾开始构思 OICQ，24 岁的周鸿祎在西安交大边读硕士边折腾。

和曾经的偶像一起并肩作战，周鸿祎充满期待。2004 年 3 月 22 日，意气风发的周鸿祎正式成为雅虎中国总裁。

"没有人比我更爱雅虎"

首先摆在周鸿祎面前的就是公司并购的普遍难题——文化融合。据统计,全球只有四分之一的企业并购成功,导致失败最主要的原因不是外部环境的恶化,不是内部战略调整的失误,而是企业文化冲突。

周鸿祎执掌雅虎中国之后,他的 200 名 3721 创业队伍也一同加盟。而在合并前,整个雅虎中国只有 50 人,周鸿祎干脆把雅虎中国从华润大厦搬到 3721 的和乔大厦。这才有后来的"3721 反并了雅虎中国"的说法。

据雅虎中国一位老员工回忆,周鸿祎刚到雅虎中国的时候,确实产生了激烈的企业文化冲突。他的个性以及创办 3721 的经历,决定了他不可能摇身一变为规规矩矩的职业经理人,而只能继续扮演充满激情的创业者角色。周鸿祎坚持认为,雅虎中国最需要创业激情:"雅虎是'大象',但雅虎中国还是'兔子'。在这一点上,雅虎中国和以前的 3721 一样,都是创业型的企业。"

然而,雅虎中国自塞梅尔上任以来就奉行职业经理人文化,他们脚踏中国地,人却是美国心,不仅在业务上复制雅虎在美国的做法,连行事风格也是照搬美国那一套,而且失去了雅虎创业时期积累下来的自由、进取、讲究效率的文化。在周鸿祎看来,"雅虎中国已经沾染上浓厚的跨国公司官僚气",一直都不肯放下国际顶级公司的架子,未完成彻底的本地化，才导致其 5 年来一直碌碌无为。

周鸿祎曾坦言：

> 加入雅虎以后，虽然我们已经有了很清晰的战略和策略，也具备很强的实力，但最困难的地方在于沟通。总部在万里之遥的美国，再加上高层对中国完全不了解，决策反应链往往很漫长。很多时候，要促成一个决策，除了时间成本之外，还不得不玩无数多的公司政治，这让搞技术出身的我总是感到身心疲惫。我做事从来不怕来自外部市场的压力，愿赌服输嘛。我最受不了来自内部的人际争斗与倾轧，每日就像面对一个昏庸的朝廷、一个庞大的官僚化体系，在外面领军打仗、冲锋陷阵的我，提交了一个明明被证明是对的建议，他们却因为这样那样的理由派一个个太监和锦衣卫来监督我。这种感觉非常糟糕。

作为总裁，周鸿祎一方面要让雅虎中国快速本地化，变得名副其实地"很中国"；另一方面要唤醒创业精神，一改此前"不求有功，但求无过"的做事风格，切换为勇于承担责任、追求业绩、全力冲刺的状态。

显然，这是一个出力不讨好的过程。为了完成文化整合，周鸿祎怀柔过，不知与大伙儿一醉方休过多少回，还因此摔掉了两颗门牙；也发狠过，曾经拍过无数次桌子、骂过无数次娘。

刚出任雅虎中国区总裁时，周鸿祎临时召集员工开会，他在台上讲话，员工则在下面聊天、发邮件。周鸿祎先是礼貌地请大家开完会再忙，却遭到了一致反对，大家振振有辞：我们这是在通过即时通讯与邮件向总部汇报，让总部第一时间知道会议的进度，这是雅虎的传统。脾气火爆的周鸿祎再也忍不住了："那是在美国的传统，你们现在是在中国。而中国的文化就是啥时候该干什么就得干什么，领导在上面讲话，员工在下面搞小动作成何体统？诸位如果不自己关掉电脑，我就请人帮你们从窗户那儿扔出去。"

下班后被叫来开会，本就让这些一向崇尚享受生活的雅虎员工很窝火，周鸿祎是个工作狂，喜欢快节奏，让这些"养尊处优"的老员工难以忍受，而"中国风格"对他们来说几乎是一种折磨。从创业3721开始，周鸿祎就养成了谈业务必喝酒、逢喝必醉的习惯；而雅虎中国的老外员工习惯了加几块冰的洋酒，要他们陪客户喝白酒时就会找各种借口，这也是周鸿祎所不能容忍的。

雅虎中国的待遇水准曾经在网络公司中最高，但合并后被3721的员工彻底拉平。周鸿祎说：

> 3721是我的事业，是我的孩子；雅虎中国也是我的事业，我会尽我的全力，与3721的感情是一样的。当然，如果雅虎中国这个孩子是杨致远"生"的话，那么我就是他的"教父"了，教育他在中国怎么成长。

周鸿祎虽然用心良苦，其强硬的做派和强烈的个人风格却得罪了不少雅虎中国的老员工，最终，包括原副总裁陈建豪在内的许多人选择了离开，但他们也感受到了周鸿祎的创业风格带来的实效。

"没有人比周鸿祎更爱雅虎中国。"一个离职的雅虎中国老员工后来这样评价周鸿祎，"他曾经在我面前说：'没有人比我更爱雅虎，我的所作所为都是为了雅虎。'当时我的表情和反应让他很不愉快，之后我还带着鄙夷和蔑视离开他的房间，我以为我比他更爱雅虎，或者说我认为他根本不爱雅虎。当我离开雅虎之后我明白了：他的话的确是发自内心的。雅虎的出现对周鸿祎曾经是一个机遇，不过这次合并好比一个冒险的试婚，除了门不当户不对，双方的气质形象也不吻合。周鸿祎的赌注是前半生的心血和职业前途，雅虎的赌注只是钱。

雅虎有很多钱，周鸿祎却不能再活一次。周鸿祎想要得到的是向百度复仇，是职业生涯的一次跳跃，当时置之死地而后生的他，唯一的选择就是爱雅虎。"

周鸿祎入主雅虎中国的最大挑战是本地化，他对雅虎中国最大的帮助也是本地化。雅虎自 1998 年进入中国以来一直默默无闻，直到周鸿祎接管后才表现得虎气生生。

有人说，杨致远之所以对周鸿祎上任后"气走"那么多老员工睁一只眼闭一只眼，就是因为他在借周鸿祎之手做一直不敢做的事情。事实上，在收购 3721 的全过程，雅虎总部就刻意不让原雅虎中国的人参与，由此可见其换血的决心早已下定。

当时，进军中国的所有国外网络巨头无一例外都因水土不服遭遇惨败：谷歌输给百度，MSN 做不过 QQ，易趣败给阿里巴巴。雅虎在周鸿祎的锐意改革之下，迎来了短暂的春天。

含恨离开

雅虎出资 1.2 亿美元收购 3721，这笔交易曾震惊中国互联网界。很多人评价，杨致远财大气粗，做了一次"雷锋"，周鸿祎借此狂捞一笔，身价过亿。

其中的甘苦唯有周鸿祎最清楚。这笔钱一点儿也不好拿，雅虎为周鸿祎准备了一副"金手铐"，他必须完成一系列硬性业务指标，只有"考试合格"才有可能拿到全款。

按照双方约定，这笔资金分 3 次结清。合同签订时，雅虎先支付 50%，剩下的一半根据周鸿祎加入雅虎中国后取得的业绩分两次支付：第一年，周鸿祎带领雅虎中国创造 1000 万美元的纯利润，雅虎支付 25%；第二年，完成 2500 万美元的纯利润，支付最后的 25%。

自从签署对赌协议的那一刻起，周鸿祎就背负起沉重的业绩压力。为了完成目标，他做出了很多令总部头疼的大胆举措。首先，他不顾总部反对，将原来 200 多人的团队大规模扩展到 400 多人，使雅虎中国成为全球员工最多的分公司。其次，在业务拓展上，周鸿祎强调专注，他完全不理会总部坚持做门户的想法，果断停掉并不擅长的频道，主推面向城市白领的房产、汽车、娱乐、体育等内容，将有限的资源集中在即时通信、邮箱和搜索上。

2004 年 6 月 8 日，周鸿祎推出新版即时通信软件"雅虎通 6.0 中文版"；6 月 21 日，独立的专门搜索网站"一搜网"上线；7 月 26 日，周鸿祎率先把免费邮箱扩容至 1G 容量。不得不说，周鸿祎的市场嗅觉异常敏锐，在雅虎总部还沉浸在"中国门户老大"迷梦的时候，他已经开始集中优势兵力单点突破。

到 2004 年底，雅虎中国做到了历史最好水平：雅虎通的常用用户量超过千万，增加势头向好；电子邮箱超过新浪做到第二，除网易之外，其他竞争对手的电子邮箱业务迅速边缘化；雅虎搜索超过谷歌中国，如果把一搜的搜索量加起来，跟百度相差不大。再加上已经做得很成功的网络实名业务，这一年雅虎中国扭亏为赢，营业收入 4000 万美元，利润 1000 万美元。按照杨致远的说法："他们不仅达到了，还超额完成。"

按照约定，雅虎此时应该再支付 25% 收购款。但是，杨致远只字未提，反而将来年的目标提升得更高。在新的一年，周鸿祎不但要完成约定的业绩，还要力求提升雅虎中国的地位，搜索业务要超越百度，电子邮箱要甩开网易。换句话说，就是利润指标、收入指标全都翻倍了。完成更加苛刻的业务指标，却必须继续靠雅虎中国自身赢利来做支撑。对于这样的决定，周鸿祎不能接受。

而此时，百度正在全力以赴冲刺上市，这个消息让周鸿祎倍受刺激。并购款可以暂时不提，但是为了加快发展搜索业务，洗刷百度留下的耻辱，他必须获得总部的大力支持，来一次质的飞跃。

2004 年 6 月，在周鸿祎的推动下，雅虎推出了其全球唯一的独立搜索门户"一搜"，号称"中国最大的娱乐音乐搜索"，主业务为 MP3 搜索。与百度 MP3 相比，一搜的最大优点是没有任何商业广告，因为受到的干扰小，用户体验大大提升。

一搜很快就获得成功，这让周鸿祎对超越百度有了信心。而事实上，他刚做一搜时就已经得罪了雅虎高层。好在雅虎中国的业务发展不错，总部顺水推舟。比如，周鸿祎要求撤换雅虎中国的多名高层主管，理由是他们不支持工作，杨致远同意了，让他按照自己的意愿去招人；

周鸿祎在没有完全征得总部同意的情况下，自作主张推出搜索门户一搜网，并直接从 3721 拨款作为启动资金，杨致远也默许了。

但是到了 2005 年，为了发展一搜，周鸿祎向总部申请一千万美元费用，杨致远却犹豫了。雅虎中国的发展一直没有战略方向，是要长远发展还是立刻盈利，雅虎总部一时给不出答案。杨致远认为，要把落后的 5 年时间赶上，靠自身积累速度太慢了，永远跟不上对手的步伐；而要跨越式发展，就需要总部进行大量投入。雅虎高层陷入投与不投的矛盾之间。

周鸿祎从 1 月份就提交了资金申请，到 6 月份也没有批。而瞬息万变的互联网市场向来不等人，搜狐推出"搜狗"，新浪推出"爱问"，独立搜索引擎如雨后春笋般纷纷涌现出来。对此，周鸿祎失望地表示："我带了一支能干的团队，被困住了。要弹药没弹药，要人力没人力。2005 年仗已经打不下去了，百度要上市，谷歌要进来，微软还要发力，门户还在效仿，白白地浪费战机、陷于内耗，到了年中我去意已决。"

周鸿祎和雅虎总部进行谈判。周鸿祎提议：维持原来议定的收购金额，但是雅虎总部要向雅虎中国拨资金，确保完成杨致远提出的新任务指标。雅虎总部的态度是，坚持用 3721 的盈利来提升邮箱和搜索业务。

周鸿祎建议双方各退一步，雅虎不要再与业绩挂钩，周鸿祎也不坚持原价，双方再议定一个略低的价格。雅虎总部没有同意，他们提出的解决方案是：维持原价，周鸿祎团队都留下，但是公司的股权处理周鸿祎不得干预。周鸿祎坚决反对，他认为雅虎在牺牲小股东利益来购买团队。

在等待谈判结果的过程中，周鸿祎又做了一件火上浇油的事情：3721 被收购，并购款理当由股东按投资比例分钱，没有员工的事情。但是，周鸿祎因为雅虎从来没给员工发过奖金，出于仗义，就从已拿到的收购款中拿出一部分发给员工做奖金，以感谢他们从 3721 创业一直追随他到雅虎。据说这笔钱金额高达千万，惠及基层员工，大家都获得了从 10 万到 100 万不等的回报。

最终，双方谈崩了，雅虎只付给周鸿祎 9000 万美元的并购款（比约定总价少付了 30%）。2005 年 8 月 31 日，周鸿祎带着愤怒和遗憾从雅虎中国离职。

周鸿祎离开，雅虎如释重负。但是随后他们发现，没了周鸿祎的狼性团队，雅虎中国又回到了被边缘化的命运，根本"啃不动"中国市场。同年，杨致远把雅虎中国卖给马云的阿里巴巴。

"你今天想省一千万美元，你错过了时间、错过了这支团队，下面再做的话你省的每一分钱将会付出一百倍的代价。"周鸿祎曾如此苦口婆心地劝告，杨致远却犹豫不决，甚至无动于衷，以致周鸿祎由无奈到愤怒，责备杨致远"在中国一直是赌徒的心态"。不过，一切恩怨情仇都会随着时光的冲刷烟消云散，时至今日，周鸿祎反倒很感谢杨致远，若没有当年的负气出走，就不会有后来叱咤风云的 360。

多年后，杨致远被迫辞去雅虎公司董事和所有职务，周鸿祎在微博这样写道：

> 杨致远创立雅虎开启伟大的互联网时代，是历史性人物；他性格温和为人很好值得尊敬，后期战略上有错误，主要是个性不够决断强势；他辞职为雅虎的未来发展让出空间，说明他还是以公司利益为重抛弃个人荣辱。

一条微博，化干戈为玉帛，杨致远依然值得尊敬，而周鸿祎的境界和胸怀已非昨日。

10 亿美元的教训

2005 年 8 月 5 日,百度登陆纳斯达克,一举打破多项纪录:发行价 27 美元,开盘价 66 美元,收于 122.54 美元,涨幅 353.85%,成为首家进入纳斯达克成分股的中国公司。百度的卓越表现加剧了周鸿祎的失落感。

"3721 本来是最有机会在中国跟百度逐鹿搜索市场的,但是由于我的急躁决策,3721 被葬送掉了。"每每提及这段经历,周鸿祎就难掩悔恨:

> 当时 3721 特别想跟百度竞争,其实不用盯着百度,再融资,融几千万美金,然后自己招人,自己慢慢改善技术,可能几年以后,搜索业务就能打开局面了。但当时我的竞争心太强,这是我个性中的一个弱点,太喜欢跟人竞争,一旦跟人对上了,恨不得把对方干掉,就特别急躁,这时候眼睛里只有竞争对手了,觉得只要能把竞争对手打败,我干什么都可以。这就是 10 亿美元的教训。

周鸿祎坦言,从雅虎中国出走后那段日子是他人生的最低谷。在那段不知前路在何方的灰暗日子里,他决定休息一段时间,陪陪家人,因为一路走下来实在太累了。"这几年我和妻子说得最多的话就是公事,"周鸿祎感叹,"从 1998 年创业 3721 到现在,我是十分兴奋也十分艰苦。"

这个时候，苹果创始人乔布斯成为周鸿祎的精神导师。他关在屋子里，把所能找到的关于乔布斯的资料与传记几乎全读了一遍。无论经历还是个性，失意的周鸿祎从乔布斯身上都找到了自己的影子："乔布斯屡战屡败，桀骜不驯，性格缺陷明显，很像我自己。"

1985 年 4 月，因为经营业绩下滑及理念不合，苹果董事会决议撤销乔布斯的经营大权。乔布斯多次想夺回权力均未成功，他在 1985 年 9 月 17 日正式递交辞呈。离开苹果没过几天，乔布斯便创办"Next"电脑公司。1986 年，乔布斯以 1000 万美元的价格买下当时规模很小、效益不好的电脑动画制作工作室——皮克斯公司。1995 年，皮克斯和迪斯尼合作的动画电影《玩具总动员》上映，票房收入达到 4 亿美元。皮克斯随后登陆资本市场，乔布斯拥有的股票价值超过 5 亿美元，他一夜之间就回到顶级富豪的行列。

此时，由他亲手创办又含恨离开的苹果公司却举步维艰，连换几任总裁依然难以挽救。1996 年，乔布斯受邀作为兼职顾问重回苹果，次年 9 月出任首席执行官。1998 年，苹果推出以外形取胜的新产品 iMac，一改电脑的旧形象，迅速在美国及日本热卖，3 年内卖出 500 万台。到 1998 年第 4 个财务季度，苹果创造了 1.09 亿美元的利润，顺利渡过财务危机。

乔布斯的精神深深鼓舞了深处低谷的周鸿祎。"乔布斯 42 岁高龄尚可以站起，我为什么不能呢？"周鸿祎暗自打气。

此外，乔布斯奉行用户至上理念，总是开风气之先，想常人所不敢想，以颠覆性创新，带给用户体验快感，这也深深影响了周鸿祎。

通过研读乔布斯传记，周鸿祎总结出 3 条成功经验：

首先，必须要成为一位优秀的产品经理。周鸿祎后来自称是"互联网原教旨主义者"，正是师从乔布斯。乔布斯奉行用户至上，很注重用户体验，并且倡导赢在细节。他不迷恋概念，而是专注于产品的细节设计，致力于做让消费者叫好的产品。

其次，必须要成为一名善于造势的市场营销专家。乔布斯创造出粉丝宗教般的文化，在产品出世之前做宣传，这是其最为厉害之处。

第三，必须成为一名杰出的领导者而非管理者。乔布斯深知自己性格不好，情商不高，不适于做管理者，就立足于做一个领导者，或者说是一个布道者，"蛊惑"更多的人来帮他做事。

周鸿祎还发现，自己连性格缺陷也与乔布斯有几分相似——脾气暴躁、思想偏执、四处树敌、喜怒无常、我行我素……曾经，周鸿祎很在乎别人如何看待自己，但是乔布斯突兀的"缺点"没有妨碍他成功。基于这一点，周鸿祎在随后的岁月里更加坚定勇敢地做自己。

在周鸿祎即将离开雅虎中国的时候，一度有消息称：谷歌中国向他抛出橄榄枝。事实上，谷歌中国总裁的位置一直空闲，很多人笃定周鸿祎会率队转移。毕竟，已有雅虎搜索技术人员去了前哨站，谷歌曾委托猎头公司挖走雅虎部分中高层。

但是，经历了雅虎中国"阵痛"的周鸿祎，对于职业经理人这个角色不感兴趣。3721时代，周鸿祎习惯自己说了算，但到了雅虎中国之后，周鸿祎完全施展不开手脚。有了这一次痛彻的经历，周鸿祎再也不愿打工了。如果到了谷歌中国或者其他大公司，等于重走雅虎中国的路，周鸿祎显然不愿接受。

这一次，周鸿祎决定东山再起，重新创业。他似乎刻意模仿乔布斯的路径，并没有急于创办一家企业，而是化身投资人。

第四章

投资家：帮助别人成功更具快感

　　周鸿祎认为自己具备做"天使"的资格：首先，他对互联网很熟悉，市场嗅觉灵敏；其次，他创业过3721，有实战经验，可以理解和帮助创业者；第三，他融资过，也在投资公司待过，人脉和牵线都不成问题。

　　"我出来做投资，帮助小企业成长，就不会把3721所走过的路再让他自己摸索一遍，至少能缩短一半时间。如果越来越多像我这样的人出来，不仅把所挣的钱投入企业再循环，而且把做企业的经验教给他们，可能再过10年，经过不断循环、过滤，你会发现中国可能有几百个甚至上千个周鸿祎在指导帮助企业，中国的高科技产业的发展就会取得一种链式反应的效果。"

化身"天使"，帮助小企业成长

经历了 3721 的失败和雅虎中国的失意，周鸿祎决定换个活法。

早在创办 3721 之初，周鸿祎就得到过全球知名投资机构 IDG（美国国际数据集团）和日本第一大风险投资企业 JAFCO（集富）的大力帮助，他很清楚风险投资对于中国互联网创业者的巨大意义。互联网创业异常残酷，对于绝大多数创业者来说，完成了创业项目选择、企业治理结构、经营模式的制定，只是万里长征第一步，更多的考验将接踵而至。成千上万创业者就好比辛苦跋涉在沙漠中的淘金者一样，最后淘到黄金的所剩无几，更多人倒在了前行的路上。

周鸿祎曾感慨：

> 作为一个热衷创业的人，我始终认为，创业本身是一件很了不起的事情，但从雅虎中国出来的那段时间，我忽然意识到：投资、帮助别人融资比创业更有意义。道理很简单，我自己创业，只能做一件事；但如果我学会了投资，通过投资很多创业企业，帮助他们完成融资，就等于同时做了很多事。

离开雅虎中国以后，经老朋友王功权大力引荐，周鸿祎成为 IDG 投资合伙人。当时，IDG 在中国新设了两个基金，每个基金 2.5 亿美元，其中一个用于技术创业投资。新基金增加了对创业企业的投资，非常需要像周鸿祎这样有实战经验的人。他的经验既能对投资对象起到指导作用，让创业者少走弯路，也能让 IDG 的投资少一些风险。

在 IDG 待了大半年，周鸿祎就意识到自己不适合做复杂的风险投资人。风险投资多投资于初具规模的公司，比较专业，需要经过复杂的财务调查，其程式化的繁琐过程让周鸿祎不胜其烦。相比之下，周鸿祎更愿意也更适合投资更早期的微小公司。于是，周鸿祎离开 IDG，化身为天使投资人，专门帮助那些刚起步、规模小的互联网创业者。

当年，谷歌的拉里·佩奇和肖恩·安德森找到美国太阳公司创始人安迪·贝克托森寻求投资，后者只说了一句话："我一点儿也听不明白你们刚才所说的复杂商业模式，但这不妨碍我接下来的决定，我会先给你们一张支票，请半年之后再告诉我你们到底在做什么。"说完就爽快地开出了 10 万美元的支票。

这个经典故事深深影响了周鸿祎，在他看来，中国太缺乏真正意义上的天使投资人，他说：

> 带翅膀的不一定是天使，也可能是鸟人。我不认为谁有钱谁就叫天使投资。说到钱，现在中国有钱的人确实很多，但是，首先，这些钱不一定肯投资给充满风险的草根创业者。其次，这些有钱人因为自身没有开公司的实战经历，未必就能帮助到创业公司。
>
> 仔细研究硅谷的那些天使投资者就会发现，他们在投资谷歌和苹果等公司之前，都曾经在硅谷摸打滚爬过，因为有实战经验，所以才在创业中帮到大忙：首先，他们对产业比较了解，能帮助创业者理清思路、规划方向；其次，因为有过或成功或失败的创业经历，清楚创业是怎么一个过程，能够适时给创业者一些

具体到位的指点；另外，他们本身在 VC 圈有很广的人脉关系，可以轻松找到下家，给创业企业进一步融资。硅谷已然形成了这样一个良性循环：创办公司——退出创业——天使投资——培养新一代创业者——新一代企业家继续投资。中国目前还没有形成这样一个良性的创业生态环境，每个创业者在创业早期都要靠自己摸索，所以成长的代价很高，有幸存活下来的企业发展也特别慢。

周鸿祎认为自己具备做"天使"的资格：首先，他对互联网很熟悉，市场嗅觉灵敏；其次，他创业过 3721，有实战经验，可以理解和帮助创业者；第三，他融资过，也在投资公司待过，人脉和牵线都不成问题。

"我出来做投资，帮助小企业成长，就不会把 3721 所走过的路再让他自己摸索一遍，至少能缩短一半时间。如果越来越多像我这样的人出来，不仅把所挣的钱投入企业再循环，而且把做企业的经验教给他们，可能再过 10 年，经过不断循环、过滤，你会发现中国可能有几百个甚至上千个周鸿祎在指导帮助企业，中国的高科技产业的发展就会取得一种链式反应的效果。"

显然，化身天使投资人，周鸿祎并不是将梦想搁置，而是把梦想放大。

看中迅雷的专注力

周鸿祎最得意的投资项目莫过于迅雷，热衷互联网的年轻人都享受过"迅雷不及掩耳"的下载速度。迅雷是唯一渗透率超过 50% 的国内共享软件，用户使用率高达 85%，一度被认为是继腾讯、百度之后的又一中国互联网新巨头。

邹胜龙 2002 年底从美国杜克大学计算机科学硕士毕业，与研究生同学程浩在美国硅谷创建迅雷。2003 年回国发展，在深圳创办了三代科技开发有限公司。之所以给公司取名"三代"，意思是作为海归创业者，张朝阳算第一代，李彦宏是第二代，他和程浩属于第三代。

邹胜龙以下载软件为突破口，剑走偏锋。2002 年，下载技术还是冷门的互联网应用，就连美国硅谷也没有创业范本。他以为投身到一片崭新的蓝海，一定能杀出一片天地来。然而，现实却让邹胜龙"爆冷门"的愿望落了空。

邹胜龙选择回国创业的时机不对。当时，全球互联网正处于泡沫破灭之后的低潮期，而 2003 年中国偏偏赶上 SARS 病毒爆发，"这是比互联网冬天更冷的一个冬天"。大环境不景气，下载技术被认知程度不够，决定了"没有一家 VC 愿意出资"。

当初回国时，邹胜龙给妻子立下军令状：12 个月创业初成，创业一年后，如果毫无起色，全家就回到美国，他继续在硅谷做架构师养家。

等到 12 个月过后，迅雷捉襟见肘的境况并未好转，邹胜龙向妻子请求，再给他半年时间试试。正是因为"推迟"返回美国，邹胜龙迎来了周鸿祎 100 万元的天使投资。

邹胜龙一开始找的并不是周鸿祎，而是 IDG 合伙投资人杨飞。杨飞对投资迅雷很有兴趣，但他本人对客户端软件不熟悉，于是就找到尚在做 3721 的周鸿祎把关。技术出身的周鸿祎一眼就看出了迅雷的硬伤："迅雷早期的技术并不是特别先进。他们的理念很好，但产品做得很一般。"

周鸿祎说得还算比较客气，按照邹胜龙的说法：刚开发出来时，迅雷软件"漏洞百出"，"面对朋友都不好意思拿出来展示"。

尽管如此，周鸿祎还是选择迅雷作为他的"处女作"，他看中的是迅雷的团队。周鸿祎深知，创业之初，资金、技术、管理等方面相对弱小，不够成熟，要想获得成功就必须付出更大的努力，创业团队起着决定性的作用。

在投资迅雷之前，周鸿祎已经看好下载市场，并专门找过做网络蚂蚁的洪以容和网际快车的侯延堂。在这个过程中，周鸿祎发现了很多中国个人软件制作者的通病——沟通困难：

> 有点儿用户量之后都觉得自己很牛，觉得自己的经验放之四海而皆准，就想拿点儿钱，什么建议都听不进去。如果这公司只是缺钱那真太了不起了，因为世界上钱多得很。我投你并不是因为我有钱就更了不起，只是我经验比你足，愿意和你唠叨唠叨如何从上百万的用户做到上亿的用户，并且建立一整套商业模式。

但邹胜龙的团队不是这样，他们有着硅谷 DNA。"邹胜龙他们毕竟是海归，在美国也有工作经验。说话做事都很正规，不是那么山寨和野路子。最重要的是他们很 open，愿意承认自己的不足。"周鸿祎如是评价。

当时，迅雷面临强大的竞争对手——网际快车，一个占据中国80%市场份额的下载巨头。迅雷的第一个版本模仿网际快车的界面，周鸿祎建议尽快做出差异化。网际快车走专业化路线，迅雷不妨走"傻瓜"路线，力求让普通人容易理解并快速上手，这样用户才会多起来。

邹胜龙接受了周鸿祎的建议，认真分析与网际快车的差距，列出了200个需要改进的地方，然后不断调试更新版本。迅雷从1.0升级到5.0只花了两年半时间。仅2006年一年，迅雷就发布了14个改进版本，平均25天改进1个版本。

周鸿祎后来说："如果没有我早期对迅雷提供的定位策略、产品规划以及市场推广建议，他们不可能那么快发展起来。"

在迅雷不断补短板的时候，网际快车的创始人却沉迷于网络游戏，戏剧性地给了迅雷后来居上的机会。侯延堂完全利用业余时间开发出网际快车，2004年迷上《魔兽争霸》游戏之后，因为没有时间编程，网际快车更新到了1.7版之后戛然而止。

与竞争对手的个人玩家行为相比，迅雷从创业开始就以团队和商业化运作的面貌出现。邹胜龙负责公司整体架构以及和投资人沟通，程浩醉心于技术，更偏向内部管理，两个合伙人起到了很好的互补作用。

除了开放心态，周鸿祎还看中迅雷团队的专注精神。当初名不经传的3721之所以能从一片强敌中杀出，就在于其专注于搜索。所以周鸿祎很看重创业初期的专注，他认为有了专注才有大成的可能。在迅雷身上，他欣慰地看到了这一点："迅雷取得今天成就的一个原因就是专注做一件事情——下载。在这一点上，迅雷堪称楷模。"

作为一名从创业者转型的天使投资人，周鸿祎的投资风格偏向"导师型"，凭借经验、阅历为创业者提供帮助，尤其在草创阶段和危机时刻。

2006 年 6 月，迅雷遭遇了一次"灭顶之灾"：迅雷推出下载资源门户网站"*xunlei.com*"，第二天，靠下载存活的著名网站华军软件园率先在网站撤掉迅雷下载工具，其他下载网站也跟着踢掉迅雷软件。因为动了传统下载网站的"奶酪"，迅雷一时间成了众矢之的。

面对危机，邹胜龙一下子懵了："以前从没经历过这种有预谋和组织性的恶性媒体报道，这对我们是一个新的课题，不知道该怎么做，什么招都想用，很乱。"此时，周鸿祎起到了关键性作用，他出面把各方叫到一起吃饭，讨论出一个多赢方案。几天后，各方发表和解的联合声明。

在投资迅雷的过程中，周鸿祎最享受"天使"的成就感。不只是雪中送炭的资金救活了企业，更重要的是他在创业过程中的导师作用。投资迅雷的试水成功，让周鸿祎迷上了天使投资人这个新头衔，这才有了后来更多的投资项目。

2011 年 3 月 31 日，奇虎 360 上市第二天，周鸿祎透露，近期还会有一家自己投资的公司上市，大家猜测就是迅雷。可谁能料到，这段上市之路非常艰难，直到 3 年之后，2014 年 6 月 24 日，迅雷终于在纳斯达克挂牌上市，开盘价 14.21 美元，市值约 9.86 亿美元。

周鸿祎的这段投资故事，也算划上了一个完美的句号。

入股酷狗：必须尊重创业者

在谈到如何摆正天使投资人和创业者之间的关系时，周鸿祎打了一个精辟的比喻，投资者和创业者之间的关系像两口子：

> 就像结婚一样，你选择了这个人，你就要接受他的优点和缺点，要帮助他发挥他的优点，然后改正他的缺点，但是从心态上一定要明白，不可以越俎代庖。劝说归劝说，但企业始终属于创业者，必须尊重创业者。如果对方做的事情，我觉得不妥当，我会劝说，但最后我会尊重他的意见。

在周鸿祎投资的企业中，酷狗公司创始人谢振宇是脾气最偏、最难说服的一个。此人属于中国第一批接触电脑的人，不折不扣的技术出身的 IT 高手。和周鸿祎一样，他中学就会程序编写，高中毕业直接保送上大学，就读于中山大学计算机系。

大学毕业后，谢振宇被分配到招商银行，做了几年技术开发。因为职业成就感缺失，2000 年他和朋友一起创立了搜刮音乐网。这是中国第一家专业的音乐搜索引擎，主要为用户提供音乐视听的第三方链接服务，3 年后李彦宏才推出百度 MP3，4 年后周鸿祎才推出一搜。

搜刮音乐网成立不久就赶上互联网寒冬。2001 年，由于广告模式尚不成熟，连各大门户网站都无从获得广告利益，遑论小公司了。

在非常时期,搜刮音乐网面临很大的生存危机,谢振宇甚至没钱购买新的服务器。仅靠一台服务器,谢振宇自编程序,每天支撑着全球上百万次的用户访问量,竟然奇迹般地渡过寒冬。夹缝中生存的搜刮音乐网发展势头越来越旺,最好的时候在全球网站综合排名榜中占据到前 100 名。

搜刮音乐网的成功很快引起搜索巨头百度的关注。为了通过互联网音乐服务来增加流量和用户,百度向谢振宇提出收购要求。但谢振宇认为其诚意不够,出价太低,一口回绝。随后,百度开始研发音乐搜索,百度 MP3 频道就这样诞生。彼时百度已经上市,凭借品牌效应,百度 MP3 很快就吸引了海量用户,反过来威胁到搜刮音乐网的发展。

抵挡不住百度 MP3 的压力,谢振宇开始考虑转型。他瞄准了音乐搜索的下游市场:音乐下载和音乐客户端市场。经过市场分析,谢振宇发现百度 MP3 用户量过大,导致在线听歌速度很慢,用户只好把歌曲下载到电脑里,此时又遇到文件管理问题,而且听歌的时候还得百度一下歌词,体验感很差。于是,谢振宇开始做音乐盒,帮助用户管理音乐资源、提高用户体验,搜刮就这样变身为酷狗。

就在李彦宏关注搜刮音乐网的时候,周鸿祎也投来了赞许的目光。当时周鸿祎正在雅虎中国发展"一搜"大业,为了和搜刮音乐网实现链接共享,周鸿祎和助手特意从北京跑到深圳,与谢振宇整整谈了一个下午,口才出众的周鸿祎最终也没有能说服谢振宇。据谢振宇回忆,周鸿祎到最后几乎怒了:"你咋这么倔呢?"

周鸿祎一向视敌人的敌人为朋友,基于雅虎公司全球领先的 YST(Yahoo Search Technology)技术和 3721 网络实名的成功经验,一搜与搜刮联合起来,一定会在音乐搜索领域做出一番大事业,抗衡百度自然不在话下。当时谢振宇还没有跳出"同行是冤家"的思维局限,看不到竞合双赢的远景,不愿意同一搜联合。所以,给周鸿祎留下了不 open、太倔强的印象。

2005 年，周鸿祎离开雅虎中国，转型为天使投资人。此时，酷狗音乐盒为谢振宇赢来第二次成功。2004 年推出第一版，不到半年就达到 10 万人同时在线，用户增长非常迅速，口碑也很好。周鸿祎"不因人废事"，他虽然不喜欢谢振宇的固执，但更肯定其实力和优点。在他看来，谢振宇团队能专注于技术创新，是一种难能可贵的品质，于是投资酷狗。

成为酷狗天使投资人之后，周鸿祎给谢振宇提供了很多宝贵意见，刚开始还遭到反对抵触。比如，在盈利模式上，谢振宇虽然接受了周鸿祎以免费使用软件换取广告受众的建议，但是对于"跳出互联网到手机和其他音乐终端设备上去找机会"的意见却存在分歧。一向专注做音乐领域的谢振宇，依然坚持在音乐上寻找商业模式的突破。

不过，对商业模式的意见分歧并没有妨碍双方共赢合作。2009 年11 月，奇虎 360 牵手酷狗，启动在线音乐安全合作战略。360 为酷狗用户提供终身免费的 360 安全套装下载服务，作为回报，酷狗音乐向360 共享超过 1.5 亿用户，在酷狗音乐盒子上活跃着 360 安全卫士和周鸿祎投资的其他产品广告。

商场瞬息万变，人生飘萍流转。2014 年 4 月，酷狗、酷我完成合并，并与海洋版权公司等共同组成新的音乐集团——海洋音乐集团，谢振宇出任联席 CEO。2016 年夏天，腾讯宣布收购酷狗音乐、酷我音乐控股方海洋音乐集团约 44% 的控股权，腾讯控股权由 16% 上升到约 60%，由此成为中国在线音乐播放时长第一品牌。在这桩收购之前，酷狗音乐为中国最大的移动音乐提供商，QQ 音乐排名第二，酷我音乐排名第三。

2018 年 12 月 12 日，腾讯音乐在美国纽约证券交易所挂牌上市，谢振宇作为高管，也算圆了上市梦。对于周鸿祎来说，尽管腾讯是眼中钉、肉中刺，但当年受其帮助、点化的谢振宇能功成名就，也算一种安慰。

放手"Discuz！"：不要替创业者做决策

细心的网友可能会发现，在许多论坛的页面底部经常出现一行英文："Powered by Discuz!"。除了程序员和 BBS 站长之外，很少有人认真探究这行字是什么意思。

Discuz! 是一款社区论坛软件，创始人戴志康被周鸿祎多次盛赞为"最踏实的 80 后创业者"。1981 年，戴志康出生在大庆一个书香世家，外公是中国第一批教授，父母都是大庆石油学院的老师。在如此优越的家庭环境中，开明的父母总让他尝试不同的事情，他陆续学过弹琴、画画、计算机。5 年级时，戴志康开始接触电脑，从此发现了兴趣和天赋所在。

从 286 到 586，随着电脑不断升级，戴志康的水平也日渐提高。初二时，戴志康曾在父亲陪伴下到北京找瑞星公司，当面指出其软件的缺陷。据其回忆："我开始自己玩 DOS，我当时的本事是，在自己的电脑上听程序运行时硬盘的声音就知道感染病毒与否。"

2000 年，凭着超水平发挥，戴志康考上了哈尔滨工程大学，但在校园环境中长大的戴志康并不认为大学比电脑更有吸引力。刚上大一时戴志康学习还比较认真，此后每况愈下，逃课已是家常便饭。大二那年，戴志康搬出学校，靠卖电话卡的积蓄在校外租了间房，每天 15 个小时趴在电脑前钻研软件。就是在这样的条件下，戴志康设计出后来广为人知的软件"Discuz!"，他将其放在网上，供用户免费使用。

2003 年初，戴志康决定将 Discuz！软件从免费变成收费，谁认同这个产品，在使用时就得认同它的价值，为其付费，周鸿祎就是客户之一。2002 年，戴志康卖给 3721 一套 Discuz! 2.0，周鸿祎对戴志康产生兴趣，并托人传去口信："毕业了到 3721 来工作吧。"

凭借卖软件，戴志康淘到人生第一桶金——50 万元。他本打算通过 Discuz! 软件出名后找到年薪 10 万的工作，可刚毕业就有公司愿意出 30 万年薪邀请他加入。此时，周鸿祎正式邀请戴志康加盟 3721，却被婉言谢绝了。戴志康到北京直接创办了康盛创想科技有限公司。

2005 年 6 月，周鸿祎从雅虎中国出来，辗转找到戴志康。这次周鸿祎是"送"钱来了："既然找你不过来，这次给你投点儿资吧。"当时正值康盛创想寻找新的商业模式突破，需要大量资金。戴志康和周鸿祎正式面谈，聊得很愉快，很多想法一拍即合。

除了天使基金，戴志康还从周鸿祎身上学到很多商业实践上的东西。比如，Discuz! 从收费回归免费，就是采用周鸿祎的建议。当时，周鸿祎劝戴志康先通过免费的方式快速把用户量做大，暂时不要考虑赚钱的问题，即使不赚钱，通过免费可以抬高对手的进入门槛。戴志康一开始对"免费了怎么赚钱"心存质疑，迟迟下不了决心。然而，后来的事实吓了他一大跳，免费之后，几乎每天都有上千家网站安装 Discuz! 软件，Discuz! 的市场占有率一下子提升了 40% 左右。

周鸿祎还有一个建议让戴志康受益匪浅。周鸿祎认为，康盛创想的产品阵容庞大，需要统一标识，融合到一个品牌之中。但戴志康固执地认为，这些产品分别有自己的功能，早已占领了用户的习惯认知，改了反倒影响不好。周鸿祎见一次就提一次，戴志康"简直烦透了"，周鸿祎以行动做示范，360 旗下产品不断拓展，却始终保持统一的产品标识、界面形象。看到活生生的样本，戴志康最终决定改变。

戴志康一度视周鸿祎为创业领路人，对于周鸿祎提供的指导心存感激，给予的回报可从股权上看出：周鸿祎当时给了戴志康和他的团队 8 万美元投资，占 15% 的股份；红杉紧跟着投进 100 万美元，却只换了 20% 的股份。

除了股权回报，戴志康还对周鸿祎有求必应。2006 年，周鸿祎做奇虎社区搜索，要超越同类型的大旗网，他想到了戴志康的Discuz！——如果在这个论坛产品的源程序中嵌入奇虎的搜索代码，就可以从源头上获得制高点。

戴志康也认为这个主意不错，但觉得时机不够成熟。当时奇虎的搜索代码还不完善，用户在进行论坛内的搜索时会搜到站外的东西。尽管如此，戴志康还是配合周鸿祎尽快集成上线的决定。后来，戴志康预料的状况都一一发生了。这件事情之后，周鸿祎主动找戴志康的次数多了，不管是合作还是自己决定的事情都共同商量，更加尊重这位小兄弟。

2010 年，就在腾讯和 360 打得不可开交的时候，戴志康作出了一个令周鸿祎百感交集的决定：把 Discuz！公司作价 6000 万美金卖给腾讯，成为其旗下全资子公司。

自己投资的公司"叛变"到竞争对手的阵营，周鸿祎一开始很难受，但很快就开明地选择放手。他在微博上写道：

> 对于天使投资人，一个游戏规则是不要越俎代庖。你可以为创业者提建议，但不要替创业者做决策。投资人得清醒地意识到自己是辅助角色，这个企业不是自己的。因为知道自己作为投资人的角色，所以我非常支持志康的决定。

周鸿祎认为，当初选择投资康盛创想主要看重戴志康以及他要做的事，如果新的平台可以帮助 Discuz! 更好地发展，自己就没有理由去干扰创业者的决定。

戴志康事后说："我们在被收购之前一直想做平台，腾讯是一个已经建立好的大平台，在这个平台上面的协同之间能共同做的事情比较多，比如说 QQ 号与 SNS 打通以后，借助云计算的能力，能够把 Discuz! 这个产品做得更好，当时的初衷主要是这个。"

被腾讯收购之后，借助新的平台资源，戴志康确实做了很多一直想去做却没能做成的事情，比如，云平台、纵横搜索、QQ 互联、腾讯分析和 Discuz! 联盟。对此，周鸿祎很欣慰。

心胸决定眼界，眼界决定未来，做人做企业皆如此。不以小利而毁人前程，周鸿祎投资但不控制 Discuz! 的做法，为他在天使投资界赢得了很高的口碑。

投资快播：看重颠覆式创新

天使投资和 VC 投资的一个重要区别，就在于它不看重回报率的天使属性。周鸿祎曾说：

> 我投一个项目，一开始不是看钱途，而是看他是不是做了一个很酷的产品，这个产品是不是很多人会用。就算有些企业还没有找到特别明确的商业模式，但是只要其产品有很多人在用，他能改变很多人的生活方式，我就会投资他。

投资快播就是明证。1999 年底，王欣凭借在大学期间就展露出来的技术天赋，在深圳一家合资公司轻松谋得一份技术研发的工作，职位是副总经理。2002 年，工作成就感匮乏的王欣决定出来单干，遂成立深圳点石软件公司，主攻音乐交换软件。和许多缺乏管理和市场推广经验的创业者一样，苦撑了 3 年之后，王欣关掉了公司。

2005 年，陈天桥主动找到王欣，邀请他到盛大负责"盛大盒子"的研发，后因种种原因，盛大盒子流产，整个技术团队解散。王欣回到深圳，2007 年底二次创业，快播诞生。

快播刚成立时只有 5 个人，创业资金很快也花光了，最穷的时候，王欣也没有忘记理想：做中国自有民族技术品牌。当时，国内视频领域竞争已趋饱和。土豆、优酷、酷 6 等树立起视频门户网站的招牌；

暴风影音已成为视频播放工具的首选；迅雷成为下载工具的霸主。快播凭借其点播技术的创新，杀出了一条血路。

尽管用户数量瞬间激增，快播的资金短缺问题依然没有好转，反而随着用户倍增越发窘迫。一台服务器已无法满足数百万用户的疯抢点击，但王欣又没有钱添置新的服务器。

"我做了一个艰难的决定：把快播公司卖掉！"王欣当时开出300万元的超低价，欲将快播卖给一家同行，对方却以很快就会研发出跟快播一样的技术为由拒绝了。

超低价都卖不出去，快播的价值可想而知。没想到周鸿祎却独具慧眼，"我投资快播，看重的是其颠覆式创新"。

一直以来，用户通过4种方式在网上看视频：下载、在线观看、视频分享网站以及PPlive等直播平台。前三种方式都容易惹火用户，下载慢，在线看卡，分享的视频模糊。PPlive、PPS、风行等直播平台看着不错，但供货内容有局限，而且高清电影的流行势不可挡，看过HD画面后，用户的品味提高很多。快播首次运用P2P技术，支持边下载边观看，既解决了播放画面糊、播放卡等老问题，还节省了用户的等待时间，提升了用户体验感。

好的产品必须找到好的盈利模式才能释放市场能量。周鸿祎不仅帮王欣解决了燃眉之急，还授之以渔。周鸿祎适时抛出"免费长尾理论"，让快播最终找到了自己的盈利路径。

为了让王欣理解免费已是大势所趋，周鸿祎送他一本克里斯·安德森的《免费：商业的未来》，让他自己去想。后来的事实证明，在熬过最艰难的一个阶段之后，周鸿祎的建议帮了王欣的大忙。快播软件做免费推广的时候，很快就吸引了很多客户试用，直接导致装机数量大幅上升。

周鸿祎给快播投的钱不多，但是王欣却视其为"最天使"的人。王欣的团队成员大多是技术出身，他一直在找一个懂市场推广、懂客户端的人做补充，通过朋友介绍认识周鸿祎后，他觉得找对了人。

周鸿祎喜欢提一些较为细致的要求。比如，他建议把不相关的组件去掉，集中精力做核心功能；不要常驻用户电脑的内存，要彻底退出；甚至要求在用户安装软件的时候，在说明文字中用红字向用户介绍 P2P 原理，提示这个软件会占带宽，建议用户不要在公司或者在网络高峰时期使用……这些都是做技术的人以往没有想到的。周鸿祎对用户心理的深刻把握，为王欣及其团队提供了很大启示。

商场瞬息万变，人生飘零流转。2014 年 3 月，腾讯向深圳市市场监管局投诉快播侵权：一是提供大量链接，二是提供深度链接，三是提供内容和编辑。3 个月之后，2014 年 6 月 26 日，广东省通信管理局向快播送达《行政处罚决定书》，快播通过互联网传播淫秽色情信息被吊销增值电信业务经营许可证。同一天，深圳工商局对快播处以2.6 亿元的天价罚款。

当时 360 与腾讯因为"3Q 大战"斗得你死我活。不少媒体评价，腾讯一举两得：既铲除了腾讯视频的竞争对手快播，又打击了宿敌、快播天使投资人周鸿祎。其实，周鸿祎对快播的天使投资仅为 78.5 万元，对他来说是九牛一毛，这种说法有些夸大其词。

不过，这还不是王欣和快播命运最灰暗低沉的时候。2016 年 9 月 13 日，北京市海淀区法院宣判，王欣获刑 3 年 6 个月，判处快播罚金1000 万元。

2018 年 2 月 7 日，在狱中度过 3 年 6 个月的王欣刑满出狱。2019年 1 月 12 日，王欣在微博晒出一张与团队的合影，宣布将以新的社交产品再次创业。

"起飞计划"：批量复制成功

作为一个天使投资人，周鸿祎在短短几年的时间里取得了令人瞩目的成就，所有人都羡慕周鸿祎的幸运，可是他很清楚：作为旁观者，作为导师，间接创业并不符合他爱折腾的秉性，他必须回到一线战场，亲自创业。于是，就有了随后的奇虎360。

但同时，做天使投资人又是他一辈子不愿意放弃的"兴趣爱好"：

> 我向来看不起某些市值很高的互联网公司。这些公司为了利益不择手段，没有正确的价值观，一方面，疯狂遏制创新企业，另一方面，什么广告都敢接，起不到一个好的表率作用。他们都是会赚钱的公司，但却没法赢得用户的尊重。我希望360能成为像谷歌一样受人尊敬的伟大公司。企业发展到一定阶段，就应该考虑如何在自己的行业领域内，做对社会有益的事情。先去不择手段地赚钱再去做慈善买个好名声是很虚伪的。互联网的未来是属于年轻人的，随着我们年纪慢慢变大，对互联网的感觉会越来越不敏锐，对新生代用户会越来越把握不了。我的性格让我很难变成那种传统意义上所谓伟大的企业家，那也不是我的梦想，我更愿意将来去做天使投资人。

从做天使投资人的那一天起，周鸿祎就树立了这样的价值观：帮助别人成功要比自己创业成功更具快感。在他看来，比起做企业，风险投资是一个真正能长久干下去、产生价值的工作。在360走上轨道之后，周鸿祎帮助年轻人创业的热情不减，用多年的成功经验和失败教训，在经营管理上给创业者提供具体指导，帮助他们少走弯路；用360的资金，帮助他们渡过难关；用360的资源和平台，帮助他们快速发展。

但是，仅靠个人和360的力量，要想扶持和培养出一代创业新人是远远不够的。如何让直接创业和间接创业鱼和熊掌兼得，周鸿祎想到了一个折中的办法：就是将天使投资组织化，于是就有了后来的"起飞计划"。

2007年，陈天桥启动网游行业的"18计划"。这个投资计划旨在选拔优秀的网游产品。好的作品一旦被选中，盛大将视情况制定有利于优秀网游产品发展的扶助方式，或是展开合作，利用平台帮助其拓展市场，提升盈利水平；或者直接注资，提供发展资金。

陈天桥的"18计划"直接启发了周鸿祎，2010年1月5日，他倡导推出了"免费软件起飞计划"，旨在选拔优秀产品，扶持种子创业企业。"起飞计划"集合了红杉中国合伙人沈南鹏、高原资本合伙人涂鸿川及周鸿祎三大投资人的10亿元基金，拟用3年左右时间，聚焦免费软件产品，发掘那些能够改善网民生活的种子选手。免费软件产品的创意一般都很棒，但是这些人普遍都是程序员出身，缺乏健全的创业实力。"起飞计划"就是要通过投资、孵化、合作和收购的链条化扶助，帮助创业者实现最初的梦想。

周鸿祎之所以推出此计划，是因为他对很多免费软件创业者感到遗憾。他发现市场上有很多受欢迎的免费软件，由于开发者的短视，或者能力限制，不善经营，不懂得推广和管理，不会融资，不懂得变通，找不到盈利途径……往往在小赚一把后就变现，或者采取捆绑搜索的方式挣点儿小钱。比如，"开心农场"曾深受用户厚爱，一度成为白领上班间隙的最大娱乐消遣。然而，人气很高，却一直找不到好的盈利模式，最终软件的开发者将其以超低价卖给了腾讯。这样的软件在变卖之后显示的市场价值，远远超出开发者的想象。

"起飞计划就是要帮助免费软件突破成长困境，"周鸿祎说，"创业者最缺的不仅仅是钱，往往还有其他资源，譬如成功者的帮助。这个计划将用360的经验、资源和平台来扶持一批免费软件公司。希望最终能批量地复制360的成功，让广大网民用上更多更好的免费软件。"

在周鸿祎的规划里，一个好的免费软件项目得到上千万元的投资是其次的，关键是可以直接得到顶级投资人的经验分享，他们对开发者所提的关于管理、商业模式方面的具体建议，都是经历过市场检验的。而且，这些免费软件产品，在一开始的时候占有的用户资源很小，依托360的"软件管家"等平台就可以实现快速"起飞"。

对于360和这些创业公司来说，"起飞计划"无疑是多赢的"好模式"。当用户规模发展到一定程度，创业公司就可以从360那里获得增值服务的分账等收入，而360也可以通过合作，拓展新的增值服务型态，实现额外盈利。

周鸿祎认为，360专注于安全产品开发，所以很多事情做不了，"这一点就决定了360不是很多创业公司的竞争对手，而可能会变成很多商业公司的朋友和伙伴"。通过与更多的免费软件合作，就可以构建起一个免费软件联盟，形成集聚效应，增加360在免费领域的品牌影响力。

第五章

"奇虎"难下

2006年底，360安全卫士用户量超过20万。到了2007年中，用户量超过40万，当年10月，360安全卫士用户量超过瑞星、金山等业界巨头，成为国内用户量最大的安全软件。激增的用户量让奇虎不再轻视这个小软件，周鸿祎投入更多精力与研发人员交流。与此同时，360安全卫士开始成为整个行业的眼中钉，迎接它的是硝烟滚滚的战场，它将何去何从？

做一个伟大的互联网公司

周鸿祎做投资，另一个重要原因是雅虎中国的竞业禁止协议，离职一年内不能在一线工作。他就借助天使投资为平台观察行业，了解互联网发展趋势，为下一次创业做准备。虽然天使投资人的角色周鸿祎干得有声有色，可看着别人创业他经常心动，尤其是看到投资的企业明明走了弯路，自己在旁边拼命指导，可对方却不一定听，听了也不一定能做对，这让他更着急。

那时候，周鸿祎创立的天使基金和红杉中国、鼎晖创投一起投资了一家名叫"奇虎"的公司，董事长是齐向东。奇虎共拿到 2000 万美元投资，周鸿祎投资几百万美元成为天使投资人，红杉中国和鼎晖创投等跟投了 1500 万美元。

周鸿祎与齐向东交情很深。1999 年，齐向东任新华社通信技术局副局长，主管技术规划、建设计划和技术培训工作，是新华社最年轻的司局级干部之一。周鸿祎刚刚创立了 3721，在互联网行业崭露头角。新华社要建新华网，遇到了很多技术方面的困难，有朋友向齐向东推荐了周鸿祎。那个年代，互联网刚刚兴起，能找到一个精通互联网的人非常不容易。齐向东心里盘算着，帮忙肯定不能少给钱。没想到周鸿祎把问题解决了，却坚持免费服务。

齐向东说："你帮我们把技术问题解决了，我们当然得付给你钱。"

周鸿祎回答："这钱我不能要，我也没帮什么大忙，我就是喜欢互联网，喜欢做这样的事。"

齐向东面有难色道："你这样让我们很不好意思啊。"

周鸿祎一脸诚恳地说："那有什么，咱们交个朋友，就算是朋友间的帮忙了。"

齐向东坚持要给钱，让周鸿祎觉得这人很实在；周鸿祎坚持免费服务，让齐向东觉得这人很仗义。初次接触，两人在对方心目中都留下了不错的印象，从此成为特别要好的朋友，并且一直保持着交往。

2002年，3721的业务大爆发，销售额达到2亿，毛利6000万元。公司飞速发展，各方面的人才极为缺乏，尤其缺高级管理人才。此时，齐向东在工作中觉得束手束脚，渴望一个自由发挥的平台。在几次闲聊中，周鸿祎半开玩笑半认真地向齐向东提议："你把新华社的工作辞了，来3721吧。"

周鸿祎清楚，新华社是很多人梦想的平台，并且齐向东已经做到了厅局级。3721虽然发展形势喜人，但毕竟是一个新公司、小公司，未来充满了未知，让齐向东放弃现有的工作来3721非常不容易。没想到，2003年8月，齐向东果断辞职，加入了周鸿祎的创业团队，觉得"周鸿祎是个很义气的人，跟着他干肯定没错"。

对于齐向东的加盟，周鸿祎说过："齐向东选择加盟3721，他17年职业生涯炼就的卓越领导能力、深厚的行业背景和人脉网络，以及丰富的大规模团队管理经验，是成功实施3721商业战略的宝贵财富。"

技术出身的周鸿祎侧重技术研发，而齐向东侧重于企事业客户、渠道合作伙伴、政府等的业务拓展，两人都能在各自擅长的领域发挥价值，称得上是"黄金搭档"。

2004年，周鸿祎出任雅虎中国区总裁，齐向东任副总裁。2005年7月13日，周鸿祎宣布将于8月31日辞去雅虎中国区总裁职务，齐向东则早几天就离开了雅虎。

"我没尝过从头办企业的滋味，这是我人生的一个遗憾。"离开雅虎中国后，齐向东踌躇满志地想尝试一下创业的滋味。周鸿祎做起了天使投资人，他期望通过丰富的经验和技术指导、资金支持，扶持更多的公司成功，推进整个行业的发展。

2005 年 9 月，齐向东创办奇虎网并担任总裁。当时雅虎中国正面临着跟阿里巴巴企业文化的融合问题，员工流动性非常大，尤其是原3721 的员工，在周鸿祎、齐向东离开后更加动荡。奇虎网成立后，齐向东振臂一挥，立刻应者云集，很多旧部纷纷加盟。奇虎迅速组建起一支有经验、有战斗力的团队，为奇虎的迅速发展奠定了基础。不过，这也为后期雅虎跟奇虎的口水战埋下了伏笔，此为后话。

因为有雅虎做搜索的经验，齐向东将奇虎定位为搜索引擎技术提供商，主营业务是帮助各大社区、论坛增加搜索功能。在 BBS 搜索、博客搜索等社区互动内容的搜索上，当时的两大搜索引擎百度和谷歌做得并不好，奇虎则聚焦于此，发展得很顺利。

随着搜索技术不断成熟、业务范围逐渐扩大，奇虎到了迅速扩大用户的时候，瓶颈随之出现。一直以来，网民对百度和谷歌的认可度极高，想要搜索，他们会首先想到这两者。奇虎作为第三个新生的搜索引擎，技术再好，也让很多用户感觉没有使用的必要。

齐向东绞尽脑汁寻找解决方法，特别怀念并肩作战的老战友周鸿祎。齐向东找奇虎的投资方一个个协商："我们邀请周鸿祎来当董事长吧？"

这个提议得到了投资方的一致认可。周鸿祎本来就是奇虎的投资人，又和齐向东等团队核心骨干非常熟悉，感情深厚，自然有些心动。

齐向东鼓动说："你来奇虎吧，咱们一起做一个伟大的互联网公司！"

2006 年 3 月，周鸿祎正式出任奇虎董事长。他后来说：

之所以起名"奇虎",是因为中国有"骑虎难下"这个成语,我们希望网民上了这个网站就再也难以下去。一些人说,奇虎翻译成英文 Strange Tiger,周鸿祎这头奇怪的老虎又下山了。

7年前,齐向东打破铁饭碗,义无反顾投向了3721。7年后,周鸿祎结束投资人生涯,拎着钱袋子加入了奇虎。

对于再度牵手,齐向东充满期待。他认为,两个人有相同之处,那就是办一个伟大的互联网公司的梦想,这个梦想让他们能紧紧地走在一起。另外,他们又有互补的地方,周鸿祎个性比较冲动,好处是能快速反应,坏处是容易犯错;而自己考虑事情会周全一点儿,好处是少犯错误,坏处是反应往往慢半拍。两人配合起来,能互相补足短板、发挥优势。两人联手,奇虎的未来将不可限量。

而彼时的奇虎正面临着百度和谷歌两大搜索引擎的夹击,有了周鸿祎的加入,奇虎能突破现有的发展瓶颈吗?

以"流氓克星"正名

2006 年，互联网正处于飞速发展的高峰期，在这股风潮中，中国流氓软件已经猖獗到令人发指的程度。"炉火纯青"的流氓软件根本不打招呼就公然入主用户的电脑，狂弹广告，用户的电脑被十几个流氓软件割据，导致速度很慢、经常死机，想卸载不知道怎么下手，花钱找专家也清理不干净，最后只得重装系统，不仅耗费时间，还有资料丢失的风险。

加入奇虎不久，周鸿祎在食堂和朋友吃饭，谈到互联网的形势。朋友随口问道："你这么懂插件，没想过做个查杀流氓插件的软件么？"说者无心，听者有意，周鸿祎心中一亮：是啊，"流氓软件之父"的骂名已背负很久了，为什么不做一个让用户叫好的查杀流氓插件的软件来自证清白呢？

事实上，3721 与真正的流氓软件有着本质的区别。3721 像 Flash插件一样，在弹出窗口的时候，会"礼貌性"地征求用户的意见，如果用户选择了"否"，就不会强行安装；流氓软件一旦点击，则会迅速强制安装，而且几乎不可能被卸载。对于那些做流氓软件混口饭吃的后辈，周鸿祎可以完全不在意，让他觉得委屈的是，很多大公司一边利用他做掩护，一边搞臭他的名声。周鸿祎曾经反思过：

把名声弄坏了其实是有机会矫正的，但我当时年轻气盛，由于过度竞争，眼中只有竞争对手，太想战胜对手了，太想做网页搜索了，太着急了，又正好碰上雅虎。雅虎诱惑说有能跟谷歌相匹敌的搜索技术，结果我当了小白鼠，就加入了豪门。3721变成雅虎助手，而我继续背负着恶名。

"流氓软件之父"的恶名一直是周鸿祎心中的一根刺，不拔除就无以正名、无法前行。当时奇虎在社区搜索上持续发力，可在用户中的影响力一直不够，奇虎正好有一笔预算用来做广告宣传，用这笔钱做一个查杀流氓插件的软件，以这个软件作为宣传工具，如果用户觉得好，就能增加对奇虎品牌的认知度和忠诚度，不是一举两得吗？虽然周鸿祎决定要做一款查杀流氓插件的软件，但这个决定下得并不轻松。周鸿祎对当时的形势认识得很清楚：

当时大的杀毒公司都眼睁睁看着流氓软件横行，却不敢解决，因为大家都清楚，做流氓软件的实力很强，他们光明正大地做，还形成了地下产业链。而作为同圈子的人，低头不见抬头见，断同行的财路，无疑是需要胆量的。也有人呼吁用正规渠道去解决，借助政府和司法力量，但取证很困难，根本不可能打赢官司。

当时做流氓软件非常赚钱，以至于形成了一种风气，上至大门户，下到私人工作室，谁不做流氓软件谁傻，这已然成为了行业潜规则。虽说打击流氓软件充满正义感和使命感，可这意味着周鸿祎将与整个行业为敌，这个代价会不会太大？

当时奇虎的规划是把核心业务的论坛、BBS搜索做好，另外还尝试做社区的聚合，创建一个汇集各地吃穿住行信息的网站。所以，奇虎有很多商机，完全没必要蹚这个浑水，最主要的是，流氓软件势力实在太剽悍，360 不一定能撼动。不然不仅很难赚钱，而且铁定要得罪很多人。因此，上至投资人、合作伙伴，下至好友、员工，都不支持周鸿祎的决定。

但熟悉周鸿祎的人都知道，他一旦下定决心，就会血战到底，完全不计成本。最终，周鸿祎顶住各种压力，坚决要拔掉心中的这根刺："是我打开了流氓软件的潘多拉之盒，我有责任去关上这个盒子！"

做流氓查杀软件并非主营业务，奇虎最初只安排 5 个人来推进这个项目，软件的名称也很随意，叫"流氓克星"（后改为奇虎安全卫士，最终确定为 360 安全卫士），主要针对市面上比较流行的大约 100 个恶意软件，功能很少。包括周鸿祎在内的所有人都没有想到，这款不起眼的小软件很快成了奇虎的一匹黑马。

早在雅虎中国的时候，周鸿祎就曾跟卡巴斯基洽谈过合作的事项。后来，雅虎中国跟卡巴斯基的合作终止，周鸿祎也离开了雅虎中国。得知周鸿祎在做奇虎，卡巴斯基又找上门，周鸿祎正好要推流氓病毒查杀软件，干脆和卡巴斯基放一起推广好了。很快，双方达成合作意向。

2006 年 7 月，奇虎召开 360 安全卫士的发布会，会上宣布其旗下的"360 安全卫士"携全球顶级的专业杀毒厂商卡巴斯基将为广大网友免费提供杀毒功能。网友只需使用奇虎"360 安全卫士"，就能免费轻松获得恶意软件查杀、系统诊断及修复、病毒查杀等功能。

这次发布会，奇虎只邀请了几个记者，本打算随便发几篇产品通稿，制造点儿动静就行。没想到发布会的效果远超出所有人预料，媒体对 360 的报道一发而不可止。

360 安全卫士的核心是"杀木马、反盗号、完全免费"，使用360 安全卫士，用户能立刻摆脱恶意软件的侵扰，还能即时诊断电脑的安全状况，并根据软件的建议进行自动化修复、删除等处理，而卡巴斯基能为电脑提供实时的防御机制，让用户防患于未然。这些功能解决了广大网友最头疼的问题，并且没有使用门槛，对电脑不熟悉的人也可以轻松保证电脑应用环境的安全。因此，360安全卫士轻松获得了用户的推崇。而因为触动了某些人的利益，引发了一系列以周鸿祎为焦点的口水战，更让360安全卫士成为媒体的宠儿。

360安全卫士完美地提升了奇虎的品牌知名度，但此时还没人认清它的真正价值。奇虎只是从其他部门拉了几个文字编辑，主要做文章选取和恶意软件收集，又加了几个运营人员负责日常运营，360安全卫士团队就以10人左右的规模维持了一年时间。

2006年底，360安全卫士用户量超过20万。到了2007年中，用户量超过40万，当年10月，360安全卫士用户量超过瑞星、金山等业界巨头，成为国内用户量最大的安全软件。激增的用户量让奇虎不再轻视这个小软件，周鸿祎投入更多精力与研发人员交流。与此同时，360安全卫士开始成为整个行业的眼中钉，迎接它的是硝烟滚滚的战场，它将何去何从？

马云的"封杀令"

"阿里巴巴集团决定,阿里巴巴集团旗下所有子公司及业务部门自即日起永远不和周鸿祎投资及有关联的公司发生任何业务往来,我们同时呼吁业内所有公司和投资机构,永远不要与周鸿祎及其关联公司发生牵连,以借此呼吁所有人进一步认识职业道德的重要,并归还业界的良性环境。"2006年8月16日,阿里巴巴创始人马云发表了这样的声明,这简直就是倡导业界向周鸿祎下"封杀令"。看来,马云真的怒了。

在很多场合,马云曾不止一次强调,对一个创业者来说,创业的过程中会有无数障碍和困难,只要有一个问题不解决,就很可能前功尽弃,所以,浮躁心理是创业者解决这些困难时最大的障碍。马云认为,阿里巴巴之所以能成为全球最大的电子商务综合性服务平台,主要得益于自己能时刻保持冷静的头脑,拒绝浮躁。"冷静"一直是马云自诩的成功标签,可这次遇到了周鸿祎的360安全卫士,他却冷静不下来。

2005年8月,阿里巴巴与雅虎中国的并购案在中国互联网行业引起了极大的关注。在这次并购中,阿里巴巴收购雅虎中国全部资产,并获雅虎10亿美元投资;雅虎同时获阿里巴巴40%的经济利益和35%的投票权。这次并购被称作是"天作之合"。对于阿里巴巴来说,更是收获颇多,一方面可以引入雅虎中国的搜索技术,另一方面,马云在淘宝网投入巨大，此次并购可以有效解决现金流紧张的问题。

马云对雅虎中国寄予了很大期待，出乎意料的是，阿里巴巴还没享受到并购的果实，就遭到了周鸿祎的干涉。

2006 年 8 月，奇虎发起"反恶意软件"公投活动，号召网民一起投票哪些是"令人发指"的流氓软件，而后将在用户同意的前提下强行卸载。在 360 安全卫士列出的恶评软件名单里，赫然出现 CNNIC、百度、阿里巴巴等"宿敌"的软件，最令人瞩目的则是雅虎助手。360 安全卫士对雅虎助手的卸载，直接干掉了与其相关的 2 亿元的收入，而原 3721 员工纷纷投向周鸿祎，则带走了雅虎中国在搜索引擎方面的核心技术和人才。眼看着周鸿祎把战火烧到家门口，马云坐不住了。

对于行业大佬的封杀，周鸿祎毫不示弱，他放出狠话："除非马云雇杀手把我干掉，否则我有决心让轻视我决心的人一个都没有好下场。"

雅虎中国执行总经理田健列举了周鸿祎的罪状：作为 3721 的创立者和雅虎中国曾经的总裁，周鸿祎反过来攻击 3721 并掠夺雅虎中国的资源、技术和人才，有违职业道德。对此，周鸿祎进行了逐条驳斥。

对于卸载一事，周鸿祎针锋相对地回应："90% 的网民认为阿里巴巴网络实名是恶意软件，这是一场恶意软件和反恶意软件的战争，不论将来遭遇到多大的压力，我都会将 360 安全卫士进行到底。"

对于"挖角"一说，周鸿祎斥责为"无稽之谈"：

拥有员工认同的企业文化、价值观和领导者的感召力，是企业能否留住员工的重要因素。别人可以挖走你的一两名员工，甚至十几个员工，如果数以百计的员工都离你而去，那就不能埋怨别人，只能怪自己太无能。

对于掠夺技术的说法，周鸿祎指出，员工们在 3721 积累了丰富的工作经验和知识，那是属于他们自己的，他们有权利选择事业，实现梦想。

最后，周鸿祎把雅虎的失态归结于利益上的失利。他毫不客气地说："阿里巴巴和雅虎中国合并 1 年的时间里，他们撤销门户、撤销无线、撤销一搜、撤销 3721、整顿渠道等一系列的举动导致员工流失、业务流失，而 360 安全卫士向它的网络实名开刀，触动了它收入最高的核心业务，这使得雅虎中国整体陷入危机，才有了失态的表现。"

在这次备受关注的口水战中，周鸿祎条理清晰、抽丝剥茧的反驳使他站在了顺风口，舆论口径也朝着对其有利的方向发展，但他并未满足于一时的口舌之快。2006 年 8 月 17 日，周鸿祎向北京市第二中级人民法院提起诉讼，状告雅虎中国、阿里巴巴的"不和周鸿祎投资及有关联的公司发生任何业务往来"的"封杀令"侵犯了周鸿祎个人的"名誉权"，要求雅虎中国公开道歉，并赔偿经济损失 60 万元、精神损失 300 万元，共计 360 万元。

收到起诉状后，阿里巴巴以周鸿祎为被告，向二中院提起诉讼，称周鸿祎多次在新闻媒体上发布诋毁雅虎中国名誉的言论，侵犯了雅虎中国的名誉权，要求周鸿祎公开道歉，并赔偿经济损失 300 万元。

口水战升级为诉讼战，周鸿祎先发制人，率先提起诉讼，更加突显自己的理直气壮，而阿里巴巴随后的诉讼则显得有些被动。

2007 年 7 月，北京市第二中级人民法院作出判决，分别驳回周鸿祎、阿里巴巴的诉讼请求，并对北京雅虎网公司、阿里巴巴公司的过激行为提出批评，提醒他们谨慎对待类似纠纷，以免造成对有关公民人格权的侵害。

在这次战役中，周鸿祎完胜，最重要的是，他对奇虎未来的发展脉络开始逐渐清晰。

用户体验就是一切

雅虎助手只是360安全卫士征战的第一个目标，很快，查杀目标瞄向了用户"痛恨"的所有恶意软件。360安全卫士推出2个月后，包括CNNIC、百度等众多对手在内的恶评插件全都被连根拔掉。

竞争对手视周鸿祎为异端，有人窜出来骂他"老流氓改行当警察""毒枭捐钱做慈善"，纯属给自己洗白。可是用户拍手叫好，病毒插件方式从此不再明目张胆地骚扰用户。360安全卫士海量用户的增加，实实在在的数字证明了周鸿祎自我救赎的成功，他慢慢意识到，用户认可才是王道。

想通这一点，周鸿祎祭出"一切为了用户"的大旗，不断改进360安全卫士，以满足用户需求。刚推出时，360安全卫士仅仅针对100多个恶意软件，只有几个功能；1年后，安全卫士把重心转向查杀木马，很快发展到近百万数量级，规模在国内数一数二，查杀能力也有了大幅提升。在防御功能上，360也针对漏洞提前进行防范。另外，360针对局域网攻击，推出了ARP防火墙；针对U盘传播木马的情况，推出了U盘免疫。通过不断的改进，周鸿祎计划把360打造成用户电脑安全的全方位的防护者，他说：

在网上搜我的名字，一半是骂我，很多被我们动了奶酪的流氓厂商，他们心有不甘，有的洗手不干了，有的对我进行人身攻击，像阿里巴巴、雅虎这样的公开对我破口大骂。但是这些没有对我造成什么实质性的影响。互联网发展到今天，美国的《时代周刊》都把网民选为时代人物，因为互联网是最民主的地方，无论你做得好与坏，网民都最有发言权。

因为尊重网民的发言权，周鸿祎直接把产品开发的主动权交到了网民手中：

2006 年 8 月，360 安全卫士在网络上发起"恶意软件"公投活动，号召广大网民对"问题软件"进行公开投票。

2007 年 2 月，360 安全卫士发起公开征集活动，向网民征集对"360 安全卫士"的意见和建议，很快就有 9 万多网民参与进来，其中 90% 以上的网民对 360 安全卫士反恶意软件的行动表示支持。

2007 年 3 月，360 安全卫士不再对软件做评判，而是完全交由"网民作主"，由广大网民对软件的好坏进行评判，由他们来判定哪些是"恶意软件"，哪些不是"恶意软件"。

2007 年 4 月，360 安全卫士发布个性化定制版，这个版本的安全卫士可以由网民命名，并可以显示自己的个性信息。

让网民做主，让网民掌握生杀大权，周鸿祎的这种做法实现了与网民的零距离沟通，赢得了广大网民的欢迎，同时也堵住了"恶意竞争"的悠悠之口，可谓是一举两得。

"用户体验就是一切"，这句话被无数商界大师奉为圭臬。"关注用户体验"说起来简单，实现却并不容易。为了达成这一点，周鸿祎投入了很多。有一段时间，周鸿祎有一个癖好：给别人的电脑安装 360。他到全国各地的各个机场，都会把机场贵宾室的电脑全部装上 360，有企业家朋友或投资人家里电脑出问题，周鸿祎会主动上门修，修完给人装上 360。他觉得在陌生的电脑环境，更容易发现产品的问题，通过接触别人的电脑，换位思考，更能体验出 360 的应用感受。

有一次，前 TOM 网 CEO 王雷雷找到周鸿祎，说家里电脑坏了。周鸿祎立刻上门维修，修完之后，他发现这台电脑开机特别慢，于是装上 360，查杀了所有病毒和木马，可是开机速度还是慢。周鸿祎仔细研究后发现，开机速度慢是因为开机时启动了很多不必要的软件。发现了问题所在，周鸿祎如获至宝，回去之后，他马上给 360 增加了开机优化的功能，这就是 360 开机小助手的由来。

周鸿祎本是技术出身，但他不追求完美的技术，更不追求超前的技术，他追求的是适合用户的技术。正因如此，360 的操作界面设置时都是可以让用户一键解决问题，用户不需要精通电脑知识就能做到。

在产品开发过程中，周鸿祎非常注重细节。用户早上刚开机时是最忙的时候，360 不会发出提示，等过一段时间，用户可能不忙了，它会跳出来提示：你该进行全盘扫描了。另外，为了减少对用户的干扰，360 如果感知到用户在全屏或游戏状态，它就不提示、不打扰，除了非常紧急的情况外，它都会等到用户在普通状态时才弹出提示。

除此之外，为了带给用户最好的体验，周鸿祎还招贤纳才，号令业界反恶意软件的绝顶高手齐聚麾下，把 360 安全卫士的研发团队迅速扩充到上百人，组成了当时国内最强最专业的安全软件团队，为后来 360 征伐整个杀毒行业打下了坚实基础。

资本需要斗士

掌舵奇虎以后，周鸿祎意气风发，准备大干一场，期望两三年内就冲刺上市。为此，他把奇虎的产品线拉得很长，旗下有论坛搜索、无忧城市、车票搜索、无线业务等五六个业务体系，手下员工达300人，每月推广费用上百万元。他做的每个领域都是烧钱的业务，导致奇虎长时间处于亏钱的状态，急需融资。

2006年11月16日，美国著名创业投资公司高原资本宣布，已经完成对奇虎公司的投资，金额约3500万美元。这次奇虎获得的是境内外风险投资机构的联合投资，除了领投的高原资本以外，还包括红点投资、红杉资本、Matrix Partners、IDG。

在融资路上，奇虎看似格外顺遂，可只有了解内情的人才知道，奇虎拿到第二轮融资并不容易。

当时，周鸿祎与雅虎中国的口水大战正闹得沸沸扬扬，周鸿祎在国内声名狼藉。有人曾质疑高原资本总经理涂鸿川："你这个傻瓜，为什么要投周鸿祎？那是个骗子。"可以想象，这些投资人耳中听到了多少周鸿祎的负面信息。

国外投资界也有许多不利传闻。Venture Beat创始人马特·马歇尔曾透露，雅虎联合创始人杨致远四处奔走，积极劝阻海外风险投资商投资奇虎，为此事杨致远专门约见了红杉资本合伙人迈克尔·莫里斯及其他风投机构。

另外，奇虎的产品和技术都表现平平，主力产品社区搜索靠着强大的推广支撑，仍旧不温不火，其他产品的市场响应也非常冷淡。如此窘迫的形势下，周鸿祎是如何拿到第二轮投资的呢？

对于漫天的诋毁和谣言，周鸿祎看得很淡：

> 资本市场是追求投资回报的，不会因为一个人的一句话就放弃好的项目。

谷歌中国创立者之一、兰亭集势董事长郭去疾在新浪微博上回忆："我被拉去高原资本，向涂鸿川和 Dan Nova（高原资本合伙人之一）为奇虎背书。在香格里拉，Dan 问我，如果是你自己的钱，你会投么？我说会投。"

"这是中国仅有的真正了解互联网的四五个顶尖团队中的一个。"涂鸿川在投资报告上写的这句话，成为高原资本投资奇虎的关键原因。对于周鸿祎身上"流氓软件之父""坏小子"等颇受争议的头衔，涂鸿川认为，那恰是周鸿祎的优势："目前，中国的互联网处于'战国时代'，我们需要周鸿祎和他团队这样的斗士来帮我们打赢这场仗，就好像当时在美国西部拓荒一样，企业不同时期需要不同的领军人物，我们现在需要的不是文人，所以我们反而很欣赏周鸿祎的斗争精神——不打到最后，绝不放弃。"

可以说，周鸿祎及其团队正是此次顺利融资的关键。要知道，当时奇虎团队主要是周鸿祎做 3721 时的旧部，他们跟随周鸿祎创造了 3721 的奇迹，又跟随他进入雅虎中国，接受外企文化的熏陶，整个团队的整体素质、执行力和忠诚度都不可小觑。在投资者眼中，有了这样的团队，周鸿祎做什么都会成功。

后来的事实证明，周鸿祎没有让投资者失望。

从搜索向安全转型

许多人都关注周鸿祎性格中好胜自信的一面，并将其视为他日后富贵亨通的关键因素。其实他骨子里有冷静沉着的大局观念，还有孤注一掷的冒险气质，每逢山穷水尽之际，他都有铤而走险的胆量和决心，还有转型变革的智慧和能力。在他创办奇虎并不算长的历史中，这样的关键时刻多次出现，回顾起来总会令人意犹未尽。

"利用搜索技术做出社区聚合的门户，把社区里面好的东西都挑出来，变成一种新媒体，让人们去阅读。"这是创业之初周鸿祎对奇虎的规划，听起来很美好，也曾打动了很多投资人，可实际执行起来周鸿祎才发现，理想是美好的，现实是残酷的。

按照周鸿祎原来的计划，2006年底要完成动态内容搜索技术——PeopleRank，但在实际研发中，周鸿祎发现，社区信息具有更新速度快、垃圾信息多、信息分布不集中等特点，这导致社区搜索的难度远大于传统搜索，虽然投入了最大化的人力、资金支持，但PeopleRank直到2007年底才基本完成，比计划周期延长了一年。

搜索技术终于出来了，可是，如何将社区里的有效信息抓取、分类并聚合出专门的个性化频道呢？这件在新闻领域里已熟练操作的事情成了奇虎的一个难关。"在新闻领域，很多网站都能做到这一点，但这建立在新闻容易划分、数量有限而且网站一般都做了预先分类的基础上，而社区内容本身就是一个长尾，所以自动化地建立个性化的阅读平台，难度比预想的大很多，"周鸿祎说，"这种创新，就意味着你要走一条没有路的路，翻山越岭，穿越各种荆棘。"

奇虎的发展没有如想象中一飞冲天，反而步履维艰，周鸿祎有点儿急了，他开始思考，是不是奇虎的战略方向出了问题？

恰在此时，周鸿祎之前投资的两家公司——迅雷和康盛创想都表现出很好的发展势头，尤其是迅雷，2005 年被媒体评为"中国最成功十大国产软件"之一，2006 年登上了"IT 风云榜"，用户人数持续猛增。它们是凭借什么超过拥有"最强的团队、经验、技术、资金"的奇虎的呢？周鸿祎回忆说：

> 我投资迅雷和康盛创想的时候，他们的团队都比较小，也没有钱，所以我给他们制定的目标反而比较切合实际，不特别大，但是很专一。奇虎公司拥有中国最领先的 BBS 搜索技术，能够搜索范围覆盖中国 95% 以上社区网站。但是因为 UGC 的东西很多，有音乐、视频、图片、生活搜索、房地产，我们发现越做越复杂，越做力量就越不能集中。"大而虚的追求"是问题的核心，解决的办法，就是聚焦。

就这样，周鸿祎拉开战略聚焦与组织架构调整的序幕。2008 年 3 月 7 日，奇虎网改版为中文问答网站，专注社区中关于"提问"和"回答"的有效信息。8 日，奇酷网改版，新奇酷在延续原奇虎门户形式的基础上，推出了社区整合营销平台——UM(You Marketing)。11 日，360 安全卫士正式从奇虎剥离，成立独立子公司。奇虎股东承诺，未来 3 年内将对 360 安全卫士注资 3.6 亿元。周鸿祎的"三驾马车"——奇虎、奇酷和 360 安全卫士，打造成型。

"三驾马车"组合是周鸿祎对过去战略的重大调整，它标志着奇虎的业务中心开始逐步由搜索向安全转型，备受冷落的 360 安全卫士成为舞台上的主角。

在这个节骨眼上，原 360 安全卫士负责人傅盛离职。高管离职本不算大事，可关于他离职的原因，在业内引发了一轮热火朝天的争论，使得这件小事不断发酵，最终成为公众话题。

傅盛被业界视为周鸿祎手下难得的干将之一，从 3721 时代开始，他就追随周鸿祎左右，曾担任 3721 产品经理，做过雅虎中国产品经理，后任奇虎个人软件事业部总经理，负责 360 安全卫士及相关产品的开发。

奇虎战略调整后，360 安全卫士的地位急剧提升，有人猜测他是因为功高震主被周鸿祎拿下。还有说法是，他与周鸿祎在产品及战略思路上出现分歧，这才选择离职。

事件因由众说纷纭，扑朔迷离。傅盛离开后，周鸿祎亲自掌管 360 安全卫士，他的个性决定了他敢于单挑整个行业，不惧行业巨头威慑，他也有充分的资源和能力把 360 做大，这直接影响了 360 后来的发展方向。

第六章

免费是互联网的趋势

    360 安全卫士刚推出之际，瑞星等公司也推出了安全产品，大都是先免费试用 3 至 6 个月，期限到了便会提示付费或者病毒库无法更新。与之对应的是，360 安全卫士"永久免费"，并保持实时更新，这个策略赢得了更多的用户。用户数量的激增使得 360 的平台建立了起来，品牌知名度和影响力也达到了前所未有的高度。

商业的规则都是用来被打破的

在周鸿祎确定奇虎、奇酷、360安全卫士"三驾马车"的经营模式之后，外界非常不理解：奇虎靠什么赚钱呢？奇虎网站页面上没有出现过任何广告客户的身影。有着数亿用户的360安全卫士最有可能盈利，却一直坚持免费，也没发现什么广告。唯一的利润来源是通过与一些杀毒软件厂商合作赚取分成，可这点利润显然不符合周鸿祎的商业雄心。奇虎的赢利模式究竟是什么？

周鸿祎说：

> 如果你按照巨头的游戏规则玩，你就永无出头之日。商业的规则都是用来被打破的。

2007年底，周鸿祎决定推出360免费杀毒。当他向董事会提出这个决定时，会场顿时炸开了锅，大家的第一反应是周鸿祎傻了。杀毒软件跟其他软件有一个明显区别，杀毒软件需要不断更新，需要后期服务的支撑，投入非常大，包括服务器和带宽的费用、研发团队以及服务团队的薪资成本。因此，业界已经达成约定俗成的共识：个人杀毒软件的商业模式就应该向用户收费。免费的杀毒软件靠什么来维持？这是一个无法解答的问题。

另外，奇虎的核心收入来源恰恰是第三方杀毒软件的销售分成，它通过 360 安全卫士平台，向用户提供免费的能查杀各式弹窗和流氓软件的安全辅助软件，借此积累人气，然后通过这个平台向用户推荐杀毒软件，并以此分成，来获得收入。杀毒软件免费了，奇虎靠什么生存呢？这又是一个死胡同。

周鸿祎这样评论当时的决定：

> 中国传统的价值观，其实就是从众，如果小众了，别人就会觉得你很"二"。可一件事情，已十拿九稳。一味模仿，还有什么趣味？我玩的就是心跳。

这种免费的独特做法充满未知的风险，是周鸿祎个人喜欢的"心跳"的感觉。但投资人却不愿跟着他一起"心跳"，他该如何说服董事会呢？

他首先强调了奇虎形势的紧迫性："奇虎现在完全靠 360 安全卫士装机量的不断提高来存活，这是非常危险的，一旦他人通过免费的杀毒软件切入这个市场，奇虎现有 1 亿多用户的市场即将不保，会立刻分崩离析。"

接下来是对行业趋势及公司未来的简短分析："免费杀毒是行业发展的趋势，360 不做别人也会做，比如微软或谷歌。等到他们先做了，那就没有奇虎的立足之地，而自己抢先做了，率先在用户心中形成 360 的品牌，以后免费杀毒可以等同于 360，得到了用户的认可，未来肯定不差钱。"周鸿祎凭借三寸不烂之舌，令董事会动摇了。

360 安全卫士刚推出之际，瑞星等公司也推出了安全产品，大都是先免费试用 3 至 6 个月，期限到了便会提示付费或者病毒库无法更新。与之对应的是，360 安全卫士"永久免费"，并保持实时更新，这个策略赢得了更多的用户。用户数量的激增使得 360 的平台建立了起来，品牌知名度和影响力也达到了前所未有的高度。

奇虎曾经尝过免费的甜头，但免费杀毒真的可行吗？周鸿祎强调：

> 想要赚大钱就要颠覆已有规则，不一定说创新就要成立研究院，雇很多科学家，申请无数专利。我认为改变一个游戏规则也是创新，我们让杀毒软件从收费到免费，跟技术没多大关系，但它就是创新。只要这种创新是受用户欢迎的，那就一定有它的价值。

虽然周鸿祎对 360 未来的盈利模式并未形成明确概念，但他坚持认为，获得用户是企业发展的关键，有用户就不愁没钱赚。

在周鸿祎的强力推动下，大家最终接受了他的意见。因为周鸿祎比谁都关心奇虎的成败，在这场赌博中，他是最大的利益相关者，直接关系着他的名誉、财富、梦想、未来。既然他如此笃定，大家就愿意相信他。

创业者必备的心理素质是什么？答案是：敢于冒险。创业本身就是一项冒险活动，往往有胆量、敢下注的人才有可能成功。很多创业者都有过"惊险一跃"的经历，跳过了，自然功成名就；跳不过，大不了从头再来。敢于冒险，说起来简单，却需要有强大的心理承受能力，幸运的是，在胜负未知的压力下，在所有人都反对或不理解的质疑中，周鸿祎坚持了下来。

2008 年 7 月 17 日，奇虎正式发布杀毒软件，并宣布永远对用户免费。一石激起千层浪，整个杀毒软件行业沸腾了。

通过免费做大安全市场

"没有任何安全保护的电脑接入互联网就如同裸奔一样!"2008年7月17日,周鸿祎以轻松的口吻宣布杀毒软件市场重新洗牌:"360是为网民们做安全服务的,杀毒作为安全中的一个环节,自然也不能缺少。现在对网民产生实质性威胁的已经不是病毒,而是各种木马,从某种意义上说,反木马比反病毒更重要。现在,反木马的软件已经免费了,那反病毒软件没有理由不免费。360杀毒就是要做这个先锋,用我们永久的、无任何功能限制的免费产品,推动整个市场中杀毒软件的免费化。"

"你这不是砸我们的饭碗,而是到我们家来砸了我们的锅啊。"周鸿祎宣布推出免费杀毒后,有安全软件公司的 CEO 打电话给周鸿祎。周鸿祎不想砸谁家的锅,但确实铁了心要颠覆整个行业。在他眼里,中国的杀毒软件市场是个一直长不大的市场,造成这种局面的原因就是收费模式。周鸿祎认为:

> 杀毒软件成本极低,杀毒企业的引擎技术大多十几年没有动过,研发也没有花多少钱,每年靠一些人整理病毒库换新版本,再拿出去卖给网民,靠这点儿东西从网民那拿几亿的钱。收费和暴利阻碍了杀毒市场的发展,必须革命。

这不禁让人联想起杀毒行业的"蓝色安全革命": 2002 年, 金山将原价 199 元的《金山毒霸 2003》降价至 50 元, 原价 129 元的《金山网镖》降为 50 元, 而之前包含《金山毒霸》《金山网镖 2003》的安全套装组合则由原来的 239 元降至 90 元。大幅降价加上强大的推广, 金山的市场份额迅速攀升至 46%, 进而形成瑞星、金山、江民三足鼎立的市场格局。"蓝色安全革命"说明, 消费者追求杀毒软件品质的同时, 对产品价格也极其敏感。

"免费了? 真的免费了? 这样好的杀毒软件以后再也不收钱了?"在奇虎广告中, 著名电视主持人刘仪伟的表情略显夸张, 却反映了大多数网民的心声, 终身免费的杀毒软件犹如"天上掉馅饼", 是他们极其渴望的。

在周鸿祎看来, 杀毒行业确实到了必须革命的时候, 但作为一个先行者, 前进的道路并不轻松。360 免费杀毒的推出, 触动了所有杀毒安全领域厂商的利益, 面对搅局者, 大家的一致反应是扼杀, 各种质疑、指责、诋毁、污蔑纷至沓来。

对于同行的口诛笔伐, 周鸿祎首先强调, 杀毒免费是互联网发展的大势所趋:

> 从搜索到邮箱, 从即时通讯到网页浏览, 互联网发展到今天, 凡是在互联网里成为基础服务的平台都已经免费, 一些事实也证明了, 想用基础服务来收费的路是行不通的。反木马、反病毒及防火墙都属于互联网基础服务的范畴, 所以都应该免费, 这也是互联网安全服务结合的大势所趋。

对于 360 杀毒免费砸了整个杀毒安全行业的饭碗的说法, 周鸿祎持有截然不同的观点。在 360 与卡巴斯基合作之初, 360 推出了半年的卡巴斯基免费码的促销策略，这一策略使得卡巴斯基在中国市场的业务迎来了爆炸式增长，随后，其用户数和销售额都突飞猛进。这次成功的经验告诉周鸿祎，"免费＋收费"的经营模式是可行的。

"即便杀毒软件全部免费，厂商同样可以寻求增值业务收费或者企业用户收费一类的新的盈利模式，"周鸿祎认为，"目前中国有2亿网民，未来中国会有5亿或者更多的网民，我们希望把安全打造成一个互联网基础服务，希望它将来会像搜索一样，变成互联网基础服务，所以我们并不是通过免费杀毒来打击其他厂商，而是通过免费来做大安全市场。"

在周鸿祎的理念中，他迎合了杀毒安全行业未来的发展趋势，在恰当的时候率先改变了这个行业的游戏规则。免费策略推出后，越来越多的网民愿意使用杀毒软件，整个行业的盘子迅速扩大，全新的盈利模式则为行业提供了无限的发展空间，整个产业得以更健康的发展。但是，游戏规则变了，原有的市场格局也会随之改变，整个行业重新洗牌，谁能够最先适应变化，谁就能够发展起来。

360推出免费杀毒1年后，专业调查数据显示，过去的三大杀毒巨头瑞星、金山、卡巴斯基的销售额与用户都有所增长，并没有下降。事实证明，免费并没有摧毁收费的市场，它只是让整个行业市场越来越大，只不过，他们的增长远远赶不上360的脚步。

到2009年底，360杀毒的活跃用户数已占到中国网络用户的29%，超过了杀毒市场的老大瑞星；到2011年，这个数据已经到达63.5%。2008年之前的杀毒行业看起来是一个饱和的、不可能让后来者进入的领域，几大巨头之间的竞争陷入僵持状态，谁都无法甩开其他人，后起的小公司在这种行业似乎完全没有机会。

在这种形势下，360顺利突破固若金汤的行业蕃篱，迅速瓦解竞争对手经营多年的用户根基，成为行业的领头羊，它的崛起格外让人惊讶。

国际品质加上永久免费

与杀毒巨头逐步降价并且尝试 1 年免费的作风不同，360 革命得非常彻底，它宣称"长期、一直、永远"免费，这种理念深得用户的心。但是，仅有"免费"远远不够，周鸿祎认为：

> 国际品质加上永久免费，这才是 2 亿用户选择 360 杀毒的真正理由。

"便宜没好货。别家的杀毒软件都不免费，为什么偏偏就奇虎免费？显然是技不如人心发慌，为了招揽用户，只能出此'上策'，一副自己赚不到钱别人也休想赚钱的'红眼病'心态。"奇虎推出第一款杀毒软件后，有竞争对手作出这样的讥讽，当时杀毒行业大都把周鸿祎视为搅局者，认定他的产品质量不行，免费策略也不会长久。

对于这种指责，周鸿祎没有做太多的解释。奇虎的第一款杀毒产品确实存在很多不足，当时因为考虑不周到，引入了一款国外的杀毒引擎，进行了简单汉化之后就投入市场。而用户大多反应奇虎的杀毒产品太烂，虽然免费，但都不愿意用。这次失败给周鸿祎上了一课：在互联网上，当你的产品是免费的，用户选择你很容易，但抛弃你也很容易。用户不是傻子，他们只会选择能够解决问题的产品。所以，只有把免费的产品做得足够好，才能留住用户。

看着奇虎初战告败，传统杀毒软件厂商松了一口气，他们嘲笑周鸿祎，"号称要放一颗卫星，结果出来一颗哑弹"。他们坚信免费杀毒不可行，周鸿祎只是来搅局的，不会有所作为，继续心安理得地卖杀毒软件。殊不知，周鸿祎正卧薪尝胆，伺机爆发。

"如果360杀毒做不成，我们都完蛋了。"当时奇虎员工听到最多的就是周鸿祎的这句话。为了做好杀毒软件，周鸿祎一手打造了超过400人的顶尖研发队伍，其中很多人都有一线杀毒软件厂商的工作背景，这个队伍从质量和数量上都做到了国内首屈一指，另外，周鸿祎还引入了国际排名第一的BitDefender引擎，保证了360杀毒软件有强劲的心脏。

1年后，360免费杀毒卷土重来。在产品发布会上，奇虎总裁齐向东介绍，360杀毒已经达到国际一流水准。有业内专家对当时的杀毒市场特性进行分析，洋软件往往对"国产木马"反应迟缓、误杀率特别高，而大多国产杀毒软件往往一味闭门造车、拒绝引进先进技术，杀毒效果远不及洋软件，因此杀毒市场突围的关键是打破洋软件与国产软件之间的壁垒，实现两者优势融合。360正是抓住了这点，并成功将其转化为现实。

"360杀毒不但中西合璧，用'拿来主义'集成了自有和进口的两个优秀引擎，还针对国内软件环境和木马更新变种的特点，进行了本地化改造，不光性能强劲，而且特别适合本地的路况，还省油。"齐向东说。

在用户眼中，与其他杀毒软件相比，360更加亲民。首先，360杀毒文件小、下载速度快；安装过程十分简洁，不需要太多设置；安装完成后，总体占用系统资源少，保证了用户使用的便利。其次，360杀毒的病毒库每日升级数十次，用户可以第一时间获得安全更新，既能自动更新升级，也可手动检查更新，服务质量不输同类收费软件。

另外，360首创白名单设置，可以防止误杀，给用户带来了很大的方便。最后，360杀毒的嵌入式扫描不仅可以即时扫描QQ、MSN等接收的文件，还可以对用户插入的U盘即时扫描，让用户得到全方位的安全保护。周鸿祎将360杀毒软件的产品定位，从单纯的杀毒，演进为电脑的安全卫士，使它从一个专业工具转变为日常用具，也赢得了更多用户的心。

凭借完全免费和顶级品质这两个看似矛盾的优势，360杀毒软件爆发出极大的威力，仅4个月就把瑞星从坐了10多年的市场第一的宝座上掀了下来。半年之后，360免费杀毒用户数过亿，彻底改变了杀毒软件行业的格局。

"打铁还需自身硬"，市场千变万化，品质才是王道。在360的发展过程中，它遭遇杀毒行业全面围堵，质量无疑是其打垮巨头、杀出重围最重要的法宝。

交锋瑞星

周鸿祎曾自我评价:

> 360 不属于那种外圆内方的企业,这跟我个人的个性有关。因为我说话比较直率,有时候有点儿口无遮拦,而且喜欢公开地批评别人的做法,不太符合中国传统文化。但根源在于我们破坏了潜规则。我做免费,人家的产品卖不动,收入下降没法上市,怎么可能放过我。我是等着被他骂死还是起来还嘴呢,我肯定得还两嘴。

360 免费杀毒慢慢做起来了,巨头们越来越坐不住了,首先向 360 发起攻击的是行业龙头瑞星。

1991 年,瑞星品牌诞生于蹒跚起步的中关村,是中国最早的计算机反病毒厂家。作为传统安全厂商的代表,瑞星曾经占据了安全行业的半壁江山,盘踞行业第一的地位近 10 年。可这种局势却即将被 360 打破,最关键的是,杀毒软件收费是瑞星的直接利润来源,360 斩断了其利润源,瑞星怎能甘心?

在 360 推出免费杀毒软件的第 5 天,瑞星公司宣布,在全球发布基于"云安全"计划的、永久免费的"瑞星卡卡 6.0",并捆绑免费期为一年的"瑞星杀毒软件 2008 版"和"瑞星个人防火墙 2008 版"，全功能的"瑞星卡卡 + 杀毒 + 防火墙"三箭齐发，试图通过全面的免费策略，排挤 360 杀毒，捍卫市场份额。

同一时间，瑞星一天之内连发 4 篇文章，从各个角度阐述"免费没好货"的主题思想，传播"免费杀毒无前途论"，更进一步用"纯粹的免费不可能存在""免费安全没有保障"等言语来攻击免费杀毒，指责奇虎打着"永久免费"的幌子，以功能经过裁剪的"伪杀毒软件"欺骗用户，达成提高品牌知名度、抢占市场的目的。

瑞星的文章发布后，奇虎在同样的媒体上发表了针锋相对的文章：瑞星指责 360 杀毒软件作假没有任何依据。360 杀毒软件激活码仅一年有效，这是国际惯用的方法，激活码过期之后，用户只需重新激活即可，且这一切都是免费的，不存在瑞星所指的"骗局"一说。

瑞星后又声称有用户安装瑞星个人防火墙时被 360 报毒并拦截，使得安装过程无法完成，认为 360 杀毒软件有极大的安全风险。而奇虎却称"不排除此次误杀是瑞星公司设计的陷阱"，因为永久免费即将打破瑞星在杀毒软件销售市场的垄断地位，终结其暴利时代，从根本上触动了瑞星的利益。双方口水战进入白热化。

2008 年 8 月 26 日，奇虎宣布正式对瑞星和中关村在线提起名誉侵权诉讼，要求其停止侵权，公开致歉，并向二者分别索赔名誉侵权损失费 200 万元。

从战况空前的口水战，到互揭对方的"丑恶行径"，直至最后对簿公堂，此次奇虎与瑞星的交火与几年前奇虎与雅虎中国的口水战极其相似，可是，两者的争端并没有到此结束，1 年多后，一场更深入的杀毒攻防战拉开了序幕。

2010 年 1 月 23 日，波兰安全组织 NT Internals 曝光瑞星杀毒软件存在两个严重漏洞，黑客利用这两个漏洞可以获得系统控制权。奇虎第一时间对此消息作出反应，推出临时补丁，供瑞星用户下载安装。瑞星却认为漏洞之说子虚乌有，奇虎捏造瑞星产品存在重大漏洞，欺骗用户卸载瑞星产品，是一种恶劣的竞争手段。奇虎回击称，瑞星把危害巨大的漏洞说成"没有影响"，罔顾用户的利益，是一种不合格公司的做法。随后，事件的发展越发戏剧化。

2 月 1 日，瑞星披露 360 安全卫士存在本地提权后门，该后门曾于 2009 年 11 月曝出，在长达 3 个月的时间内奇虎未作出任何反应，瑞星据此认为 360 安全卫士故意私开"后门"，窥视用户隐私，干扰竞争对手软件的正常应用。对于"后门"一说，奇虎矢口否认，并搬出业内专家来证明。中国信息安全评测中心检测结果表明，360 软件并未发现有"后门"，著名反病毒专家、国家 863 计划"计算机实时防护技术"课题组组长刘旭也站出来指出，360"后门"并不存在。

一轮你来我往的唇枪舌剑之后，双方又把战场搬到了法庭。奇虎控诉瑞星捏造事实、污蔑奇虎的行为属于不正当竞争，要求它赔礼道歉，并赔偿损失 100 万元。

这场口水战最后并没有得出定论，但双方都获得了巨大的眼球效应，关注度达到前所未有的高度，奇虎的用户量也仍旧保持上升趋势。

与卡巴斯基决裂

奇虎与瑞星的战争，源于第一、第二的市场竞争，而360与卡巴斯基的纷争则完全不同，两者曾是亲密无间的伙伴，转身成为不共戴天的仇人，真实演绎了"没有永远的朋友，只有永远的利益"的商道真经。

卡巴斯基是俄罗斯著名的杀毒软件之一，由卡巴斯基实验室研发。2002年，为了在中国市场占得一席之地，卡巴斯基高调进入中国，但因"水土不服"，在产品质量绝对占优的情况下，并没有顺利打开中国市场。

当时，正版的卡巴斯基杀毒软件对电脑的配置要求很高，很容易出现电脑卡死的现象，而盗版的卡巴斯基因为制作粗糙，再加上不兼容等问题，使得死机现象更加严重，卡巴斯基的声誉跌倒了谷底，被网友们唏嘘为"卡吧，死机"。对于死机问题，卡巴斯基及时作出调整，可重新恢复用户信心并不容易。寻找突破口，恢复声誉，成为卡巴斯基迫在眉睫的事情。

适逢奇虎正要推广360安全卫士，周鸿祎便向卡巴斯基伸出了橄榄枝，希望通过合作进行免费推广，先把知名度打上去，免费试用后，自然会有一定比例的用户掏钱购买正版。对于该提议，卡巴斯基并不认可，觉得"这是看不见利润的事儿"，可它又确实需要与了解中国本土市场的厂家合作。于是，双方经协商达成合作意向：360每年拿出两三百万元购买卡巴斯基为期半年的激活码，卡巴斯基与360共同进行推广，如果用户到期后选择续费使用卡巴斯基，线上销售收入大家按比例分成。

后来的事实证明，这个合作对双方都有非常积极的作用——360安全卫士借助卡巴斯基打开了安全市场，卡巴斯基则借助360成功登陆中国市场。可惜好景不长，20个月的蜜月期后，2008年7月17日，随着360安全卫士推出免费杀毒软件，双方关系走向破裂。

360在推出免费杀毒时曾隐晦地表示，360在快速和避免误杀方面远胜于卡巴斯基等国外软件。于是，当周鸿祎大讲特讲"免费是杀毒行业的唯一出路"时，卡巴斯基创始人尤金·卡巴斯基在中国高调亮相："没有真正意义上的免费杀毒软件，安全问题是一个很严肃的话题，免费的杀毒软件无法支撑数千名工程师进行持续的更新和使用。"

2008年8月2日，卡巴斯基推出全功能安全软件2009，强调"全功能，才安全"，坚持走收费策略。

随着360的壮大，两者之间的冲突转变为口水战，曾经最亲密的合作伙伴开始互相攻击。

一直以来，周鸿祎在证实免费杀毒是大势所趋时，总会提到与卡巴斯基的合作："卡巴斯基曾与360安全卫士合作推出半年版免费杀毒，短短1年时间，卡巴斯基知名度和市场份额迅速提升，排名一度跃居市场第二。"没想到这招致了卡巴斯基的不满。

2010年6月1日，时任卡巴斯基大中华区总裁的张立申发文指责周鸿祎，"没有360，卡巴斯基在中国根本就没有机会"的说法突破了做人和经商的底线，"伤害了300多名卡巴斯基中国的员工，3000多家卡巴斯基经销商，50000多名卡巴斯基终端推广员"。

周鸿祎在微博回应称：

今天有收费杀毒厂商的老总写博客，劝我"回头是岸"，仔细拜读后，我领会到他的真正用意：只要我能放弃免费杀毒，回头和他们一起做收费，那就什么都好说。我想问问大家：你们希望我回这个头吗？绝大多数网友都不希望我回这个头，看来只能辜负这位老总的一片好心了，在此谢谢他的好言相劝，也谢谢大家对 360 免费杀毒的支持。

周鸿祎对张立申的指责并没有直接解释，而是把关注焦点转到了"免费与收费之争"上，再一次强调，360 要顺应用户的要求，将免费杀毒进行到底。

卡巴斯基一拳打到了棉花上，吃了哑巴亏，两家公司彻底交恶。2010 年 10 月 2 日，360 针对最新出现的"超级工厂"病毒发表声明："'超级工厂'利用了'已知的'微软漏洞，因为有 360 系列安全软件的存在，中国已躲过超级工厂病毒攻击。"

10 月 13 日，卡巴斯基发声明谴责 360 "胡乱解读超级工厂病毒"，发表严重背离事实、混淆视听的官方新闻，"欺骗 4 亿网民"。360 则反击指责卡巴斯基的声明与事实严重不符，并使用了侮辱性的语言，是"趁火打劫、自我炒作"。

从曾经的亲密战友到兵刃相向，或许正如周鸿祎所说，一个用户的电脑上不可能有两个杀毒软件，这一切都是由杀毒行业的"排他性"决定的。

对战金山：从单挑到群殴

与瑞星、卡巴斯基不同，在360免费模式席卷整个杀毒市场的时候，金山公司没有执拗于"杀毒应收费"的理念，它应时而变，紧跟360之后，推出了免费的金山网盾和金山卫士。

独立IT评论人洪波认为，360采取的是"携用户以令诸侯"的模式，通过杀毒软件控制住用户的入口，借此获得商业利益。而金山采取的"携技术以令诸侯"的模式，通过占有最大化的用户推出一系列软件，两者的模式非常类似。一山难容二虎，在用户争夺战的本质下，两家公司的战争一触即发。

2010年5月21日，金山公司宣称，有大量金山网盾的用户向金山软件客服控诉：360安全卫士借口兼容问题恶意诱使用户强行卸载金山网盾，直指360恶意竞争。360回应称，金山网盾存在难以卸载、非正常强行注入浏览器导致大量浏览器崩溃、自身漏洞被利用成为木马通道等问题，所以才会让用户在使用360还是使用金山网盾中进行选择。

5月25日，360和金山之间的口水战由于周鸿祎亲自参战而迅速升级。周鸿祎4个小时连发42条微博，金山公司CEO王欣进行了反击。随后，可牛软件CEO傅盛也加入了战团，称可牛杀毒软件在发布5分钟后，360安全卫士即对其安装进行了拦截。一时间，微博平台上炮声隆隆。

战火很快蔓延到法庭上，金山 3 天内向法院递交了两份诉讼材料，就周鸿祎侵害企业信誉和不正当竞争等，状告周鸿祎和奇虎。

王欣表示："安全软件不是世界警察。所有软件生而平等，不能因为你的市场占有率大就以大欺小，倚强凌弱。"她把这场战争认定为霸权和自由之争，认为奇虎凭借着现有的市场占有率行使霸权，逼用户做取舍，以安全之名扼杀竞争对手。

周鸿祎则反驳金山通过这种恶意阻扰，企图给 360 戴上"免费不好用"的帽子，他认为，这种战争的根本仍旧是免费与收费之争。他表示：

> 金山网盾在自己不能完全拦截恶意网址的情况下，恶意阻挠 360 的正常拦截功能，是典型的为了不正当竞争而置用户安危于不顾的做法，通俗地说，就是我拦不住，也不能让你拦。

互诉公堂之后，金山与奇虎继续变招斗法。2010 年 6 月 11 日，金山联合百度、腾讯、搜狗、瑞星、傲游、酷我、PPStream、可牛、顺网科技等国内数十家互联网企业成立了互联网软件自律联盟，承诺对行业内出现的恶意竞争等行为进行约束与监督，唯独排除掉 360。同一天，奇虎宣布斥资 100 万元资助反流氓软件联盟创始人董海平，成立"软件行为监督用户联盟"。两家的战争从敌我战升级为联盟战。

到最后，两者孰是孰非没有定论，倒是赚够了眼球和关注度。只不过，奇虎的市场份额仍旧不断攀升，而金山终究没有阻挡住不断下滑的市场颓势。11 月 10 日，金山宣布，《金山毒霸》的杀毒功能和升级服务开始实施永久免费，希望以此捍卫金山毒霸仅有的市场占有率，但一切都已无可挽回。

金山虽然惜败，但奇虎并没有丝毫的懈怠，随时提防着金山的反扑。2012 年，在免费战场上，双方又上演了一场"肉搏战"。7 月 11

日，金山与中国人保联合针对金山毒霸以及猎豹浏览器用户推出一项新险种，如果消费者网购时遭遇钓鱼网站或木马而导致财产损失，最高一年可获8000元赔付。随后，奇虎宣布面向4亿用户推出类似服务，并将赔付最高金额提高至3.6万元。有奇虎员工在微博调侃：金山毒霸开始由暴利向倒贴转移，开创了安全软件史上首创的贴钱赔本赚吆喝的时代，静待金山倒闭。

金山对奇虎360此举的反应相当强烈，金山CEO傅盛公开表示："金山今天刚做出网购敢赔服务的升级，周总立刻再一次微创新了个360赔付。在过去一年中，360一直紧跟金山毒霸步伐，出一个功能抄一个，网购保镖、U盘卫士、10MB猎豹等，都被360完全照搬。有的朋友说有个错觉，以为我还没有离开360。"随后，金山发出公开声明称，将提供48360元的赔付基金，为用户提供双重保障。

赔付措施真能落地，或者仅仅是两家公司炒作的噱头？免费杀毒行业是否到了"倒贴"时代？免费杀毒市场的未来会如何？"赔付"事件再次引起业内的极大关注。

有业内专家称，在2008年，奇虎率先推出免费杀毒软件。4年过去了，免费大战对杀毒行业进行了一次大清洗，奇虎和金山成为个人免费杀毒市场最后的"双雄"，"既生瑜何生亮"，两者的纷争必定会持续下去。这也为日后的"小3之争"做好了铺垫。

对于这种公关战、口水战、诉讼战、技术战，周鸿祎越来越能从容应对。最主要的是，在别人的不断质疑、不断自我证明的过程中，周鸿祎对于奇虎未来的盈利模式越来越清晰，这可谓是战争的意外收获。

"欲想成功，必先自宫"

其实，早在 2005 年周鸿祎就看到了安全领域存在的机会，但当时他把所有精力都放在搜索上。他先后游说过杨致远、李彦宏、马化腾，可他们并不看好安全市场，或者并不想碰触安全领域。2006 年，流氓软件横行，周鸿祎十分愤怒，正好奇虎拿到一笔融资，抱着"别人不干我自己干"的想法，才做起奇虎。但很长一段时间，包括周鸿祎在内的所有人，对奇虎的盈利模式都不明晰。

360 免费杀毒推出后，周鸿祎讲得最多的就是他独创的三段式商业逻辑："只要是人人都需要用的互联网服务，就应该是免费的；只有少数人需要的，才可以收费；一旦有了一定数量的用户群，就可以推出收费的增值服务。"当时，正逢克里斯·安德森的《免费：商业的未来》一书出版，他逢人就推荐这本书，并借机强调免费是互联网的趋势，免费杀毒是杀毒行业必经之路。可因为免费杀毒牵涉太多利益，没有人肯认真听他说。

2008 年 9 月，奇虎宣布和世界之窗公司合作研发的"360 安全浏览器"正式版上线。"我不敢说别人的浏览器安全性如何，但我敢肯定，360 安全浏览器是目前在木马病毒防护上做得最为出色的浏览器。所以我们打出了'快速流畅、永不中毒'的口号。"周鸿祎说。

360 安全浏览器无缝整合了 360 安全卫士超强的木马查杀与防护

引擎，可自动拦截挂马、欺诈、网银仿冒等恶意网址；可以自动标识搜索结果页中的风险网站；它独创的沙箱技术，可以保证电脑在隔离模式即使访问木马也不会感染，多道防护保证用户浏览安全。

功能强大是一方面，在推广力度上，周鸿祎也不惜余力。其一，360安全浏览器是GHOST系统默认的浏览器；其二，安装360安全卫士时会捆绑安装360安全浏览器；其三，在软件下载类网站可以看到360安全浏览器的广告和推荐安装端口。

多种因素下，360安全浏览器很快打开市场。CNZZ数据显示，到2010年初，360安全浏览器的市场占有率便达到了16.22%，并保持急速攀升的增长趋势。到2012年中，用户量已经突破2亿大关，市场占有率达到55%。

360安全浏览器的装机量达到一定的额度，奇虎的赚钱"大戏"也正式拉开帷幕。用户打开360安全浏览器，首先看到的就是360安全网址导航，这极大方便了那些对互联网不太熟悉或者"嫌麻烦"的人，他们可以使用这些导航便捷而快速地进入需要浏览的页面。奇虎掌握了用户浏览内容的入口，为了保证优先推荐的位置，内容链接终端厂商要向奇虎支付一定费用。通过这种方法，奇虎实现了流量的变现。

直到这时，很多原本对浏览器并不看好的人终于看懂了周鸿祎的商业布局，才明白了360的赢利模式。

奇虎开始盈利，周鸿祎做的第一件事是砍掉安全卫士界面上仅有的3条文字广告。2010年9月，奇虎正式发布"纯绿色"版安全卫士，砍掉了产品主界面的文字链广告，周鸿祎宣称："360安全卫士覆盖3亿网民，产品界面上的文字广告价值在每年5000万元以上。但我们认为安全软件的职责就是专心保护用户，而不是时刻期待用户来看你的广告，所以决定放弃这部分收入。"

周鸿祎认为，互联网软件公司采取广告模式是一条不归路：

采用了一种不适当的商业模式，它会逼着人去作恶。你主观上善良，不想做恶，但因为你是商人，你要对股东负责，你要对投资人负责，你要对市场负责，你一旦走上这条路，收入的压力就会逼着你，让你想办法提高广告的效果，这样你就得把广告做得更加的骚扰、更加的强制，最后就走向另外一个极端。

如果奇虎把广告作为利润来源，就会走入一种打扰用户的误区。为了赚钱，什么广告都去做，用户感受就会被抛之脑后，用不了多长时间，用户就会用脚投票。用户没有了，只剩软件这个空架子，奇虎也就一点儿价值都没有了。在周鸿祎看来：

360 的成功来自于葵花宝典："欲想成功，必先自宫。"

言下之意，在适当的时候，企业要敢于革自己的命，主动放弃一些东西，虽然暂时是痛苦的，但未来的路会更健康、更稳健。

2011 年 3 月 30 日，已经更名的奇虎 360 成功登陆纽交所上市，市值达到 39.56 亿美元。投资市场的追捧是对奇虎创新能力的肯定，也是对免费模式的认可。上市之后，奇虎团队都有一种修成正果的激动，周鸿祎的自豪感油然而生："不管 360 的模式怪不怪、绕不绕，都是由一个叫周鸿祎的中国人独创的，周鸿祎改变了'网络安全'的定义，用 3 年时间颠覆了传统杀毒行业。这是事实。"

对于奇虎的赢利模式，周鸿祎表示，基础安全服务，360 会坚持永久免费。360 的利润来源主要有搜索分成、软件下载、网址导航、游戏联合运营等。360 的业务模式为"免费 + 增值服务"，免费的安全和杀毒服务是推广手段，用来培养用户忠诚度，在此基础上不断推出互联网增值类服务。

要实现这种商业模式，第一步是推出用户日常必用的一项免费服务，360借助免费杀毒策略，快速获得用户；第二步是打通用户流量与盈利之间的通道，主要靠360安全浏览器来实现。打开360浏览器，首先会看到360导航页，上面有网民最常使用的新闻、影视、音乐、游戏、搜索等栏目，导航页的每个位置都是一个商家推荐，都是一种广告；另外，360浏览器还提供由第三方开发的网络游戏，通过联营，与游戏方分账。除360浏览器外，360还推出了360保险箱、360软件管家、360手机卫士等系列产品，使得360的盈利渠道得以拓宽，比如360软件管家提供了软件的下载入口，360可以从软件厂商那收取推广费和下载分成。

　　值得一提的是，奇虎360的Logo在上市之后悄悄发生改变，由原来霸气外露的"盾牌"变成了一个闭合成160度、无懈可击的圆圈，看起来简洁大方，却又意味深长。

第七章

3Q 大战

不料，该来的还是来了。2010 年春节前后，腾讯 QQ 医生安全软件飞快地在二三线和更低级别的城市扩张，通过强制推广的形式，QQ 医生的安装量迅速突破 1 亿，市场份额将近 40%。半年后，全国范围内的 QQ 软件管理和 QQ 医生自动升级为 QQ 电脑管家，并在没有出现任何提示信息的前提下，直接安装到用户的电脑上，新版软件还增加了云查杀木马、清理插件等功能，涵盖 360 安全卫士的所有主流功能。腾讯这招让 360 有些措手不及。

本来，腾讯是基于即时通讯的社交网络，360 主推互联网安全服务，两者并不是直接的竞争对手。

腾讯就是一个天花板

"免费"策略推出后，奇虎 360 赚得盆满钵满，用户人数突破 3 亿，成为互联网领域紧随腾讯之后的第二大客户端公司。欣慰之余，周鸿祎心里不敢放松，他很清楚树大招风、怀璧其罪的规则。在现代商业史上，大而不强却被竞争对手瞬间秒杀的案例比比皆是。

不料，该来的还是来了。2010 年春节前后，腾讯 QQ 医生安全软件飞快地在二三线和更低级别的城市扩张，通过强制推广的形式，QQ 医生的安装量迅速突破一亿，市场份额将近 40%。半年后，全国范围内的 QQ 软件管理和 QQ 医生自动升级为 QQ 电脑管家，并在没有出现任何提示信息的前提下，直接安装到用户的电脑上，新版软件还增加了云查杀木马、清理插件等功能，涵盖 360 安全卫士的所有主流功能。腾讯这招让 360 有些措手不及。

本来，腾讯是基于即时通讯的社交网络，360 主推互联网安全服务，两者并不是直接的竞争对手。

腾讯做 IM（即时通讯），做到用户数量第一，达 10 亿之众；腾讯做门户，很快做到流量第一，超越新浪、搜狐等；腾讯做休闲游戏，迅速将业界老大联众取而代之……腾讯剑锋所指，几乎是无往不利，它已经成为国内互联网行业最强大的力量，是一种不可撼动的存在。

周鸿祎说："坦率地讲，我没有想跟 QQ 打仗。QQ 是国内最强大的互联网公司，市值几千亿，而 360 还不是上市公司。我们疯了，要去以卵击石？"

虽然没有挑战腾讯的初衷，也没有挑战腾讯的准备，但腾讯的一连串动作让周鸿祎义愤填膺。"首先，腾讯强行在用户电脑里面安装QQ电脑管家，没有给用户任何知情权和选择权。同时，QQ电脑管家抄袭360安全卫士，图形界面甚至连文字都与360安全卫士高度相似。这样的抄袭加强制推广是置360于死地。我们在功能上、界面上、用户体验上下了很多功夫，可是QQ电脑管家丝毫不费力地就抄过来了，虽然做得并不比360好，但这显然是对360权益的侵犯。"

周鸿祎曾经给马化腾发短信，质问他怎么能这么干，马化腾轻描淡写地回复："不就一款软件嘛。"的确，对于腾讯来说，这是件很稀疏平常的事，因为腾讯的发展历程一直伴随着模仿。

对于模仿，马化腾从不讳言："创新和引入并不矛盾。例如日本和韩国的汽车，都是从引入做起，然后才开始创新。我们所提倡的是聪明的引进，并不断地在此基础上进行创新。QQ本身是一个仿制品，但是像离线消息、QQ群、魔法表情、移动QQ、炫铃等，都是腾讯的创新。正是有了模仿后的创新，我们才拥有了QQ庞大的用户群，这成为撬动整个腾讯体系的支点。"

在"先模仿后创新"的经营理念下，腾讯的发展模式逐渐成型：模仿加捆绑。首先，腾讯一旦发现市场上有好的应用，会立刻复制，并通过QQ进行捆绑，充分利用庞大的用户群体让新应用得到最大范围的推广。在新应用领域，腾讯往往起步比别人晚，但却能后来居上，并快速将其转化成自己的东西，正如马化腾所言，"抄袭是创新的前奏"。

网上有一条流传很广的段子：自从有了PPlive，腾讯就出QQLive；自从有了淘宝网，腾讯就出拍拍网；自从有了"支付宝"，腾讯就出了"财付通"；自从百度有了MP3，腾讯就出QQ音乐。从商业经营角度看，腾讯的做法很明智，模仿让它少走弯路，创新让它屹立不倒。但这种做法却让无数新生网络大军咬牙切齿，他们拼尽全力好不容易创新出来的东西，还没产生绩效就被 QQ 模仿，并很快被替代。

虽然满腹怨言，却没人敢挑战腾讯。业内已经形成共识：只要自己做的业务被腾讯模仿，非死即伤。天使投资人曾李青在考验创业者时最常问的问题是：如果腾讯也做这个事情，你怎么办？他把腾讯作为互联网企业必经的一道坎。现在，这个坎就横在周鸿祎面前：是战，还是逃？

2010 年 9 月，"3Q 大战"爆发在即，周鸿祎和 360 品牌顾问尹小山一起参加某讲座，回公司的路上，周鸿祎在车上半天没说话。十几分钟后，他用手指着车顶，像是自言自语，又像是对尹小山说话："腾讯我们是绕不过去了，没有办法了，只能把天花板捅破。"

听到这话，尹小山心情很沉重："对手比我们强大不知多少倍，这个仗该怎么打？心里真没底。"

周鸿祎回答："迅雷和暴风影音的市场占有率一直在下降，为什么？因为腾讯推出了相似功能的软件。迅雷的市场占有率一度超过 80%，现在也就刚过一半。腾讯就是一个天花板，这么一点点搞你的话，你会永远长不大，上不了市。它不会让你死，但让你半死不活。"

此后不久，轰动一时的"3Q 大战"拉开帷幕。

周鸿祎曾说：

> 我年轻的时候好斗，现在我不主动挑起战争，但如果有人找我斗争，我绝对不是宋襄公，会退避三舍，一定要以牙还牙。你不能让人无路可走，兔子急了还咬人，何况我不是兔子。

在随后迎战腾讯的连番动作中，周鸿祎用实际行动告诉世人，他的确不是柔弱可欺的兔子，而是不畏强敌的老虎。

亮剑：快、狠、准

　　腾讯与奇虎360，一个是江湖霸主，一个是颠覆狂人。单论实力，奇虎很难胜出，这仗应该怎么打呢？

　　周鸿祎很喜欢研究中国革命史，尤其对毛泽东的战略十分推崇，他将中国革命的"最终用户"锁定在"农民和中小手工业者"而不是"小资产阶级"。在经历过3721的衰落、360免费模式的崛起之后，他更深刻认识到了终端用户的重要性，并自创"拜用户教"。决定与腾讯开战后，周鸿祎敏锐地意识到，用户是这次战役的根本，谁能争取到最多的用户支持，谁就是最后的胜者，他说：

> 我属于李云龙那种人，直接亮剑。好处是比较简单，坏处就是很容易树敌。别人还图穷匕见，我连个图都没有，直接就把匕首端上。只要来挑衅，我肯定会反击，你要战，我就战。

　　有人杜撰了这样一则对话：在360与腾讯宣战前，马化腾曾发短信给周鸿祎："你出手了？"周鸿祎回应很干脆："是你的，就是你的，不是你的，就不是你的。"

　　虽然这段对话并没有得到证实，但很多人相信它是真的，因为周鸿祎字里行间体现的信心和斗志是确实存在的，并在360其后的反击中得到了验证。

2010 年 9 月 27 日，360 宣称，有大量用户反映，某聊天工具偷窥隐私文件和数据，360 查证后认为，某些客户端软件窃取个人隐私数据的问题确实存在，为了保护用户利益，360 推出专门的个人隐私保护工具——360 隐私保护器，对"窥私"的即时通讯软件曝光，让他们无所遁形。彼时网友最常用的聊天工具有 4 个——QQ、TM、MSN、阿里旺旺，其中 QQ 的用户量达 7 亿，影响范围最广，360 第一版公布时，就以监测 QQ 开始。结果显示，5 分钟时间内，用户电脑中就有 170 个文件或目录被 QQ 查看过，其中 153 项跟用户的隐私有关。言下之意，广大 QQ 用户在不知情之下，已经被腾讯看了个精光。这条消息在 QQ 的 7 亿用户中引起轩然大波。

"网络支付不安全""个人信息被泄漏"和"账号被盗取"，一直是最受网民关注的网络安全问题，而网民对"个人信息被泄漏"的关注度更是呈持续上升的态势。腾讯"窥探隐私"的消息披露后，用户对 360 隐私保护器表现出极大的热情和兴趣。

鼠标轻轻一点，就可以得到全国各地老板、大小业主的手机号、家庭地址等隐私；10 块钱就能得到几十万份目标客户群的联系方式；莫名其妙就会接到推销电话……这些在人们日常生活中是一直存在的收集用户信息行为，早就成了互联网行业的潜规则，并形成了一条健全的产业链。虽然作为一个成熟的企业，腾讯不一定真的窥探了用户隐私，甚至可以说，它以用户隐私谋取利益的可能性非常低，但是，看到腾讯"窥探隐私"的消息之后，更多用户更倾向于相信腾讯在泥潭中很难保持纯洁，"或许有"这样的行为。周鸿祎的这一招让腾讯有口难辩，骤然被推到舆论的风口浪尖。

一直以来，中国法律对网络信息安全的监管很是缺乏，360 此时打出网络"110"的旗号，以"用户守护者"的身份站出来，力主捍卫用户权益，确实把握住了用户的心理。"窥探隐私"这一道德层面的丑闻披露后，周鸿祎很顺利地团结起一股强大的民众力量，借助网络平台，对腾讯进行声讨，事态迅速扩大。

《孙子兵法》有云：故善战者，求之于势，不责于人，故能择人而任势。任势者，其战人也，如转木石。木石之性，安则静，危则动，方则止，圆则行。故善战人之势，如转圆石于千仞之山者，势也。

意思是说，寻找和创造时机，稍一用力，巨石即可飞滚而下，摧枯拉朽，不可阻遏。

周鸿祎的第一炮把握住了"用户信息安全"这个绝佳的切入点，成功做到了"任势"，但他并未满足于此，正当腾讯拼命辩解的时候，周鸿祎又祭出了另一计。

10 月 29 日，奇虎 360 宣布推出"扣扣保镖"，主要功能有保护隐私、防止 QQ 盗号、过滤 QQ 广告、清理 QQ 垃圾、保护 QQ 安全等。更狠的是，扣扣保镖直接把 QQ 面板上的安全按钮链接到了 360 扣扣保镖的页面。

通过扣扣保镖，周鸿祎把打击腾讯的焦点从隐私侵权的控诉转变成了屏蔽腾讯的广告，阻断腾讯用户。战争从道德层面的口水战过渡到惊心动魄的技术战。

李开复曾跟周鸿祎一起玩过 CS，他对周鸿祎的评价是"快、狠、准"，凭借着这 3 点，在敌我双方对阵时，周鸿祎总能以寡敌众，一个打七八个。

李开复分析，在这次反击腾讯的过程中，周鸿祎把"快、准、狠"的对敌策略发挥得淋漓尽致：快，第一时间内，周鸿祎集结所有力量做产品推广，实现了 72 小时之内装机量突破 1000 万的奇迹；准，使用技术手段禁止 QQ 弹出广告，断了腾讯的财路，如一把利刃直插腾讯的核心商业利益；狠，扣扣保镖直击腾讯的命名，装机量越多，对腾讯的打击就会越大，其丧失的除了收入外，还有腾讯生存的根基——用户量。就像马化腾说的，"再过 3 天，QQ 用户就有可能全军覆没"。

这个时候，马化腾只好作出了一个艰难的决定，而这恰恰中了周鸿祎的圈套。

站在用户这一边

2010年11月3日晚，腾讯通过QQ弹窗宣布，"在360公司停止对QQ进行外挂侵犯和恶意诋毁之前，我们决定将在装有360软件的电脑上停止运行QQ软件"。言下之意：你要QQ还是360，两者只能选一个。第二天，腾讯联合金山、傲游、可牛、百度再度宣布，如果360一意孤行，坚持欺骗和绑架用户，五大厂商将选择不兼容360系列软件，创造中国互联网史上最大不兼容事件。言下之意：你不选也得选，要不然你就别想用互联网。

面对腾讯这一举动，用户怒了，网络上的指责和谩骂之声排山倒海：

"腾讯突然威胁我删除360，对腾讯这么做我非常愤怒，用了QQ好几年了，个人关系圈都维系在QQ上，强制二选一，这是让我没得选，这不是限制我的自由吗！"

"3号晚上到现在，腾讯强制我QQ下线几十次了，越逼越愤怒，我在我所有QQ群的公告里写着腾讯SB，个别群友对我说，用着QQ还骂QQ，其实我也很无语。"

一方面，网友们觉得被胁迫；另一方面，他们担心存在QQ里的信息可能丢失。很快，一个署名为"中国网民"的网友发了"致腾讯和360的一封公开信"，在网络上迅速传播："我们不管你们怎么打，但是我们的电脑用什么软件必须是我们自己说了算，不需要你们替我们用户去选择，你以为我们必须在你们中二选一吗？我们还可以联名告你们去，不管腾讯还是奇虎。不要太嚣张了，你们是明目张胆地侵犯我们电脑用户，干涉我们的自由，我们的口号是：我的电脑我做主。"

凤凰网的民意调查显示，逾 7 成网友认为腾讯对 360 用户禁用 QQ 损害了用户利益，腾讯这种"二选一"绑架用户的做法，伤害了广大用户对腾讯的忠诚和认可，也把自己置于舆论讨伐的风口浪尖。

"作为中国互联网也拥有数亿用户的下载客户端软件，迅雷看似置身于这个事件之外。但是，同样作为用户体验优先的优秀软件，同样作为互联网企业的一份子，就不可避免地对此做出思考和需要发出自己的声音，迅雷认为：优秀的企业更应该尊重用户！"迅雷总裁程浩说。

湖南省消费者委员会表示："腾讯强制要求用户卸掉 360 软件这一举措，根据消费者权益保护法，侵犯了消费者的自由选择权，作为消费者，他们可以选择 QQ 或者 360 中的一个，也有同时选择两项服务的权利，腾讯的这种做法显然有点儿不妥。"

11 月 4 日，腾讯股价下跌 5.8 港元，跌幅 3.1%。这意味着，腾讯在一天之内失去了 106 亿港元的市值，马化腾的账面财富也缩水了 11 亿港元以上。这也实实在在在反映出资本市场对腾讯此战的忧虑。马化腾"二选一"的决定被业内视为他排名第二的"臭棋"，与其当初出售 QQ 的想法有得一比——创业初期，腾讯资金缺乏，马化腾想以 100 万的价格卖掉 QQ，幸运的是，当时无人肯买，这才有腾讯后来独步天下的机会。

马化腾的反应也让认识他的人非常惊讶，在大家的印象中，马化腾温文尔雅、非常谦虚，很懂产品，也很理解用户需要。这样一个处处为用户着想的人，怎么会做出伤害用户的决定？马化腾还是 IT 圈内有名的"产品经理"，产品经理最看重产品的质量和形象。但"扣扣保镖"劫持 QQ 的做法，直接在马化腾的心坎上挥刀，使得他一怒之下不顾用户的感受，做出过激的行为。从这个角度看，周鸿祎对人性的准确把握更胜一筹。

双方对垒时，对手的失误往往是自己进攻的最佳时机，周鸿祎深知战争精髓，他绝不会错过这次时机。在腾讯"二选一"宣言发布 3 个小时后，360 公司作出回应：一方面，360 将竭力保证 360 和 QQ 同时运行，另一方面，360 推出最新的聊天工具 360WebQQ 客户端，该款软件可以保证用户顺畅地聊天，同时也能避免被 QQ 软件偷偷扫描硬盘。

11 月 4 日，360 宣布扣扣保镖正式下线，并为下线原因进行了煽情阐述："我们始终坚信用户是自己电脑的主人，中国互联网的发展始终是由每一个用户推动的。所以，我们本着为用户负责的精神，决定搁置公司与公司之间的争执。在这里，我们向每一位受这个事件影响的用户表示我们心中的歉意。

我们也在反思：我们推出一款产品，本着从用户出发的精神，希望能为用户创造价值。但是，如果因为各种原因，反而为用户造成了困扰，那我们必须为此承担责任。因此，我们决定召回 360 扣扣保镖。此举同样也是着眼于用户的利益，希望为用户创造一个安静、健康的互联网环境，不用再作非此即彼的艰难选择。"

360 在第一时间"自废"扣扣保镖，看似妥协，实则是对用户的新一轮攻心战，周鸿祎用行动佐以言论告诉用户：为了保障用户利益，他愿意放低姿态，屈服强权。

有业内专家分析，在与腾讯的这次交手中，周鸿祎根本不期望能打败腾讯，他最大的希望应该是在马化腾的"烂招"中得到用户的认可。他的这个愿望成功实现了。"艰难决定"后不久，新浪网一项 150 万网民参与的民意调查显示，面对"如果在 360 软件与 QQ 软件之间必须卸载一个，你会卸载谁"的提问，57.6% 的人选择抛弃 QQ，这意味着马化腾在支持率上"不及格",而周鸿祎经过此次交手赢得了更多用户的支持。

11月5日,工信部、互联网协会等部门介入,用行政命令的方式要求双方停止纷争。360于11月10日宣布,QQ和360已经恢复兼容。双方冲突正式化解。

之后有员工向周鸿祎反映:"腾讯不时在媒体上发布一些诋毁360的稿件,要不要反击一下?"周鸿祎回答:

> 打一拳你以为我愿意受着?但现在这种情况我们必须受着,如果我们跟腾讯再出现口水战的话,用户就会怀疑你们是不是真的不兼容了。这就会妨碍用户再装回你的软件。所以这时候必须安静,哪怕吃点儿亏。将用户量争取回来是最重要的目标。

从始至终,周鸿祎的目标都很明确——争取用户。在实现这个目标的过程中,虽然有时要做一些忍气吞声、违背本性的事,但他仍旧没有任何动摇。

在自然界,狼从不浪费食物,对于到手的猎物,总是吃干抹净,甚至连骨头渣都不剩。抓住马化腾痛处的周鸿祎也不会满足于一次的得利,"3Q大战"注定只是表面的平静,激流暗涌处,交锋远未结束。

诉讼与反诉讼

2012 年 4 月 13 日，"3Q 大战"已过去 1 年多，就在人们逐渐遗忘的时候，奇虎 360 向广东省高院提起反垄断诉讼，称腾讯在 3Q 大战期间滥用其即时通讯工具 QQ 的市场支配地位，强制用户卸载已安装的 360 软件，导致 360 公司用户大量流失，遭受了巨大的经济损失，要求腾讯赔偿其经济损失 1.5 亿元，并公开道歉。

360 总裁齐向东表示："360 是腾讯滥用市场地位的受害者，腾讯的'二选一'给 360 带来了巨大的经济损失。我们提起针对腾讯的反垄断诉讼，希望通过社会各界的积极参与和讨论，以及司法机构对这个案例的判决，能够遏制腾讯的滥用市场地位的行为，建立一个公平竞争、有利于创新的互联网环境。"

被业内戏称为"3Q 大战第二季"的新一轮激烈交锋就此展开。市场竞争以法律诉讼的途径展开，这种桥段在"3Q 大战"中并不陌生。早在 2010 年 9 月"3Q 大战"最激烈的时候，腾讯就曾起诉 360 隐私保护器不正当竞争。腾讯认为，360 隐私保护器监测了腾讯 QQ 聊天软件的运行，并利用虚假宣传手段，误导和欺骗用户，诬蔑腾讯"窥视"用户隐私，给腾讯的声誉造成极大损害，要求 360 停止开发隐私保护器及相关软件，赔偿 400 万元，并连续 3 个月道歉。在这次诉讼中，360 败诉。

一直以来，腾讯在法律诉讼中都有一种天生的幸运。2008 年，在引起社会关注的珊瑚虫版 QQ 侵权案中，制作珊瑚虫版 QQ 的陈寿福被判侵犯著作权罪，判有期徒刑 3 年，并处罚金 120 万元。按常理来讲，周鸿祎应该主动规避与腾讯公堂对峙，可周鸿祎偏偏迎难而上。

4 月 18 日，360 与腾讯围绕垄断所发起的诉讼战在广东省高级人民法院拉开帷幕。这是国内互联网行业围绕垄断所进行的第一起诉讼，也是广东省首例反垄断纠纷案，在互联网行业、法律业界、媒体都引起了极大的轰动。数十家媒体从全国各地飞至广州，多名人大代表及政协委员也对这起诉讼表示关注。

在广东高院的许可下，诉讼双方都邀请重量级人物到庭。360 邀请的是英国学者大卫·斯塔利布拉斯，他曾担任英国伦敦公平贸易局局长，是欧洲独立提供竞争法调查经济意见的机构 RBB 的顾问；腾讯方面邀请的是中国社会科学院信息化研究中心秘书长姜奇平，他熟知中国互联网行业相关法规，曾当选"中国互联网十大启蒙人物"。

互联网的特殊性决定了自然垄断的形成，再加上反垄断法和反不正当竞争法难以界定滥用市场支配行为，360 的这起诉讼注定是一场难判胜负的官司。那周鸿祎为什么还要打这场官司呢？

周鸿祎解释：

> 我认为这不是两家公司的私人恩怨，今天很多创业公司可能被垄断集团给拍死了，死了都没人知道，他们应该才是最悲惨的，他们没有这种实力，可能也没有这种声音。输赢我认为没有那么重要，重要的是一定要有人公开出来对这个事说不。"谋事在人，成事在天"，最后可能没有达到预期的目的，但我一定要去做。

前几轮的征战中，周鸿祎一直站在用户的角度，以捍卫用户利益的形象出现，现在他站在行业角度，以维持行业正义为使命。先不论诉讼成败与否，这种做法至少为周鸿祎在行业内树立了积极的正面形象。

同一时间，腾讯向广东省高级法院提交了针对 360 扣扣保镖的诉讼：360 扣扣保镖实质打着保护用户利益的旗号，污蔑、破坏和篡改腾讯 QQ 软件的功能，借机宣传和推广自己的产品，是一种"不正当竞争"的行为，请求法院驳回 360 全部诉讼请求，并索赔 1.25 亿元。

互联网专家认为，360 和腾讯从口水战到对簿公堂，其真正意义不是为了赔偿金额，更像是一种公关手段。通过此次诉讼，QQ 被打上了"霸气、霸道、霸权"的标签，而 360 的品牌形象和品牌知名度得到了大幅度提升。

2011 年是 360 高速发展的一年，周鸿祎一口气推出了以 360 安全网址导航、360 安全桌面、360 安全浏览器、360 极速浏览器为代表的平台级产品，助力 360 全面提升，此外还推出了一系列手机系统优化产品，包括 360 手机助手、360 手机桌面、360 手机 /Pad 浏览器、360 优化大师、360 电池卫士等，逐步在移动互联网上构建开放的系统平台。

酒香还怕巷子深。有了好的产品，如果推广力度不够，这些产品很可能会被埋没。借助 360 与腾讯诉讼事件的影响力，360 品牌知名度得到了最大范围的传播，旗下产品也多有受益。从这个角度看，虽然诉讼没有成功，但周鸿祎毫无疑问是这场交战中的胜家。

2013 年 3 月 28 日，广东省高级人民法院驳回了奇虎 360 对腾讯"滥用市场支配地位"的诉讼，诉讼产生的 79 万元费用由 360 方面承担。在人们刚要把这次战役淡忘的时候，这一消息好似在告诉人们："3Q大战"远没有结束。

从封闭走向开放

有经济学家这样评论"3Q 大战":"苍蝇逼疯了大象",而"大象"因此作出了不明智的举措。历经 2 年的产品战、公关战、诉讼战 3 轮交锋,"3Q 大战"可以说是三败俱伤——360 损失了大量的用户,腾讯损失了声誉,但真正受到伤害的还是处于终端的广大互联网用户。唯一庆幸的是,该事件最终导致人们对腾讯等业界大佬垄断与反垄断的讨论,促使中国的互联网开启开放之风。从这个角度来看,这次战役对两家企业都有积极的推动作用。

正如周鸿祎所说:"'3Q 大战'之后两家企业都在反思,腾讯的改善是特别明显的,虽然它还不放弃对一些对它有危害的公司的绞杀,但至少它从绞杀一切创业公司转向去投资一些公司,跟一些小公司合作。我们也推出了 360 开放平台。"

周鸿祎也指出了腾讯的不足:

QQ 是一个封闭的帝国,它强制弹窗、强制扫描、强制升级、强制推广,它的商业模式就是依靠用户在 QQ 上积累的社会关系,强制用户接受它的产品。这种商业模式,让整个互联网行业创新寥落,寸草不生。这对整个行业的发展、对它自身的发展都是非常不利的。

虽然在口水战中，马化腾对于周鸿祎极力贬损，但"3Q 大战"之后，马化腾开始冷静思索腾讯未来的发展方向，就此展开了一场激烈的批评与自我批评运动。通过这种方式，马化腾告诉所有人，他已经下定决心全面开放，和外界分享腾讯积累多年的用户资源。

在这次"战役"中，360 更是成长了不少。

首先，360 的开放战略隐然成形。在与腾讯的争斗中，周鸿祎越来越发现，360 生存的根本应该是其开放的商业模式，在这种模式下，腾讯对 360 的挤压，就是对整个互联网行业的挤压。想通了这一层，360 启动了一系列的开放措施。

2011 年 2 月，360 推出团购开放平台，加入这个平台的团购网站包括拉手、美团、糯米、24 券等 200 余家，每日团购的商品总数超过两万款，覆盖全国 130 多个城市。通过这个平台，360 与众多团购网站建立起了多方共赢的团购体系。随后，360 陆续推出 360 桌面、360 游戏浏览器、360 极速浏览器开放平台，通过客户端聚合软件、游戏、网址、应用，以及引入第三方开放的应用扩展等，将产品功能做得越来越丰富。

其次，"3Q 大战"前，周鸿祎真切感觉到 360 不战必死、战斗或能赢得一线生机的窘迫，这触发了他的危机意识，更让他坚定了上市的决心：

> 谁觉得安全谁就离失败不远了。360 要到美国去上市，要成为一家美国（式的）互联网公司。

另外，360 认为，"作为中国用户最多的两大客户端，我们和腾讯可能时常因争夺用户而产生摩擦"。而通过这种巧妙的欲扬先抑，奇虎 360 已然与腾讯站在了同一个平台上，成为与腾讯同样量级的互联网企业。

只要有周鸿祎的地方，必定充满活力。这种活力是促进还是破坏，众说纷纭。但不可否认的是，经过 360 的"搅局"，中国互联网行业的创新环境开始明晰，业内领军人的意识不断成熟，各种相关法律和监管制度也不断完善，"3Q 大战"对整个中国互联网行业的发展起到了积极的促进作用。

第八章

"小 3 之争"

　　2011 年 8 月 16 日，小米在酝酿 2 年之后推出了首款双核 3G 手机，这款小米 M1 手机被手机爱好者们称为硬件神器，此后小米一跃成为国内最受欢迎的手机之一，对品牌手机市场形成强烈冲击。直到此时，周鸿祎才如梦方醒，常年冲杀在互联网战场第一线的战士的本能反应，使他深刻认识到事态的严重性：未来谁掌握了手机，谁就掌握了应用软件的入口。

两只"不服周"的"九头鸟"

"天上九头鸟，地下湖北佬。"湖北人骨子里最典型的气质是"不服周"，如果两个湖北人打架，把对手打得鼻青脸肿、按在地上还不算数，一定要问一句"你服不服"，但凡底下的人还能喘气，肯定回答"不服周"。在恩怨纠葛的互联网江湖里，雷军和周鸿祎这两只"九头鸟"，一个倔强，一个强硬，谁都"不服周"。

周鸿祎就是一名斗士，在互联网这块硝烟弥漫的阵地上，他一直在不知疲倦地冲锋、战斗，没有一丝懈怠。工作中如此，生活中也一样。为了保持旺盛的战斗力，周鸿祎特意在北京远郊怀柔区投资兴建了一个真人 CS 训练基地，在这个 100 多亩山地的训练营里，有退伍的特种兵教官，也有一批又一批的 360 员工，这里俨然是周鸿祎的另外一个"战场"。

在周鸿祎看来：

> 360 是中国互联网领域里一条凶猛的鲶鱼，在一定程度上推动了中国互联网事业向正确的方向发展。或许互联网战争会在一定程度上损害互联网用户的情感，但只有让中国互联网变得更加健康，才能最大程度保护互联网用户的权益。

作为"战士",周鸿祎对于互联网战争无所畏惧,甚至还很喜欢参与到这样的"战争"中来。

随着智能手机的出现,移动互联网凭借其便利及无所不在的优势,受到越来越多人的欢迎。传统互联网公司为了瓜分移动互联网这块蛋糕,纷纷介入到手机软件领域,推出相关产品,试图尽早占领市场。

周鸿祎的老乡雷军是最早介入到移动互联网领域的大佬之一。2010 年,周鸿祎与马化腾在电脑屏幕上寸土必争的时候,雷军已经带领队伍开始研发手机应用程序,成立了小米科技有限责任公司,并于当年年底推出了手机社区软件——米聊,短短几个月便为小米公司带来上百万的用户,小米也因此成为国内一流的移动互联网公司。

米聊推出后并没有引起周鸿祎的足够重视,在互联网领域,不管是电脑平台,还是手机平台,每天总会有成百上千的新事物诞生,米聊不过是其中的一个罢了,它可以给小米公司带来大量的受众,但它并不具备颠覆性,当然最重要的还是两款软件之间没有相似性,对于志在称霸的 360 手机卫士来说,米聊几乎不会对其构成威胁。

虽然对米聊没有兴趣,但并不意味着周鸿祎对互联网未来的发展没有预判,在他看来,移动互联网将成为一个新的发展方向,谁能率先占领手机屏幕,谁就有可能成为下一个百度和腾讯。2011 年开始,周鸿祎将相当一部分精力放在移动互联网市场的开发上,然而前线的"战况"远不止他想的那么简单。

2011 年 8 月 16 日,小米在酝酿 2 年之后推出了首款双核 3G 手机,这款小米 M1 手机被手机爱好者们称为硬件神器,此后小米一跃成为国内最受欢迎的手机之一,对品牌手机市场形成强烈冲击。直到此时,周鸿祎才如梦方醒,常年冲杀在互联网战场第一线的战士的本能反应,使他深刻认识到事态的严重性:未来谁掌握了手机,谁就掌握了应用软件的入口。

2011 年下半年,为进一步扩大 360 软件在手机市场上的占有率,周鸿祎亲自带队拜访了国内最大的手机生产商华为、中兴等大型通讯企业，希望对方能够在手机出厂时将 360 手机软件设为系统内置软件。但他没有打动对方，几家手机制造商要求以每台 1-3 元一个安装包的价格计算，也就是说，他们卖出 1000 万台手机，360 就要支付两三千万的资金，对于每年几个亿利润的 360 来说，这笔钱说多不多，却也绝对不算少。

遭到拒绝的后果显而易见，360 手机软件的市场份额受到巨大影响。当时中国手机销量每年上亿部，360 一旦开了付款安装内置的先例，其他厂商就会蜂拥而至，仅此一项就可能给 360 带来上亿元的财务压力，这样的事情万万做不得。

就在大多数谈判人员都认为 360 将身处两难境地的时候，周鸿祎再次展现出非凡智慧：钱是肯定不出的，但 360 可以为这些手机制造商们提供流量。长期以来，手机制造商们一直渴望能够拥有电子商城，但却迟迟找不到流量的来路，现在周鸿祎提出以流量换内置，双方一拍即合。但此后，周鸿祎的危机感越发强烈起来——360 必须要有自己的手机，才不会被人控制，他最不喜欢受制于人的滋味。

做手机不是不可能：360 有一支成熟的软件研发团队，在电脑甚至手机平台上都已经获得了巨大的成功，手机软件和系统的开发都不是问题。硬件设备同样不是问题，小米可以买设备，360 同样可以头；小米可以挖人才，360 也可以挖。但事情并非这么简单。首先，360 缺乏一个成熟的销售团队，而且在手机售后方面毫无经验，小米之所以能够获得成功，是因为雷军用了几年时间实现了软件、硬件、服务的"铁人三项"发展战略，360 虽然也可以这样发展，但时间不等人。

周鸿祎终究是一位久经沙场的老兵，很多在别人看来难以解决的问题，到了他那里往往迎刃而解。为了尽快打造手机团队，360 先是收购了一家手机设计公司，组建了自己的 rom 团队，接着又先后从 OPPO、金立等公司挖来一些手机专业人才。

就在所有人都以为 360 要在手机行业大干一场的时候，周鸿祎却出其不意地找到合作伙伴华为，与他们合作生产 360 手机。

战场之上，兵贵神速，自诩为"战士"的周鸿祎自然明白其中的玄机，招聘手机硬件人才可以积蓄力量，但让他们去对抗一支已经成型的正规军却不切实际。借助他人之力，在短时间内对小米形成围攻之势更符合实际。在筹备半年之后，周鸿祎向小米吹响进攻号角，两个"湖北佬"之间的战争不可避免。

从故交到仇敌

2012 年 6 月 30 日凌晨一点，周鸿祎通过微博隔空喊话雷军。与以往不同，这次周鸿祎略显激动，"周一上午 10 点朝阳公园东 5 门，如果你算个男人。"这次约架被网友广为传播，很多人看热闹不怕事大，十分期待两位互联网巨头的全武行对决。在大多数人眼里，周鸿祎和雷军天生就是一对冤家，可是哪里知道，20 多年前他们曾经是十分要好的朋友。

与周鸿祎相比，雷军可谓少年成名，早在上大学时，他已是武汉电子一条街响当当的人物。1992 年，刚刚毕业的雷军应求伯君之邀加入金山，成为金山公司北京软件开发部的实际负责人。周鸿祎比雷军小一岁，1995 年研究生毕业后入职北京方正，据说他到北京吃的第一顿饭就是由雷军请客。初次见面十分愉快，为他们随后的交往打下了基础。

那时求伯君刚刚奖励了雷军一辆捷达车，雷军在工作之余总会开着车去找周鸿祎，并介绍更多的朋友给他。有时，周鸿祎还会搭雷军的车一起去北大看电影，冬天时他们也会和朋友们结伴去滑冰，那是周鸿祎和雷军最为要好的一段时光。

对于个性鲜明的人来说，保持距离或许更为合适，可惜周鸿祎和雷军都没有意识到这一点，所以时间一长，俩人不免在一些观点和想法上产生了分歧。有好几次周鸿祎兴致勃勃地找到雷军，交流想法和创意，但都被雷军泼了冷水，这让周鸿祎不认可雷军性格中"骄傲和难以接近的一面"。雷军也发现了周鸿祎的一些毛病，那就是周鸿祎总是喜欢去做一些没有价值的软件，雷军给这些软件的评论是"马桶上绣花，没啥意思"。虽然意见有时候会不一致，但并不妨碍朋友关系，只不过随着年龄的增长，俩人都变得忙碌起来。

1998 年，周鸿祎离开方正，一头闯进互联网搜索领域，主持创办3721 公司。雷军则继续一路高升，成为金山副总裁。此后较长一段时间里，周鸿祎忙着带领 3721 和百度打仗，雷军则带领着金山与微软展开了一场旷日持久的搏斗，俩人的见面机会也越来越少。

见面虽然少了，但是两个人的人生轨迹却变得相似起来。2003 年底，周鸿祎将 3721 卖给雅虎，为了庆祝阶段性成就，他请了很多朋友喝酒，其中就有雷军。而短短 1 年之后，雷军也将自己创办的卓越网卖给亚马逊，当时他也请了很多人喝酒，周鸿祎自然也是其中的座上宾。

在雅虎担任总经理的那 1 年多时间里，周鸿祎过得并不开心，后来离开雅虎中国。为了规避离职后竞业禁止协议，周鸿祎做了 1 年多时间的投资工作，那段时间，同样钟情于投资的雷军时不时会和周鸿祎沟通一些投资事宜。2007 年，雷军转行做天使投资人时，还拉着周鸿祎一起投资了一家游戏语音公司。

2006 年，周鸿祎重回互联网行业创建奇虎，主要经营搜索和社区两块内容，虽然周鸿祎雄心万丈地希望奇虎能够打败雅虎中国，赶超百度，但现实情况并不乐观。百度在美国上市后，公司发展进入快车道，成为国内名副其实的第一搜索引擎，连谷歌这样的世界霸主都无法撼动百度在国内的"大佬"地位，所以奇虎的搜索引擎一直都没能够得到很好的发展。除了搜索引擎外，社区业务的进展也不是十分顺利。奇虎的初期发展可以说是举步维艰。

有心栽花花不开，无心插柳柳成荫。虽然搜索和社区两块内容发展得并不是很好，但是一直没有受到周鸿祎重视的 360 杀毒项目却呈现出喜人的增长态势。在权衡利弊之后，周鸿祎在 2008 年将奇虎改名为奇虎 360，公司的业务类型也随之转向为免费杀毒软件。这项业务的开展，为周鸿祎与雷军的交恶埋下了伏笔。

说起杀毒软件，雷军同样不陌生。金山公司发展了几十年，有过辉煌，也有过低谷，在微软帝国的打压之下，金山一度濒临破产，但是金山毒霸的出现成功扭转了颓势，使得金山重新步入正轨。正因如此，雷军对杀毒软件一直都有着一种特殊的情感。360 免费杀毒软件进入市场后，严重挤压了其他收费杀毒软件的市场空间，金山软件也深受其害，当时已经离开金山的雷军对周鸿祎的做法颇有微词，两位昔日的好友时不时出现一些小摩擦。

2010 年前后，周鸿祎在互联网行业越战越勇，360 安全卫士成为最受互联网用户欢迎的电脑软件之一，360 开始挑战金山、腾讯等杀毒软件巨头的霸权地位，这也让 360 与这些公司之间的矛盾愈发尖锐。随着公司间矛盾的不断升级，周鸿祎与雷军的关系也随之恶化，尤其是 2011 年，雷军重返金山出任董事长后，两人的矛盾进一步加剧，双方不断通过微博和媒体等平台公开叫板。

小米手机上市后，360 联合多家手机制造商生产 360 手机，将矛头直接对准小米手机。随着市场竞争的加剧，周鸿祎和雷军在微博上吵得天翻地覆，彼此之间形同仇雠。如果说，周鸿祎和雷军之间的斗争是一场战争，那这场战争的导火索不是别人，正是傅盛。

关键人物傅盛

周鸿祎与雷军二人在微博上你来我往时，雷军帐下的一员大将发声了，这个人就是傅盛。他在微博上说："一个人说要做钉子汤，让大家拿锅、烧水，他放了一枚钉子。尝了尝，说味道不错，加点儿肉就好了。大家放肉进去。煮好后，大家都觉得好喝，对拿钉子的人感恩戴德，给他最大份。现在想来，360特供机不就是那颗钉子吗？"

傅盛的身份极为特殊，他被雷军称为"中国做客户端排前三"的人物，加盟金山之前，傅盛曾是周鸿祎的左膀右臂，在360安全卫士的研发过程中起到过举足轻重的作用。傅盛的反戈一击，对周鸿祎而言是十分不利的。

"小3之争"全面爆发前，傅盛如此分析周鸿祎做手机："钉子汤好喝，大家都记得钉子，肉品牌被阉割了；钉子汤不好喝，他可以说都是肉不好；最差的结果，也就是损失个钉子。何乐而不为？"傅盛的言论在微博和媒体上引起轩然大波，很多人开始对周鸿祎和360手机产生怀疑。而身处被动方的周鸿祎却对这位曾经的兄弟有些无可奈何。

与周鸿祎和雷军这些互联网江湖大佬相比，傅盛的名声并不十分响亮，但是他有着一段极富传奇色彩的经历。傅盛毕业于山东烟台的原煤炭部部属高校中国煤炭经济学院，在学校时就展现出过人的计算机才华，他创办的电脑技术协会一度成为省级优秀社团，是该校唯一获此殊荣的社团。在为了留下这个不可多得的人才，校长在曾经亲自出面挽留，但是由于父母的坚持，傅盛带着遗憾离开山东，回到故乡厦门。

那段日子对傅盛来说简直是煎熬，当时他所在的厦华电脑打算借鉴 DELL 的营销模式，引进电子商务概念，让他做电子商务部负责人。可傅盛对电子商务一窍不通，更重要的是厦华电脑也仅仅是为了引入一个概念而已，整个电子商务部加上他不过区区几人，在 B2C 市场还未成熟之前，傅盛看不到任何希望。

2001 年，满是失望的傅盛离开厦门，只身来到北京，准备参加研究生考试。来到北京后傅盛才发现物价惊人，自己那点儿积蓄没多久就花光了，在研究生考试到来之前，谋生成了他的头等大事。就这样，傅盛加入求职大军，并顺利进入北京国信贝斯软件有限公司，负责企业全文检索技术。这家公司最大的竞争对手是百度。

在国信贝斯待了没多久，傅盛跳槽加入刚刚创业不久的周鸿祎团队，协助周鸿祎完善 3721 上网工具。2000 年左右，互联网用户经常会在上网过程中遇到这样的问题——浏览器首页被篡改，一些广告页面也能堂而皇之地占据首页。3721 上网助手就是在这样的大背景下诞生的，它的 IE 修复功能和地址栏清理功能受到网民的欢迎，短短 2 年就积累了过千万的稳定用户。

3721 的巨大成功吸引了外国资本的关注，雅虎用很短的时间完成了对 3721 的收购。可是好景不长，在并购 3721 后，雅虎被中国的另一家互联网大鳄阿里巴巴并购，眼看着 3721 没有了未来，傅盛毅然选择离开。

离开 3721，傅盛吸引了很多公司的注意，曾经的竞争对手百度第一时间邀请他加盟，傅盛权衡再三之后选择了放弃。那时周鸿祎刚刚创办奇虎，正缺人手，便与傅盛联系，希望他加盟奇虎。但与几年前谋生活的状态不同，傅盛更希望做一些"网民喜欢的软件"，在这一点上周鸿祎与他的想法十分相近，傅盛最终加盟奇虎。

奇虎刚成立时，周鸿祎将更多精力放在社区开发和搜索引擎的研发上，360 安全卫士的开发工作则交给傅盛管理。傅盛没有辜负周鸿祎的期望，用 2 年时间打造了一款用户数量巨大、覆盖率超过 70% 的电脑软件。在周鸿祎的建议和傅盛的推动下，360 安全卫士不断升级，先后具备插件查杀、木马查杀、漏洞修复、装机必备、安全浏览器等诸多功能，这个时候傅盛已经是周鸿祎帐下的一员虎将。

360 为傅盛提供了一个好的平台，但是随着傅盛的快速成长，在 360 未来的发展方向上，傅盛和周鸿祎之间产生了难以逾越的鸿沟，尤其是 360 免费杀毒软件推出之后，傅盛对于 360 未来的发展模式充满怀疑，在多次争执无果后，傅盛离开了 360。傅盛的离开让周鸿祎内心五味杂陈，从 3721 一路走来，傅盛对于周鸿祎来说早已不是普通的员工，他们更像是一起拼搏过的兄弟。

傅盛是在 360 这颗行业新星冉冉升起时离开的，很多互联网公司的老总知道傅盛离职的消息后纷纷给他打电话，傅盛却对投资产生了浓厚兴趣。2008 年，傅盛进入经纬中国，开始投资生涯，没过多久就离开，创立了可牛软件公司，并先后研发了可牛影像和可牛杀毒两款软件。

可牛进入杀毒软件行业后，周鸿祎并没有对这位曾经的兄弟有所发难——兄弟归兄弟，生意归生意，可以理解。但是到了 2010 年下半年，事态急转直下，傅盛开始频频与金山公司高层会晤，这是周鸿祎所不能容忍的。作为 360 曾经的高层管理人员和技术人员，傅盛掌握着 360 的诸多核心技术，一旦他加盟金山，对 360 的不利影响难以估量。为了阻止傅盛进入金山，周鸿祎特意找人带话给雷军：要是接受了傅盛，就是和我过不去。周鸿祎希望用这种方式阻止傅盛加盟金山，可惜木已成舟。

2010 年 11 月 11 日，傅盛加盟金山并出任 CEO，这根导火索点燃了互联网领域威力最大的两枚炸弹，原本关系就僵化的周鸿祎和雷军在彻底反目之后，以新浪微博为根据地，展开一轮又一轮的"微战争"，而不断发酵的"小 3 之争"更是让周鸿祎与雷军之间的恩怨情仇彻底爆发。

对于周鸿祎来说，"噩耗"远不止是兄弟的背叛，更可怕的是敌人的联盟。"小 3 之争"正式打响之前，腾讯入主金山，成为金山的大股东，这场突如其来的联姻让周鸿祎的"敌人"变得格外强大。

雷军联手马化腾

曾有人形象地将中国互联网第一阵营比喻为一张"桌子"（table）。在这张"桌子"上，T是腾讯，A是阿里巴巴，B是百度，L是雷军，E是周鸿祎。与其他人不同，周鸿祎被视为"桌子"上的搅局者，周鸿祎却认为，自己是一个不创新毋宁死的理想主义者，为了捍卫理想，他愿与桌上之人为敌。

中国互联网从诞生的第一天起就充满火药味，层出不穷的互联网企业在短短几年时间里将中国互联网发展推向高潮，然而大浪淘沙，当互联网大潮落下的时候，真正屹立潮头之上的公司却屈指可数，腾讯就是其中一家。作为一款即时通讯工具，通过十几年的发展，腾讯的市场占有率之高、客户群体之大，是其他互联网公司所难以企及的。而腾讯也依托这一优势，建立起一个无往不胜的互联网帝国，在互联网各个领域不断摧城拔寨，使行业的创新精神受到前所未有的重创。

2010年7月，中国权威计算机杂志《计算机世界》在封面上刊登"'狗日的'腾讯"5个大字，并以此为题在头版头条文章中历数腾讯公司的累累"罪行"，如"血洗联众""斩杀4399""猛击360"。这篇文章发表后，腾讯成为互联网业界的"全民公敌"，而在这些敌人之中，周鸿祎和他带领的360无疑是最令腾讯头疼的一个。

2010年5月31日，在360和金山忙着为争夺市场而彼此攻击的时候，"3Q大战"爆发。"敌人的敌人就是朋友"，雷军迅速站在腾讯一边，周鸿祎则认为雷军是"3Q大战"的背后主使，双方积怨再次升级。2011年元月，"3Q大战"刚刚平静几个月，360和金山险些再次爆发大战，后在工信部的强制干预下得以调解。

2011年上半年，虽然在正面战场上360没有再与腾讯、金山两家公司发生大规模冲突，但是局部战争始终没有停止。吃过几次败仗之后，腾讯开始招架不住360的猛烈攻击，不得不与金山结成同盟，联合发布了以"QQ电脑管家＋金山毒霸"为组合的"超强电脑安全保护黄金套装"，并建议广大QQ用户卸载360软件。

除了在局部阵地对360进行狙击外，腾讯决定在更大范围内对360形成"围剿"之势。但是在互联网安全领域，腾讯与360完全不是一个量级，仅仅依靠自身实力，腾讯很难对360构成威胁。腾讯决定与盟友金山进行更加紧密的合作，马化腾也认为与金山的合作意义重大，双方很可能在免费安全软件行业创造出一种新的商业模式。

对于金山来说，与腾讯合作同样是一次重要的机会。过去十几年，金山虽然一直都是中国互联网行业里的一块金字招牌，从WPS到办公领域，从金山影霸到安全软件，从"仙剑奇侠传"到网络游戏平台，金山的产品几乎遍及各个领域，但却始终没有达到百度、腾讯等公司的高度。尤其是360推出免费杀毒软件后，金山的市场份额一度遭到严重挤压。与腾讯合作，正是金山打翻身仗的最佳时机，腾讯庞大的用户群为金山的崛起和壮大提供了可能。

2011年7月7日，经过一系列准备之后，金山和腾讯联合对外公布达成战略合作意向，腾讯以8.92亿港元从金山创始人求伯君及其董事张旋龙手中购买金山15.68%的股权，腾讯由此成为金山的第一大股东，同一天重回金山的雷军则成为金山软件第二大股东。

腾讯与金山的联姻，让马化腾与雷军的关系密切了很多。小米手机推出后，周鸿祎多次揭小米的老底，作为一个"战壕"中的战友，马化腾曾多次力挺小米手机，并调侃道："唉！其实他是个演员。剧情、套路、表情每次都差不多。雷总看透了就陪他练到底吧。我想我可能会吸引水军被喷了。"

不管马化腾和雷军表现得如何步调一致,在周鸿祎看来,腾讯与金山的联姻本身就是不可靠的,两家在业务上充满竞争的公司合作,只会面和心不和:

> 我相信雷军会发现,最后消灭小米的肯定不是我,我没有这个能力,很有可能是马总。

尽管马化腾反复强调,腾讯不会做手机,但没人知道 QQ 下一步究竟会如何。

2013 年 4 月 2 日,金山发布公告称,董事局主席雷军以 1.91 亿港元购买腾讯所持有的 2932.46 万股公司股份,占总股本 2.5%。这次增持之后,雷军在金山的持股比例上升到 14.89%,超越腾讯成为第一大股东,而这恐怕不仅仅是两个股东之间一场简单的资本交易。

正面激战

2011 年 8 月，经过一年多的精心布局和准备，小米一代手机即将面世，雷军内心的喜悦可想而知。几家欢乐几家愁，在雷军信心满满地准备进入手机市场建功立业的时候，电子产品领域最伟大的创新者、苹果公司创始人、首席执行官史蒂夫·乔布斯却因为病情逐渐恶化辞去职务。

8 月底，《创业家》杂志对即将进入手机领域的雷军进行采访，访谈中雷军这样评价乔布斯："我们生存的意义就是等他挂掉。这个世界没有神，因为新一代的神正在塑造。"这番话一出口，周鸿祎迅速对雷军的发言进行指责："成功商人的你和理想主义者乔布斯真的不是一类人。"雷军也在第一时间意识到了自己的错误，并郑重道歉。尽管这个时候，小米手机还未正式亮相，但是"小 3 战争"的序幕已经拉开，周鸿祎与雷军之间不断擦枪走火。

2012 年上半年，小米的 7 位创始人共同出镜，用微电影《我们的 150 克青春》为小米手机青春版造势。5 月 18 日，15 万部小米手机青春版正式上市，在官网开放购买 11 分钟后便宣告售罄。周鸿祎第一时间在微博评论称：

太深奥，没看懂，哪位技术高手给解释一下。手机这么快卖完不是好事情么？说明市场潜力巨大，也是对所有的手机厂商互联网公司发出讯号：钱多，速来。

小米青春版发布 2 个小时之后，周鸿祎在微博上宣布 360 即将推出 360 特供机——"华为闪耀"。这款特供机与小米青春版极其相似，处理器选择的是 1.0 的双核处理器，价格同样是 1499 元，更夸张的是，这款手机的广告语是"青春在这里闪耀"，可谓是和小米手机青春版直接"叫板"。

正当大家对 360 特供手机和小米手机青春版议论纷纷的时候，周鸿祎打响了"小 3 战争"的第一枪。周鸿祎率先在微博上对小米手机的质量提出疑问，从屏幕到生产工艺再到售后过程中的种种问题，都被周鸿祎放到了台面上。而小米副总裁黎万强则对 360 特供机的性价比提出质疑，随后，雷军也卷入其中，双方从零部件、CPU、芯片等技术问题一直吵到人品，一时间，微博助推、粉丝站队、水军涌动，这场针锋相对的口水战愈演愈烈。

那段时间，周鸿祎俨然是一个手机专家，对小米手机的零部件组成进行了一一分析：

小米官网声称使用"BM10 进口 1930mAh 锂聚合物电池"，但拆开小米手机后盖，电池标签上却标明"飞毛腿（福建）电子有限公司为北京小米科技有限责任公司制造"。明明福建产，如何变成进口？

雷军解释称："小米手机电池的电芯是由 LG 供货的，但电池的封装即外面套的那层铁壳皮在国内完成。但原先的表述确实欠妥，官网已将'进口电池'改成了'LG 电芯'。"

作为小米的当家人，雷军自然不愿始终处于挨打的境地，在电池问题上雷军就对周鸿祎进行了反戈一击："360 之前那款特供机用的是液态锂电子电池，而非锂聚合物电池，后者安全系数高得多。"他还称，过去 10 年里手机电池技术进步很慢，国际一流的品质比国产最好的要贵一倍，而国产大路货又比最好的便宜一半，"周鸿祎从未公布电池是哪儿产的，我很好奇"。

一片混战中，双方对各自的手机分解拆机，不仅雷军、黎万强等小米高管轮番出面应战，金山 CEO 傅盛、华为高级副总裁余成东、高通副总裁沈劲也卷了进来，甚至连远在深圳的马化腾也为小米助阵。唇枪舌战固然精彩，但真正的高潮是一个月之后。

2012 年 6 月，周鸿祎在出席国内手机行业聚会时对外公开了一个秘密："小米公司去年 1999 元的手机一直坚挺了 1 年，到今年，每台手机的毛利已经算出来了，每部利润在 700-800 元之间，如果他今年真的卖 500 万台，利润至少 25 亿。25 亿给他按 10 倍的 PE 算，就是 250 亿人民币，40 亿美金，也还是比较合理的。"

1 台小米手机的利润竟然在 700-800 元之间，这让一些小米手机的用户感到十分愤怒。要知道，此前雷军曾多次公开声称小米不打算在手机上挣钱，要做真正让利于民的高端手机，也正是因为这一点，小米才在很短的时间内积聚了极高的人气，赢得了无数粉丝的支持。周鸿祎抛出的这颗"利润弹"，直接击中了雷军的命门。

敌人将擂台摆在家门口，雷军被逼无奈，不得不出门迎战。2012 年 6 月 27 日，雷军在微博上对周鸿祎的说法进行了驳斥："关于小米成本，因为与供应商签署了保密协议，没有办法回答成本细节，但大家可以看看手机成本的构成，比如：仅 17% 的增值税就是 290 元（进口无抵扣），加海关税、附加税和印花税等，还有高通专利费，合计就已经 400 元了。小米是创业公司，目前采购成本远远超过了周总说的价钱。"

虽然雷军百般解释，但一个不容忽略的事实是，周鸿祎那段言论后的十几天，小米成功在资本市场上获得 2.16 亿美元的融资，而这个时候，小米的估值也恰恰如周鸿祎所说的那样达到 40 亿美元。

在这场"小 3 之争"中，周鸿祎和雷军都可以说是倾尽全力，事实上，两人都有着乔布斯一般争强好胜的性格，都坚信"只有偏执狂才能生存"，都具有湖北人典型的"坚忍不拔、不服输"的性格。雷军曾经放出豪言："这（小米）是我人生中最后一件事情，干完拉倒！"这种破釜沉舟的气概决定了雷军对待小米的态度。周鸿祎则认为，360手机的成败事关他能否活下去，是生死存亡的大事，所以他必须坚持到底。

360与小米手机之间的竞争，说到底是周鸿祎与雷军在移动互联网之间的一场布局大战。在这盘棋局之中，客观地说，周鸿祎略输一筹。雷军通过手机系统、社区服务和硬件设施成为移动互联领域的最大赢家，周鸿祎虽然试图通过特供机的形式来与雷军对抗，但是这样的操作模式无法撼动小米在市场上积累的庞大用户群。不过也不能说周鸿祎满盘皆输，从搅乱市场的那一刻，360就已经成功了。在这场战争中大获全胜，因为"360手机还没有上市，已经和小米站在了一个量级的pk台上。以小搏大，借力打力，这个势借到位了"。

关于"战争"的胜负，向来是仁者见仁、智者见智，但可以肯定的是，在互联网江湖上，缠斗多年的雷军和周鸿祎注定还将继续演绎他们的恩怨情仇，故人风采依旧，故事精彩纷呈。

握手言和

经历了近乎1年的"小3之争"后，周鸿祎与雷军这对宿敌相逢一笑泯恩仇，坐在一起"喝茶"。

2013年1月，一则惟妙惟肖的新闻在互联网上广泛流传。新闻声称周鸿祎与雷军在参加一次会议时碰面。会议间隙，周鸿祎主动找到雷军，邀请对方一起喝茶，雷军几乎不假思索地答应了周鸿祎的邀请，并与周鸿祎进入会议室旁边的包间喝了红茶。

该新闻还爆料出很多细节，说周鸿祎表现得十分诚恳，对"3Q大战"尤其是"小3之争"中的表现表示歉意，还表示360今后将退出智能手机市场，不再与小米争夺市场份额，双方也不需要再为这件事争来争去，小米的人以后也不需要再对他进行人身攻击。

消息人士声称，受周鸿祎的感染，雷军也"有些感慨"，在回顾了过去的种种不快之后，两人大有重归于好、相逢一笑泯恩仇的意思，并认为这样的场景留下巨大的想象空间，金山毒霸、可牛软件、金山网络、小米手机、360团队很可能在未来的某个夜晚，齐聚中关村的某个酒店里一起推杯换盏。

这则新闻出来后，很多网友以"我又相信爱情了"这样的经典网络句式来调侃此事，并指责媒介编造新闻没有下限。出人意料的是，几天之后，一张雷军与周鸿祎聊天的照片在网络上流传，从侧面证实了周鸿祎与雷军二人进行过交流。

随着这张照片的流出，周鸿祎与雷军二人"化干戈为玉帛"的消息开始集中发酵。一些网友认为，互联网大佬们在公众面前虽然上演激烈的对骂戏份，在产品研发上也针锋相对，但这并不能掩盖他们是"演员"的真实身份。周鸿祎和雷军一直都是非常要好的朋友，作为"演员"，他们将演技发挥到了极致，一起为大家上了一堂生动的互联网营销课程。

也有一些"阴谋论"者认为，周鸿祎和雷军从来都没有翻脸，他们一直都在下一盘很大的棋，这次"握手言和"不过是两人在谋划更大的布局罢了，不要相信腾讯、百度、金山结盟的故事，即便他们真的结盟，雷军也一定是卧底。

面对互联网上各种版本的猜测，周鸿祎和雷军都没有及时出面澄清，对聊天的内容也闭口不谈。雷军解释说："两周前我参加一场央视活动，偶遇周鸿祎，他拉我到会场边上聊了几句，今天就有一堆莫名其妙的传闻。"

周鸿祎与雷军口吻基本相符：

> 我与雷总虽然在一些事情上有不同观点，但我一直很佩服他的创业精神。我参加央视财经春晚邂逅雷总，闲聊个十几分钟，竟然有人还演绎出喝茶的事儿，还编出各种谈话版本，这想象力也太丰富了吧？难道老死不相往来才正常？有人太小看雷总和我的肚量了。

之后，周鸿祎在一档知名电视节目中坦言"和雷军是很好的朋友"。然而，网友对于这样的解释并不买账，因为在过去的几年时间里，有雷军的地方不请周鸿祎，有周鸿祎的节目绝不请雷军，这已经成为互联网行业约定俗成的潜规则。这两个老死不相往来的人，绝对不会简简单单的"偶遇"，更不可能在"偶遇"之后还相谈甚欢。网友们还将"3Q 大战"后两人在工信部的那次"握手"照翻出来，以证明这次"偶遇"远不是二人说得那么简单。

2011 年 1 月，一场酝酿已久的 360 与金山之间的网络大战还没来得及打响，周鸿祎和雷军二人就被主管单位工信部的领导请去"喝茶"。当时，雷军还没有重回金山，辩称对金山的事情不清楚，被领导批评"揣着明白装糊涂"。在批评周鸿祎时，领导说："你们搞免费，把同行都冲垮了，把别人的市场也都抢了，别人难道就不委屈？让你们顾全大局退一步，有那么难吗？"领导大发雷霆，周鸿祎和雷军二人如坐针毡，一番劝诫之后，两人极不情愿地握手言和。

那次握手之后，金山官网迅速删除了 360 泄密的新闻，360 原本要召开的针对金山的新闻发布会也取消了，而金山为了应对 360 新闻发布会准备的临时发布会也匆忙叫停。短时间内，360 和金山呈现出一派和谐景象，但是这并不意味着周鸿祎与雷军之间重归于好，因为在短短几个月之后，周鸿祎就和雷军掀起了一场"小 3 之争"。

当所有人都认为周鸿祎和雷军的这次握手有更深层次含义的时候，金山 CEO 傅盛又一次出现在了人们的视野之中。傅盛称此时传出这样的消息，完全是因为周鸿祎要赢得喘息之机，360 搜索引擎的快速发展已经引起了百度的警惕，周鸿祎在互联网战场上全面开花，自顾不暇，不得不单方面放出求和消息。傅盛还坚持认为，周鸿祎这样的人不可信，他一日不向金山道歉，就一日不会和解。

然而傅盛又真正对周鸿祎和雷军了解多少呢？一个客观事实是，周鸿祎与雷军之间的友情确实存在，而且这段友情还维持了相当长的一段时间，这为他们握手言和提供了情感基础。另一方面，在互联网领域里没有永远的敌人，也没有永远的朋友，当情感站队不再适合彼此公司利益的时候，利益的均衡将成为互联网大佬们的优先选择。

周鸿祎曾说，移动互联网需要的是狼，而不是哈士奇，所以他把自己比喻成一只富有创新精神的野狼、孤狼。可是在经历了"3Q 大战""小 3 之争"之后，周鸿祎或许会对自己进行一番新的审视，当孤军奋战不再适合这个时代的时候，合纵连横或许能让 360 走得更远，这或许是周鸿祎选择握手言和的初衷。

第九章

重温旧梦再"搜索"

　　虽然3721倒下了，奇虎360却异军突起。周鸿祎依然对搜索引擎念念不忘，360浏览器的推出，无疑给周鸿祎重返搜索引擎市场带来了一线曙光。

　　此时，搜索市场早已不属于周鸿祎，百度已占据80%的市场份额，是中文搜索领域当之无愧的"大佬"，谷歌在中国也不过占有15%的市场份额，搜狗、搜搜、必应几家公司则拼尽全力争夺剩下5%的市场。

十年恩怨，一触即发

2012 年 8 月 16 日，在几乎没有任何宣传的情况下，360 以一种低调得让人出乎意料的方式推出搜索引擎业务，用户在使用 360 网址导航以及 360 浏览器的默认搜索时，百度搜索引擎将被 360 搜索引擎自动替代。或许是因为推出得过于仓促，此时的 360 搜索甚至没有独立域名，仍然沿用之前的二级域名，因此用户可以在百度搜索、谷歌搜索之间自由、快速切换。

为了让 360 搜索引擎名正言顺，360 在一个月后推出了独立域名"so.com"。为了购买这个域名，360 不惜投入巨资，至今公司高管都对这笔钱十分敏感，始终没有透露准确数字。而周鸿祎更是表示："这个不好意思讲，还是挺贵的。"不过据坊间传闻，360 为该域名付出了 7 位数的美元，这也从另一个侧面反映出 360 进军搜索领域的决心之大。

"so.com"域名正式启用的过程也不是一番风顺，在颇费周折之后，一些地方仍然存在无法访问的情况。为此，周鸿祎在微博发飙："早知道应该提前切换，现在傻了吧，宣传半天，大家一输入，结果无法访问。"不管周鸿祎嘴上如何抱怨，但内心应该是充满喜悦和感慨的，在互联网闯荡了十几年，绕了一个大圈之后，又回到搜索引擎上。周鸿祎一直以来都有着非常浓厚的"搜索情结"，"老兵归来"的感觉足以让他开心很长时间。

虽然 3721 倒下了，奇虎 360 却异军突起。周鸿祎依然对搜索引擎念念不忘，360 浏览器的推出，无疑给周鸿祎重返搜索引擎市场带来了一线曙光。

此时，搜索市场早已不属于周鸿祎，百度已占据80%的市场份额，是中文搜索领域当之无愧的"大佬"，谷歌在中国也不过占有15%的市场份额，搜狗、搜搜、必应几家公司则拼尽全力争夺剩下5%的市场。

除了市场接近饱和之外，技术也是周鸿祎不得不面对的问题。对于一家网络安全公司来说，搜索是完全不同的领域，要想在这个领域有所表现，就要加大投资力度，吸引顶尖人才。360 在涉足搜索领域初期主要依托百度和谷歌，他们不过是"让用户切换选择"，便于找到适合自己的搜索工具。

虽然困难重重，但周鸿祎没有放弃，他多次对媒体表示：

> 一直以来，360 从未放弃对搜索引擎的研发和投入。

周鸿祎一向喜欢以搅局者的身份杀向封闭的、创新能力匮乏的新领地，这次他将矛头对准了称霸搜索市场多年的百度。对于周鸿祎来说，这不是他一个人的战斗，而是垄断、封闭的互联网卫道士与创新者之间的斗争，他只不过在这场斗争中充当一下急先锋罢了。在周鸿祎之前，谷歌曾经做过这样的努力，但让人遗憾的是，它失败了。

周鸿祎刚刚创建 360 时，很多人怀疑他会重新进入搜索引擎市场，他却言之凿凿地反驳：

> 搜索是 10 年前就该做的，当卖冰棍的老太太都知道百度李彦宏的时候，我们就没有做的必要了。

周鸿祎的妥协态度为 360 带来了很多好处。当时百度在搜索领域的实力已经日渐壮大，周鸿祎的 360 也在安全领域生根发芽。360 开始为百度搜索提供流量，而百度则根据流量的多少支付 360 费用，当时 360 最大的客户有两家，百度就是其中之一。

幸福的时光总是很短暂，360 和百度之间的友好合作并没能持续太久。2010 年上半年，百度称 360 在流量方面做了手脚，拒绝支付 360 流量费用。360 则声称，百度拖欠的流量费用高达 5400 万元，一纸诉状将百度告上法庭。周鸿祎和李彦宏之间的恩怨也就这样没完没了地继续上演。

2012 年 8 月，当周鸿祎决定重新杀回搜索引擎市场的时候，他已经为这一天的到来卧薪尝胆了整整 7 年。人们将 360 与百度之间的这次对决称为"3 百大战"。这是一场不流血的流量战争，谁能争夺到更多的流量，谁就在未来拥有更多的发言权。

有些互联网用户想不明白，免费的 QQ、免费的安全卫士、免费的搜索界面，八竿子打不着的互联网公司大可以井水不犯河水，相安无事，为什么近些年"战乱"频发，互联网行业究竟怎么了？要回答这个问题，恐怕要从流量说起。

流量是指一个网站的访问量，用来描述某个网站用户数量的多少，通常情况下流量包括几部分内容：独立用户数量、总用户数量、页面浏览量、每个用户的页面浏览数量以及用户在网页的平均停留时间。这些数据是一个网站价值的体现，如果一个网站每天都有成千上百万的固定流量，这个网站就能在相关行业中起到举足轻重的作用。如果一个网站每天几乎没有访问量，这个网站也就失去了存在的意义。

在免费的安全卫士和免费的杀毒产品陆续推出之后，360 在中国互联网界集聚了极高的人气，360 安全浏览器的迅速推出更是为流量变现提供了条件，可是网络导航的盈利能力有天花板，而关键词组合的搜索引擎潜力无限，后者正是百度赖以生存的根基。用户在使用互联网的过程中，随便输入一个关键词进入百度搜索就会为百度带来流量，百度只需要将这个关键词出售给需要这些关键词的用户，就可以带来稳定收入。

周鸿祎自然知道搜索市场的巨大商机，但是要想进入，百度是绕不过去的一个坎儿。在过去几年的时间里，百度一直都掌握着稳定的流量，谁想得到更多的流量，就需要通过百度的竞价排名系统。现在周鸿祎突然杀进搜索市场，导致百度流量锐减12%，这本身就是一种宣战。

为了争夺流量，百度加大了对hao123网址导航的投入力度。长期以来，hao123网址导航承担了百度30%的流量来源，然而360导航每天的用户人数超过了1亿人次，是hao123的1-2倍。百度将网址导航视为流量大战的主阵地，并不惜高价全面捆绑网民常用软件，同步进行入口资源兑换，想方设法为hao123导入流量。

看着积极备战的百度，周鸿祎反而流露出几分淡定。搜索的商业模式已经十分成熟，360不急着插入广告，当务之急是拿到更多流量。在周鸿祎看来，用户早已对百度的搜索结果不满，360只需要向谷歌学习，不断改善体验即可。

真正让周鸿祎信心满满的还不止这些理由。俗话说"打蛇打七寸"，在与百度展开较量之前，周鸿祎早已经摸准百度的"七寸"——竞价排名体系，只要把这个会下金蛋的金凤巢端掉，百度也就不足为惧了。

打破竞价排名体系

2008 年 10 月 31 日，唐山人王冠珏委托律师向国家工商总局反垄断处递交了一份厚达 91 页的《反垄断调查申请书》，要求国家工商总局对百度滥用市场支配地位进行反垄断调查，同时建议对百度进行高达 1.7444 亿元的罚款。此案被称为"中国互联网第一反垄断案"。

2007 年，王冠珏创办全民医药网，并与百度河北代理商签订了《竞价排名协议》，此后 1 年多，全民医药网总能出现在百度搜索的第一名。2008 年 6 月，全民医药网将竞价支付价格调低，结果网站流量迅速下降。9 月 25 日，王冠珏在谷歌查询全民医药网的相关信息时发现了 6690 页本网站信息，而百度仅仅只有 4 页，这位曾经的百度拥护者愤怒了。

在王冠珏看来，作为互联网搜索市场的老大，百度依靠市场垄断地位滥用市场支配，进行不公正的竞价排名，他声明称"不管百度找出什么理由和借口，也不能掩盖全民医药网被封杀的真正原因是商业利益"，并号召同样受到伤害的中小网站共同联合起来，抵制百度霸权。

作为一家搜索引擎网站，百度向网民提供搜索服务是免费的，不收取任何费用。但是，天下没有免费的午餐，互联网用户可以不为搜索服务付费，在这个过程中产生的成本却必须有人来买单，毕竟百度不是慈善机构。这个钱由谁来出呢？这是一个很严肃的问题。

自2000年成立以来，百度和其他大多数互联网企业一样，投入多、产出少，为了解决钱的问题，百度在2002年推出一项针对中小企业的服务，即竞价排名体系，它是百度根据用户的浏览习惯而推出的一种广告方式。人们在阅读时习惯从上到下、从左到右，因此，占据首页左上角位置，就能获得最多的关注。在竞价排名体系下，给出最高价格的商家，就可以得到这个位置，百度称之为凤巢系统。

竞价排名直接导致网友在使用搜索引擎时，呈现在网页最显著位置的结果往往并非其真正想要的结果，或者说搜索结果并不是自然呈现，而是经过百度相关处理后的结果。给百度付钱的商家，其相应的网站链接会被安排在显著位置，谁给的钱越多，谁的位置就越显著。

百度利用竞价排名系统赚取大量利润，但这套盈利模式也有极大的弊端。2008年，中央电视台对百度竞价排名系统进行点名批评，曝光了百度在收取费用后刊登大量虚假药品和医院信息，给消费者造成巨大损失。百度就此陷入了一场前所未有的危机之中。

在央视对百度点名批评后，当当CEO李国庆、京东CEO刘强东先后在微博上指责百度的"流氓"行为，称为了保护网站利益，企业不得不花巨额费用买回本属于自己的位置。一时间，互联网上讨伐之声四起，百度俨然成为坐收"保护费"的网络"黑老大"。就在人们对百度大肆批判的时候，投行们给出更加实在的预期，摩根士丹利大幅下调百度的盈利预期，同时指出百度面临的四大风险。

百度爆出丑闻后不久，其市场份额开始迅速下跌，短短1个月就降低到60.9%。谷歌乘虚而入，蚕食了百度大片领土。李彦宏痛定思痛，先后开除了一些涉事员工，并在百度内部进行了一系列改革，但是竞价排名系统作为下金蛋的凤凰，百度只是将它换了个名字。

经过最难熬的一段时光后，百度逐渐从败局中走了出来，开始重新掌控搜索引擎市场。尤其是谷歌与中国政府谈崩之后，唯一的竞争对手出局，这让百度的江湖地位更加牢固。就在此时，一个让互联网行业深感头疼的人物跳出来，将矛头直指百度，这个人就是周鸿祎。

周鸿祎在微博中指出：

> 中国有垄断八成的搜索巨头，让用户没有选择，这才是对用户和行业最大的伤害。谷歌用户经常因为网络中断而不得不使用它，因为用户没有选择，所以搜索巨头可为所欲为，任意操纵搜索结果，道德谴责、舆论批评对巨头无效，只有竞争打破垄断才会让消费者和行业获益，竞争会改善搜索质量，让用户成为赢家。

这条微博虽然没有指名道姓地批评百度，但明眼人一眼就能看出周鸿祎指的是谁。微博上的讨伐仅仅是开始，没过几天，360又推出"拇指计划"，推崇用户至上原则，与Facebook、谷歌＋等网站的"iLike""＋1"机制十分相似。周鸿祎认为搜索引擎厂商把商业广告混入搜索结果增加收入是不道德的，用户缺乏主动权，只能被动接受，而"拇指计划"能让全民参与到搜索结果排行中来，让结果更公正、客观。

"拇指计划"直接破坏了百度竞价排名体系，对于李彦宏来说，这是一件无法容忍的事情。10年前双方交过手，如今不讨是那场战争的延续罢了，他必须有所表示，百度也必须进行反击。一场"围剿"与反"围剿"的战争不可避免地爆发了。

"围剿"与"反围剿"

"3Q 大战"时，周鸿祎推出过一款名为"扣扣保镖"的产品，号称能够全面保护 QQ 用户的安全，这款软件直击腾讯命门，对腾讯的收益构成了极大甚至是致命的威胁，为了保护核心利益，马化腾不得不做出一个"艰难的决定"。

2 年之后，"拇指计划"同样触及到了百度的核心利益，为了反击周鸿祎，李彦宏也祭出了"二选一"的大旗。2013 年 4 月 1 日，百度联盟开始使用一款安全控件，此控件为 EXE 文件，需要安装到 Windows 本地硬盘，360 浏览器用户在安装此控件后将无法登陆百度联盟。

回望 2012 年 3 月，360 推出视频搜索业务时，可谓一石激起千层浪，很多人猜测周鸿祎会重返搜索市场，但他多次表示 360 不可能撼动百度的霸主地位，不会有搜索大战发生。可 5 个月之后，周鸿祎就食言了。

2012 年 8 月，360 重返搜索引擎市场。此时的百度已是一家市值 420 多亿美元的巨无霸，在狙击谷歌之后，傲视互联网群雄。但 360 也不容小觑，经过几年的快速发展，已经成长为互联网行业一股不可忽视的力量。360 推出综合搜索后，百度股价应声跌落，8 月 22 日更是大跌 5.74%，创 10 个月以来最大的单日跌幅。

面对 360 这股新生的力量，百度不敢大意，决定对其进行全面"围剿"。打响第一枪的是百度知道，当用户通过 360 搜索对百度知道进行访问时，页面不会直接跳转，而是蹦出一行"您是通过'奇虎搜索'访问至百度知道，如希望获得完整优质的百度搜索体验，您可以把百度设为首页或把百度添加到桌面"的提示。360 对百度此举自然不甘示弱，迅速掀起了"反围剿"行动，在第一时间用奇虎问答替换掉百度知道。"3 百大战"正式拉开序幕。

大规模的"围剿"发生在 8 月 28 日，百度对 360 实施了突然袭击，用户在使用 360 浏览器访问新闻、地图、百科、图片等互联网服务时，页面全部自动跳转到百度首页。这次突袭百度大获全胜，美国股市受此利好的影响，股价大涨 3.18%，而 360 惨遭偷袭后股价大跌 6.22%。

第二天一早，360 将所有默认的百度相关服务全部撤换，百度 MP3 换成了搜狗音乐，百度地图也被谷歌地图所取代。战争初期，很多人认为百度有些过于紧张，完全没必要为此大动干戈。

百度的紧张是有理由的。360 推出搜索服务后，很快就夺下了 10% 的市场份额，而百度的流量则锐减 12%。如果仅仅是流量的损失也就算了，关键是在纳斯达克，百度损失的是真金白银，其股价累计跌幅 15.38%，短短几天内市值就蒸发了 71.58 亿美元。

除了在搜索市场对 360 展开全面"围剿"，百度还将触角伸向安全领域。9 月 10 日，百度与腾讯、金山、瑞星、小红伞、知道创宇等 5 家知名安全厂商联合成立了首个互联网"安全联盟"，对 360 的安全业务形成全面夹击之势。第一阶段的"围剿"也就此落下帷幕。

2013 年 1 月 26 日，在没有任何征兆的情况下，百度推广系统的商家在登陆时突然被要求安装一款名为"Baidu.Medusa"的安全插件，即"美杜莎插件"。这款插件看似普通，实则凶险异常，它具备一些只有木马和间谍软件才有的功能，如偷拍用户屏幕、上传用户截图等，这些功能还是第一次被用于大众商业软件，与此同时，该插件还能够收集用户的系统信息，从而识别电脑中的 360 浏览器并对其进行封杀。

360方面很快检测到"美杜莎插件"的间谍行为，随后360安全中心发表声明，要求百度正面回答"美杜莎插件"是否存在间谍行为。1月29日百度发表声明称，"美杜莎插件"只针对"凤巢"客户内部管理信息系统，是百度的企业行为，并没有伤害到其他用户，同时此次升级插件主要涉及二三线城市，一线城市的客户推广工作还在推进中。

百度话音未落，北京、深圳等地区的网友就纷纷抗议，称使用360浏览器时无法登陆"凤巢"系统。360更是再度发声，称百度的所谓升级行为，根本就是为了转移视线，逃避工商部门的惩罚。"3百大战"硝烟再起。"美杜莎插件"的诞生，意味着百度和360之间的战役进入贴身肉搏的阶段，用户则很有可能再次成为互联网企业战争的牺牲品。

2013年12月19日，北京海淀区人民法院对百度起诉周鸿祎和奇虎侵犯名誉权案做出判决，判处周鸿祎奇虎360败诉，要求周鸿祎、奇虎360删除侵权微博，道歉10天，并处罚金5万元。在此期间，北京市高级人民法院也做出二审判决，认定360对百度的不正当竞争行为成立，判处其赔偿百度40万元，此判决为终审判决，360不得上诉。判决书显示：奇虎公司干扰其他互联网产品或服务正常运行的行为明显违反了非公益必要不干扰的原则，损害了百度搜索服务提供者的合法权益，扰乱了互联网的正常经营秩序。

360到底安全不安全，不应该由百度来证明；百度究竟有没有窃取用户隐私，也不应该由360来指证。"三百之争"，本质上其实是商业利益之争。百度依靠竞价排名所得的商业模式，占其近八成市场份额，随着搜索引擎服务的不断深入，竞价排名引发的各种弊端和用户权益受损事件也层出不穷。

正如业内专家所谏言，搜索引擎是互联网的第一应用，也是网民获取信息的最重要渠道，只有通过竞争打破垄断，才能让中国互联网重新树立起互联网精神和创新精神。从这个角度看，即使没有周鸿祎"搅局"，搜索引擎市场固有的市场格局也终究会被打破。

　　这场互联网大战给业界最大的启示在于，百度和360都不能代表用户做出判断、选择，而这场"围剿"与"反围剿"的大战，也不应该以伤害用户的利益为代价。无论百度还是360，如果不能回归到为用户服务的初心，如果不能拥有更开放的态度，一切努力可能都会适得其反。

消灭 IE6

与其他"table"上深居简出、极少在媒体中曝光自己生活的江湖大佬相比，周鸿祎的确精力旺盛得让人难以相信。他总是在不停地寻找对手，然后不知疲倦地与对方斗法，在与马化腾、雷军等人吵得不可开交的时候，周鸿祎也没有忘记把矛头对准"国际友人"，这个倒霉蛋不是别人，正是很多互联网用户熟悉的老朋友——IE6。

IE 为 Internet Explorer 的简称，是微软公司旗下的一款重要产品，1995 年 8 月问世以来便成为人们浏览互联网的重要工具。1996 年 8 月，在引进 ActiveX 控件、Java Applet 等技术后，IE3 成为世界范围内的主流互联网浏览器。2001 年，为了给用户提供更加智能化、简单化的上网服务，微软公司在推出 Windows XP 前推出了 IE 的升级版产品 IE6，之后随着 Windows XP 在世界范围内的普及，IE6 进入到了千家万户。

在黑客眼中，世界上任何软件都是不完美的，从 IE 诞生的第一天开始，黑客们就想方设法寻找 IE 的漏洞，这让微软公司一刻不敢耽搁地更新着 IE6 的各种漏洞。随着技术的不断进步，微软公司推出了更加成熟的 IE 产品，IE6 面临淘汰，然而这个过程却极其复杂。

IE6 最初推出时与 Windows XP 系统捆绑在一起，微软公司几年间不断推出新的操作系统，比如 Windows7 和 Windows8，但是它们都没能成功完成对 Windows XP 的替代。在全球范围内，Windows XP 市场份额依然高达近 60%，在中国市场的占有率更是高达 75% 以上，由于大部分用户关闭了自动更新功能，所以 IE6 依然主宰着很多电脑。

对于微软公司来说，IE6 成了久治不愈的顽疾，这款古老陈旧的浏览器漏洞繁多，安全性又极差，他们不得不花巨大的精力来维持它的正常运作，可即便如此还是事故频发。2010 年，IE 的极光漏洞导致谷歌等多家美国公司被攻击，其中 IE6 用户更是首当其冲。这件事过去后，微软特意成立了一个督促用户放弃 IE6 的用户小组，但是收效甚微。

同样对 IE6 不满的还有周鸿祎，因为技术落后，IE6 成为钓鱼欺诈网站的温床，360 网址云安全的检测显示，2012 年上半年国内新增钓鱼网站 30 余万家，其中多数是利用 IE6 的漏洞进行攻击。可就是这样一款老旧落后的浏览器，却占据了国内 25.49% 浏览器市场份额，这让周鸿祎非常不服气——360 的浏览器份额也不过才 20.76%。于是，"消灭 IE6"，让更多人使用 360 浏览器，成为周鸿祎的目标。

但是周鸿祎也明白，消灭 IE6 是一个长期复杂的过程，长期以来 IE6 用户的习惯已经难以改变，当他们适应 IE6 的风格后就很难再换用别的浏览器。此外，内网也是制约 IE6 升级的一个重要原因。很多公司和学校的内部办公系统为了追求稳定，并不支持高级版本的 IE 浏览器，中国一部分银行的网上银行同样不支持新的浏览器，这也在某种程度上限制了新浏览器的广泛应用。

要想解决这两个问题，360 安全浏览器要在保持用户习惯的情况下，尽可能为用户提供与 IE6 风格相近的浏览器，同时让 IE6 与新浏览器并存，供用户自行进行选择。

周鸿祎是这么想的，也是这么做的。为了替代 IE6，在 360 安全浏览器升级的过程中，360 研发团队下足功夫。360 安全浏览器 5.0 推出时，采用了 IE8.0 的内核，但是在界面上却最大程度保持了 IE6 的风格。互联网用户在向新版本过渡时，不需要改变此前的任何浏览习惯，在安装时也不会主动卸载 IE6，用户可以自行选择浏览器办公。

产品是产品，噱头是噱头，为了把 IE6 这个"钉子户"彻底从互联网用户的电脑上赶走，周鸿祎决定打响"IE6 歼灭战"的第一枪。2012 年 5 月 13 日，360 发起了"IE6 歼灭战"活动，360 工作人员从 360 安全浏览器微博粉丝中挑选了 10 名用户，与周鸿祎一起组成"360 猎手"，到怀柔的一家射击场和 IE6 来了一场真枪实弹的较量。周鸿祎还在微博上透露：

> 本次实弹射击包括 4 种武器：56 冲锋枪、95 自动步枪、85 狙击枪、92 手枪 4 种国产制式枪支，轮流消灭 IE6！

互联网安全问题是头等大事，360 一直致力于为用户提供安全的上网体验，然而要想从根本上歼灭 IE6，仅仅靠 360 的努力是不够的。为此周鸿祎频频在媒体发声，希望能得到行业内各个领域的支持，比如网页开发者、网站站长、网吧老板、企业网管等，这些人都能客观上决定 IE6 的"生死"，如果能够将他们联合起来，相信歼灭 IE6 这场战役会变得轻松许多。

周鸿祎天生好斗，但是在大是大非面前却很有分寸，在他看来，IE6 对于用户来说弊大于利，只要能消灭它，愿意不遗余力。当然，如果谁的产品更好，或者旗鼓相当，周鸿祎也同样愿意和他们竞争到底，比如搜狗。

搜狗来了

2013 年注定是搜索市场的多事之秋，在"3 百大战"喧嚣之际，不甘于被百度和 360 压制的搜狗也开始积极寻求扩张。

2 月 16 日，有消息人士放出风声，搜索行业将迎来一笔重磅并购交易，这笔交易涉及搜狐旗下的搜狗搜索业务以及腾讯旗下的搜搜业务。消息人士还称，"3Q 大战"结束后，腾讯决定采取更加开放的策略来应对互联网竞争，这为一直试图做大的搜狗提供了机会。如果双方谈判顺利，搜狗很有可能全盘接收搜搜的桌面端搜索业务，并将搜搜的现有团队、渠道以及流量和搜狗的相关内容进行战略整合，而腾讯也将借此成为搜狗的第二大股东。

这则消息传出后，很快就引起了行业内的广泛关注，如果搜狗能够成功并购搜搜，其市场份额将会进一步扩大，更为关键的是，背靠搜狐和腾讯这两棵大树，搜狗将在资本层面迎来全新的话语权。这次并购虽然不会动摇百度一家独大的市场格局，但是足以让搜狗一举超越 360 搜索，成为中国搜索市场的老二，而这一天，搜狗已经等了 10 年。

2003 左右，还在清华大学计算机高性能研究所上研究生的王小川为了赚取生活费，在当时红极一时的 Chinaren 做兼职，适逢互联网低潮时期，王小川这份兼职没做多久，Chinaren 就被搜狐收购了。正是这次并购，改变了王小川的人生。

　　进入搜狐以后，王小川一直负责校友录和搜索系统的开发。2003年，张朝阳觉得王小川有些大材小用，于是给他布置了一项难度更大的工作，开发一套搜狐的搜索引擎。王小川在接到任务的初期压力非常大，而时任项目总监全力支持，力排众议，对所有人说："如果王小川做不成，这个事儿就没人能做成。"

　　张朝阳没有看错人，11个月后，王小川完成任务，搜狐推出拥有独立知识产权的搜索引擎——搜狗，这是搜狐公司自成立以来第一次在大型技术系统上取得成功，然而，技术上的成功并不意味着能赢得市场。

　　随着百度公司的上市，搜索引擎市场展现出了巨大的商业前景，但是在当时的市场大环境下，能靠搜索盈利的只有百度一家，搜狗没能从搜索市场上分得一杯羹，仅仅成为这个市场上的一个小角色。最糟糕的时候，搜狗不但被百度压着打，还要被雅虎系压着打，雅虎系打完谷歌打，市场前景不容乐观，最后张朝阳不得不强行给搜狗"断奶"，防止损失进一步扩大。

　　最郁闷者莫过于王小川，搜狐1/3的流量来自于百度的hao123，而hao123的站长只不过初中学历，王小川看过他写的代码，不客气地说简直是糟糕无比，可就是这样一个糟糕的hao123，每个月收入是300万元，搜狗不足人家的1/6。

　　搜狗搜索的失败一度给王小川造成很大打击，但他没有失去斗志，转而投入到新产品的研发中，搜狗输入法就是在这种背景下诞生的。这个小小的输入法仅用不到1年的时间，就抢占了40%的市场，这让王小川对渠道有了新的认识，他决定用输入法带动浏览器，再用浏览器带动搜索流量，从而实现搜狗搜索的逆袭。

　　但是王小川的想法没能得到张朝阳的支持，张朝阳一度希望王小川能够接受与周鸿祎合作的提案，当时周鸿祎带领下的360浏览器已经坐拥亿万用户，将搜狗浏览器交给360运营，或许能够迅速打开市场。

可是一心想重新推动搜狗搜索的王小川认为，搜狗浏览器意义重大，所以坚决不肯退让。

在王小川的坚持下，搜狗浏览器最终没有被360控制，但是也没有得到张朝阳的更多支持。为了实现搜狗逆袭搜索市场的梦想，王小川找到马云，将计划和盘托出。马云终被王小川打动。在马云的说服下，张朝阳改变了想法，搜狗得以赎回自由身。

王小川的梦想成真，搜狗以输入法、浏览器、搜索三级助推的形式在市场上获得了巨大的发展空间。这个时候，搜索市场上早已没有了雅虎系的身影，而谷歌也因为种种原因离开了中国市场，除了百度的市场地位无法撼动之外，搜狗超越搜搜、有道等搜索软件，成功坐上搜索引擎市场的第二把交椅，成为一股不可忽视的力量。

让人遗憾的是，这个值得称道的成绩并没有坚持太久。2012年下半年，周鸿祎携360搜索回归搜索市场，凭借360安全卫士和浏览器的巨大优势，仅仅用了5天时间就把搜狗从第二的位置上挤了下来。

可以预见的是，在风云诡谲的互联网江湖，排名更替的戏码仍将继续，双方的争夺战也不会停止。但身经百战的互联网企业从不惧怕竞争，也不存在永远的敌人。如果非要树立一个必须战胜的标杆，那只有自己。

第十章

上市才有话语权

对周鸿祎来说，2011 年 3 月 30 日是个值得铭记的日子——奇虎 360 登陆美国纽交所。一向只着便装的他破例穿起了西装，站在悬挂着五星红旗和 360LOGO 的纽交所大楼前，满脸笑容地和团队合影留念。"看见 360 的标志还淡定，看到五星红旗在华尔街飘扬有些激动。"周鸿祎这样形容当时的心情。

给美国人讲中国故事

2010 年 11 月 10 日，就在宣布与腾讯恢复兼容的当天，奇虎 360 的上市工作会正式启动，此时距离其在纽交所挂牌的时间——2011 年 3 月 30 日仅剩 4 个月。在外界看来，360 上市的速度简直超乎寻常，令人感觉不可思议，但是个中艰辛，恐怕只有周鸿祎和他的团队才真正明白。

据周鸿祎回忆，奇虎 360 美国上市过程中的很多艰难决策，都是在"3Q 大战"爆发之后的短时间内做出的。其间，360 还经历了一次主承销商的变更。这些大事件的集中爆发似乎也预示着，360 的上市工作从一开始就注定充满曲折。

"3Q 大战"之后，周鸿祎开始迫切地盼望奇虎 360 尽快上市。除了能在融资方面带来诸多好处，上市能让 360 变成一个公众公司，这样就能避免不少"3Q 大战"之类事件的发生。因此，速度成了周鸿祎最高的追求。

2011 年 3 月 11 日，日本突发大地震，随后引发了福岛核电站泄漏。全球资本市场市场也随之一路下跌，愁云惨淡。有人提醒周鸿祎，现在上市必然会遭遇股价的低迷时期，是否应该考虑推迟上市的时间，以便寻找最好的时机。周鸿祎坚定地说"不"，尽管一路走来，阻扰 360 上市的因素从来没有中断过，但是周鸿祎对于上市的渴望已经冲破了一切主观与客观上的障碍。

事实上，周鸿祎的内心也并非毫无疑虑。虽然财务数据良好，但周鸿祎对奇虎360当时的模式也没有百分百的信心。而作为企业的最高决策者，周鸿祎在人前却显示出了最强的斗志，唯有如此，才能说服自己，也才能让投资人相信360的模式，并最终给予信任和肯定。

为了完成一轮完美的路演，周鸿祎近乎疯狂地"压榨"团队。一方面，他把做产品追求完美主义的那一套发挥到了极致，每天不断打磨完善路演PPT，一旦发现不满意之处，就"逼"着团队继续修改；另一方面，他操着一口流利的"中式英文"练习演讲，全力争取投资人的认同。

让美国投资人彻底理解奇虎360的模式，绝不是件容易的事。别的中国企业也许都能找到一个美国的对标公司，比如"中国的谷歌""中国的亚马逊"，360却无法一目了然地提供一个对标的美国企业，因此解释起来有些复杂。免费杀毒在当时听起来还有些惊世骇俗，360是通过浏览器这种增值服务来盈利的，这听上去更加不可思议。

上市团队准备了57版路演PPT，周鸿祎演练过无数遍中式英文演讲，最后，大家终于踏上了路演的征程。最初设定的路线本来是日本和新加坡两站，但周鸿祎感觉中国香港和美国的投资者或许更能理解奇虎360的创新模式。于是，路演的主战场便锁定为中国香港和美国。

在美国的第一站是纽约，周鸿祎租了一架湾流公务机，带领团队开始了"演讲—转场—再演讲"的路演模式。周鸿祎至今记得，为了那次路演，他人生第一次买了一身杰尼亚西装以及整整一打崭新的衬衫，每天一件换着穿——以当时的日程安排，周鸿祎连让酒店帮忙洗衬衫的时间都没有，往往是每天一大早就得乘机出发去美国的某个城市，活动结束回到酒店已是深夜，次日清晨又要继续飞行，在飞机上还要和投行分析研究路演情况。

对于周鸿祎的演讲，投资者们满怀热情，但也有人反应十分冷淡。

事实证明，大多数投资人还是听懂了周鸿祎所讲述的故事——360如何先做安全、满足用户安全需求，然后通过浏览器搭建上网平台，通过桌面管家等提供增值服务。很多投资者表示，这是一家"很有创意的公司"。

就这样辗转奔波，周鸿祎一路飞到华盛顿、堪萨斯、波士顿、芝加哥、盐湖城等地，横跨了美国的中西海岸。但令他措手不及的是，本来就不算顺利的上市之路，在3月中旬的时候又遭遇突发状况——360总部发生了危机。奇虎360启动上市流程之后，网络上关于360的负面消息陡然增加，各种匿名信、告状信飞向了北京的监管部门。

3月16日晚10点，原打算参加香港路演的齐向东刚下飞机，就接到了公关部门的紧急报告，无奈之下，他只好乘坐次日最早一班飞机回到北京，应付层出不穷的麻烦，四处平息来自监管部门、媒体和投资界的质疑。

在齐向东忙于处理后方大本营棘手难题的同时，周鸿祎还在路演的过程中，无法帮齐向东分担压力。这让周鸿祎感到非常沮丧，也有些焦虑，他最担心的是，眼下发生的这些冲击是否将导致360的上市最终夭折？

尽管内心充满了无能为力之感，但多年的商海历练早就让周鸿祎学会了不失控。飞机上，他依旧有说有笑，等飞机到了旧金山，所有的人被安排去一个米其林餐厅——纳帕溪谷的酒庄吃饭，周鸿祎的心思却一直牵挂着总部那边的变化，完全无心享用美食。

如何释放内心压力，周鸿祎也有一套独特方法。饭局结束后，他把大家带到旧金山机场的一个靶场里，痛快地打了一通枪。打完枪之后，他就继续上路演讲去了。

对于这段难忘的经历，他曾总结说：

人们总是问我：当一名成功的CEO的秘诀是什么？遗憾的

是，根本没有秘诀。如果说存在这样一种技巧，那就是看其专心致志的能力和在无路可走时选择最佳路线的能力。与普通人相比，那些令你最想躲藏起来或干脆死掉的时刻，就是你作为一名CEO所要经历的不同于常人的东西。

密交背后的抉择

赶在 2010 年圣诞节之前，奇虎 360 于 12 月 23 日对美国证监会做了所有文件的密交工作，这是所有公司在纽交所上市前的重要一步。所谓"密交"，与"公开递交"正好相反。在密交阶段，美国证监会可以针对企业的招股说明书提出问题，再由企业回答和修改，直到美国证监会同意为止。

按照惯例，上市文件一旦公开递交，就意味着所有的信息和数据对于投资人全部公开，此后投资人是否决定购买该公司的股票，全看纽交所公布的招股说明书。如果企业进行公开递交之后再对数据做改动，可能会引发投资人的疑虑，以至影响路演的认购倍数。

因此，一般公司在公开递交之前都会做"清密交"的工作，清密交就是上市团队与美国证监会进行来回沟通，把美国证监会提出的所有问题清理干净，然后再公开递交，此后的信息就不会有任何改动。清密交的意义在于，最大限度地保证公开信息的连续性，也给投资人留下良好印象。

回顾在美密交过程的波澜起伏，周鸿祎感慨良多：

> 在这三四个月中，我们经历了太多太多。很多人惊讶于 360 完成上市的速度，其实这得益于我们的基础工作启动得非常早，

在上市批准启动之后，公司的 3 年审计已经做得差不多了。因此，在恰当的时机做恰当的事情、掌握事情的节奏至关重要，这是我们能够排除一切阻碍的基础。

由于奇虎 360 的上市工作安排得十分迅速密集，做完密交之后，分析师路演和投资者路演的时间早已经确定完毕，这就要求 360 赶在路演开始之前将清密交的工作完成。

360 的清密交流程起初进展得非常顺利，第一轮回答证监会提问时通常会面临几十个问题，而美国证监会在第一轮只给 360 提了十几个简单的问题。但是到了第二轮时，美国证监会的问题变得复杂，需要一段时间的整理才能解释清楚。其间难点就在于，中美在财务计算方法上有所不同，这也导致两国对会计准则的理解存在一定差异。

当此时期，赴美上市的中国企业不在少数，据统计，2011 年除奇虎 360 外还有 12 家中企登陆美股，因此，美国证监会非常忙碌。

按照既定的时间表推算，假设再加一轮清密交工作，必将影响到 360 早已安排好的一系列日程，所有的路演安排，包括上市日期，也将随之被推迟。而如果 360 提前进行公开递交，如期进行各项路演，就要承担一个风险——360 在各项路演做完之后，依然没能回答完证监会的问题，那么挂牌的时间就要延后。再或者，美国证监会要求 360 改动已公开递交的文件，投资人发现数据变动之后也许产生疑问，从而对股票价值心存顾虑。

是否在此时公开递交文件，成为一个两难的问题。直到即将面临最后期限，关于公开递交还是全盘推翻之前的日程安排，周鸿祎和他的决策团队——姚珏、齐向东二人——依然举棋不定。

当日凌晨 3 点，和投行修改完招股说明书之后，姚珏打电话给齐向东询问最终决定，齐向东建议向资本市场经验丰富的投资人沈南鹏和李曙军征求一下意见，遗憾的是，由于时差因素，电话都没有接通。

场外求援的可能彻底消失，齐向东和姚珏只能把最后拍板的权力交给周鸿祎。

　　清晰的手机铃声在凌晨 4 点响起，连日奔波辛苦的周鸿祎正处于深度睡眠中，他努力清醒过来，睁开困倦发红的双眼，发现窗外还是一片漆黑。听完齐向东的讲述，周鸿祎明白，必须要作出一个选择——尽管并不知道对错与否——而这个选择将决定奇虎 360 的未来，是勇往直前还是畏首畏尾。略加思索后，周鸿祎回复齐向东："公开递交吧！"

来自华尔街的热情

对周鸿祎来说，2011 年 3 月 30 日是个值得铭记的日子——奇虎360 登陆美国纽交所。一向只着便装的他破例穿起了西装，站在悬挂着五星红旗和 360LOGO 的纽交所大楼前，满脸笑容地和团队合影留念。"看见 360 的标志还淡定，看到五星红旗在华尔街飘扬有些激动。"周鸿祎这样形容当时的心情。

在外界看来，360 上市有点儿突然。周鸿祎在业内有"中国互联网未上市公司中最后一个大佬"的称号，一直以来，他对上市并不积极，不止一次表达过这种观念：自己是一个标准的产品经理，比较喜欢做产品、做用户。一个企业上市后，容易沦为"华尔街的奴隶"，需要面对每个季度的报表压力，每天两眼盯着财务目标，将很难潜下心来认真做产品、做客户。

但周鸿祎的想法因为"3Q 大战"发生了改变。2010 年爆发的"3Q大战"牵涉范围很广，网友、互联网行业从业者、媒体、政府机关等纷纷卷入其中，周鸿祎深刻感觉到，上市是一个企业获得社会主流价值观认同的关键。上市后，企业的品牌形象会更好，可以得到更多的资金支持和人气支援，而企业的经营也会更加正规化。

周鸿祎曾说：

这个社会很现实，你成功与否是以你挣了多少钱、你公司上没上市、公司做没做大为考量标准。如果你没有达到这几点，你很快就会被遗忘，因为历史由成功者来书写。所以，我必须要获得世俗的成功。只有上市才能让投资人和公司的员工得到应有的回报，也才能进一步增强公司在行业内的话语权。

上市首日，奇虎360的表现获得"华尔街奇迹"的美誉：首日收报34美元，较发行价14.50美元大涨了134.5%；市值（39.56亿美元）更是曾超过搜狐、盛大，位列中国概念股第6位。那是360最为辉煌的时刻之一。

彼时的360不过5周岁，周鸿祎及团队带领奇虎360，从早期360安全卫士的问世，以免费模式颠覆传统的安全市场，到其他安全产品如软件管家、杀毒软件的推出，继续拓展网络安全用户量，再到后来借助"网络安全平台"拓展业务线，进入浏览器、网站导航、软件下载等领域，迅速完成了用户规模的积累，先后获得鼎晖创投、红杉资本、高原资本、红点投资、Matrix、IDG等知名风险投资机构的联合投资。

对于奇虎360的加入，华尔街投入了空前的热情，这种热情虽然特殊，却绝不算盲目。只要读 读艾瑞咨询发布的报告，就一定会为360当年的市场"能量"所吸引：

2011年1月，奇虎360拥有3.39亿月活跃用户，用户覆盖率达到85.8%；互联网安全产品拥有3.28亿月活跃用户，用户覆盖率超过83.9%；360安全卫士和360杀毒的月活跃用户数分别为3.01亿和2.48亿；360手机卫士的月活跃用户数已达到市场份额58.2%；360安全浏览器的月活跃用户数量为1.72亿，用户覆盖率为44.1%；360安全网址导航的月活跃用户数为9800万。

2011年初艾瑞咨询一份针对"日均用户数"的统计显示，排名前

10 名的客户端里，360 的产品占据四席。此外，360 的网页游戏开放平台上有超过 30 个网页游戏供应商提供的游戏，其团购开放平台每天更新超过 200 家团购网站的团购信息。

或许，正是这些数字彻底点燃了华尔街的热情，并开始了竞相追逐。

早在美国上市前的 3 月 17 日，奇虎 360 在香港启动全球路演，有媒体便传出消息：投资者认购非常踊跃，首日便实现 3 倍多的超额认购。随着上市日期的临近，华尔街对奇虎 360 的关注度几乎达到沸点。作为国内首家在美国 IPO 的安全公司，奇虎 360 受到了来自媒体和分析师的热捧，并给出了"杀毒 + 浏览器 + 网络游戏 = 赚钱大生意"的评价。

投资者追捧的热情一浪高过一浪，就连巴菲特与索罗斯也都投资了奇虎 360。巴菲特一向坚持价值投资，索罗斯则具有投机性，两者很难统一。有分析认为，国际资本寡头的高度认可，源于奇虎 360 的盈利能力。

拥有庞大的流量和用户量并变现为盈利能力是奇虎 360 的优势。在招股说明书中，奇虎 360 这样描述：以用户基础论，360 是中国排名第 3 的互联网公司；以终端装机量计，排第 2 位；360 还是排名第 2 的浏览器公司，仅次于微软；排名第 1 的安全方案提供商，每月有效用户超过 3.39 亿，占中国网民的渗透率为 85%。

上市前，曾有美国投资者对奇虎 360 的商业模式提出质疑，但是周鸿祎在路演时将奇虎 360 比喻为"中国的 Facebook"，都是通过免费服务的方式迅速地占领市场，拥有数以亿计的粘性很高的用户基础。对比之下，Facebook 飞涨至六七百亿美元的市场估值，证明了流量对美国机构投资者的巨大感召力，也让那些远离中国的投资客们消除了对 360 的陌生感。

有人做过一个统计：2010 年 12 月 8 日在美国纽交所上市的优酷，

上市总股本 1.02 亿，发行价 12.8 美元，开盘价为 27 美元，首日报收于 34.38 美元，首日上涨 168.59%，一举刷新了 5 年多来美国 IPO 最大涨幅记录。但是，优酷网上市时是亏损上市，而奇虎 360 的招股书显示，公司于 2009 年实现盈利，2010 年公司净利润为 850 万美元。这个数字虽然算不上大，但奇虎 360 依托庞大用户群实现价值导出的能力已经开始显现。

艾瑞咨询分析后预测，奇虎 360 的战略布局将会从安全领域向用户整个互联网桌面管理转变，搭建用户 PC 应用服务的生态圈。从这个角度来看，艾瑞咨询认为，奇虎 360 赚钱的能力还没有爆发出来。

有心人在招股书中还看到一个大不同：周鸿祎持股比例为 21.5%，其次是奇虎 360 总裁齐向东的 12.43%，奇虎 360 的投资人红杉中国合伙人沈南鹏持股比例为 9.48%，鼎晖投资合伙人王功权持股比例为 7.05%，360 安全中心网络安全专家石晓虹则持股 4.37%，此外还有大量的员工持股，达到 22.3%，已经超过周鸿祎。

"周鸿祎特别对美国人的胃口，美国人特别喜欢这种打破规则的坏小子，互联网就是要不断地破坏游戏规则，不断创新和产生新的用户，对于互联网而言，现在赚不赚钱不重要，重点在未来。而周鸿祎是显然十分明白这点的。"某 IT 行业著名专家如是评论。

华丽冒险，完美收官

2011 年 3 月 14 日，奇虎 360 向美国证监会（SEC）提交了首次公开募股（IPO）招股说明书。3 月 17 日，360 科技有限公司在香港启动全球路演，第一天便实现了 3 倍多的超额认购。路演接近尾声之际，360 已经实现了超额认购 50 倍——相比一般公司仅有两三倍的超额认购，这是一个令人振奋的成绩。

然而，正当周鸿祎精心准备的全球路演即将收官的时候，奇虎 360 的 SEC 清密交工作仍没有完成。这个问题就好似一把悬在 360 头顶的达摩克利斯之剑，只要一天没有解决，如期上市就随时存在变数。为此，周鸿祎和他的团队都在全力以赴。

得益于专业律师团队的给力表现，就在路演的尾声阶段，360 终于约到了 SEC 组的一个电话会议，这样一来，360 便可以就具体问题和美国证监会人员进行直接交涉。

身为 360 公司财务总监，姚珏虽然很有信心说服美国证监会按照原来的方案执行，不做修改，但她同时也针对 SEC 否决 360 原方案的可能性——甚至对方可能提出什么样的修改意见——想好了应对之策。也就是说，360 实际上准备了 A、B 两组方案，原本 360 准备的招股书和审计报告是 A 方案，而在短短一个周末的时间内，律师和中介团队又加急准备了 B 方案。如果美国证监会采纳 360 的意见，那就照原计划执行 A 方案；如果美国证监会不同意，360 就拿出应对的 B

方案。

一方面，周鸿祎的团队在为了最后一搏拼尽全力；另一方面，360 在香港的路演还在有条不紊地进行中。水面上似乎波澜不惊，水面之下其实正发生着惊心动魄的剧情。往往是当周鸿祎在某一站作演讲时，姚珏则在车里和律师团队与美国证监会人士开电话会议。坐镇北京的齐向东也极为关注美国这边的工作进展，不时加入电话会议，通过翻译详细地向 SEC 解释 360 云安全查杀以及公司运作机制。

大家的一番辛苦总算没有白费，终于，美国证监会被说服了，360 的方案无须再做任何修改，周鸿祎也很快获知了这个好消息。就在这个节骨眼上，投行人员告诉周鸿祎，因为投资人反馈良好，认购踊跃，360 有机会涨价——这意味着每一股的价格上升之后，360 可以融到更多的资金。

是趁势追求更大利益，还是坚持实现既定目标？周鸿祎对此并没有多少犹豫，在经历了这么多风波之后，他更加确信：时间就是金钱，360 如期上市才是眼前最重要的事。在和齐向东、姚珏二人商量此事时，周鸿祎说："现在抠股价是没有意义的，我以后做得好了，可以让投资者赚到更多的钱！"于是，一天都没有耽搁，360 在美国纽交所如期上市了。

对于任何一家中国企业来说，在美国上市都是一件重要且荣耀的大事。作为周鸿祎的老搭档，齐向东本来计划赴纽约出席上市仪式，甚至已经订好了机票，但由于后方大本营诸事繁杂，最终还是未能成行。放弃走到台前与团队共庆胜利的辉煌时刻，而选择以公司安全为重固守后方，为此，周鸿祎至今都对齐向东心怀感激。

上市钟声敲响的那一刻，周鸿祎与姚珏、王功权等人并肩而立。那一瞬间，姚珏的眼泪夺眶而出，周鸿祎心中也是感慨万千。

短短三四个月中，为了奇虎 360 能在美国上市，周鸿祎和团队成员们经历了太多波折与考验：他们遭遇过主承销商的临时变更，面临过没有美国对标公司与投资人解释商业模式的困难，中间还遇到了日本大地震、福岛核电站泄漏、全球股市暴跌等突发事件，让投行一度就是否继续上市程序感到迟疑。幸运的是，虽然经历了千辛万苦，360最终还是顺利登陆了纽交所。

当时有很多业内人士惊讶于360完成上市的速度，其实这很大程度上得益于360的上市准备工作启动得非常早。而在周鸿祎看来，360的迅速上市充分证明，在恰当的时机做恰当的事情、掌握事情的节奏，至关重要，这也是360能够排除一切阻碍的基础。

360登陆美股之后，创造了很多令人称羡的数据：开盘后便大涨86.2%，报27美元，此后一路狂涨，盘中最高涨至34.4美元；最终收报于34美元，首日涨幅达134.48%。鼎晖创业投资基金2006年投资360公司500万美元，按当天股价计算，已赚回2亿美元，回报达40倍之多；红杉资本2006年向360投资600万美元，2006年11月第二轮投资中注资100万美元，红杉持股8.5%，价值5.05亿美元，红杉的700万美元投资5年获得72倍回报，净赚4.98亿美元。

有人认为，从360社区搜索到360安全卫士，再到360平台，周鸿祎的计划很完美，环环相扣，像一串排布好的多米诺骨牌，只要碰倒了头一张就会不停地连动，直到终点。他希望这个终点把红旗插上纽交所，这一天，他期待了很多年。

但在周鸿祎本人看来：

> 这根本不是我的完美计划，从"3Q大战"到密交通过，从突发事件到上市敲钟，这一切的一切，只是一场惊天动地的华丽冒险而已。

第十一章

回归 A 股

　　周鸿祎发现，网络安全行业的特殊性决定了其身份角色，不论是哪国企业，只要网络安全企业做大了，都需要和国家利益保持一致。360 作为中国最大的安全公司，拥有最先进的网络安全技术，其发展方向也必须和国家利益相向而行，尤其当 360 已经成长为国内安全领域的核心企业时，服务的对象很多是政府机关、银行等机构，解决 360 的身份问题是迟早的事儿。

　　除了宏观层面的战略思考之外，商业上的考虑也是 360 选择私有化的重要原因。

逼不得已的选择

在互联网时代，中国 .com 公司在美国上市曾经是一种潮流和肯定，360 就是有幸碰上这种潮流并获得肯定的公司之一。

360 登陆纽交所后的几年，可谓风光无限：随着用户规模的巩固，360 广告收入和增值服务的盈利逐步释放，2011-2013 年，其营收和利润一直保持近 100% 的增速，股价也飞快上涨，一度甚至冲破了 100 美元的高点，成为当时中国第 3 大互联网公司。非美国会计准则下的统计数据显示，在美股上市的 5 年时间里，360 的净利润保持了 17 个季度的同比大幅增长。

这期间，还发生了中概股做空危机，不少中概股受到影响，纷纷启动私有化战略，360 也遭遇了美国做空机构 Citron（香橼）的 6 次恶意做空和攻击。在周鸿祎的记忆里：

> 每一次美国做空机构都是在他们的白天发布报告，而我不得不在中国的半夜把员工叫起来开会应对。这样的剧情如此循环重复，实在让人睡眠不足。

即便如此，周鸿祎却并未动摇在美上市的决心。2011 年，周鸿祎曾向记者表示，对中概股私有化现象不理解，他认为上市公司有较大透明度，在享受国外资本市场和股民巨大回报之外，就应该接受资本市场的考核，也应该承担市值的上下波动。他甚至强调，奇虎360将会坚持上市之路。

而此时期的中国，整个行业的变革正悄然发生。截至2012年，中国手机用户首次突破4亿大关，超越电脑终端——移动互联网时代正式到来。伴随着移动互联网的浪潮，有着"TABLE"之称的互联网巨头阿里、腾讯、百度以及小米，都在原有的业务基础上，不断扩大业务边界，布局生态链，其市值也节节攀升，红海时代很快来临。

2012年9月的中国互联网大会上，周鸿祎和马化腾两位主角在"3Q大战"后首次同台，虽无直接交流，隔空对话却是火药味十足。周鸿祎还调侃雷军："我这点看好雷军的小米，他们正在努力做这个事（保持专注）。"

除了面对面的交锋之外，擦枪走火的事情也在继续发生——360的触角也开始伸向搜索、手机、直播等各个领域。2012年，周鸿祎拜会华为余承东后，在微博公开宣称鄙视小米手机的期货模式，宣布360将向消费者推出实惠的"特供机"，而360手机推出后，也是处处以小米为"友商"。

战局一度很精彩——雷军在腾讯微博里向周鸿祎喊话："放下手中的AK47，不要幻想自己是东方不败，做一个正常的商人，用产品说话。"马化腾随即转发称："其实他是个演员。"但这些都无法影响周鸿祎做手机的热情，2015年跟随领导人访美时，周鸿祎还向苹果CEO库克展示了奇酷手机。

手机之外，周鸿祎又跟李彦宏因为搜索业务撕了起来，俗称"3百大战"。他甚至苦苦去追求搜狗，结果反倒把对方送进了阿里和腾讯的手里，只能气得牙痒痒。

总之，直到360宣布从美国退市，周鸿祎都是中国互联网圈里最活跃的角色之一。

转折发生在 2014 年。

这一年年初，周鸿祎进行了 3 个月的闭关，原因是 360 遇到了和百度同样的问题：从 PC 互联网向移动互联网的转型很不成功——PC 时代的"安全卫士 + 浏览器 + 搜索"的三级火箭模式，在移动互联网的碎片化场景下收效甚微，"360 手机卫士 + 手机浏览器"并未能复刻 PC 端的辉煌。有数据显示，360 基于 PC 的产品和服务的月度活跃用户总人数增长趋缓，而在移动安全和搜索领域，猎豹、百度、腾讯、搜狗等竞争对手纷纷发力。

闭关期间，周鸿祎开始重新审视：360 是什么？ 360 要成为怎样的一家公司？

3 个月后，周鸿祎出关，最大的变化是，他开始低调起来："不再像以往那样在公关方面'肆意妄为'了，我希望给 360 一个和平发展的环境。"

在周鸿祎偃旗息鼓的日子里，他的老对手马化腾却没有那么低调。马化腾提出的"互联网 +"已经上升为国家战略，凭借 QQ 和微信这些超级流量入口，腾讯建立起了包含游戏、影业、电竞等业务的大生态体系。

更让周鸿祎感到郁闷的是，美国资本市场"低估了 360"。

大风起于青萍之末。2014 年开始，360 的业绩与股价似乎陷入了一种怪圈：每个季度公司都拿出了靓丽的财报，但股价在冲起来后却呈现出下跌的趋势。自从 2014 年 3 月 3 日以 120.79 美元创下收盘价巅峰之后，360 股价更是一跌不回。尽管 360 动作频频——4 亿美元投资酷派，2 亿元入股磊科，但仍然无法唤起低迷的股价。到了 2015 年，360 股价依旧没有走出颓势，截至 5 月底，奇虎 360 的市值缩水至 64 亿美元，还不到峰值时的一半。

相形之下，中国国内股市却一片向好，与美股形成了鲜明对比。2015 年上半年，上证指数从 3234 点涨到最高的 5178 点。截至

2015 年 5 月底，A 股上证综指、中小板指、创业板指涨幅分别达到了 125%、150%、176%，而美股纳斯达克指数的涨幅仅为 13.7%，代表中概股的 HXC 指数涨幅也只有 8.3%，大幅跑输 A 股中小板和创业板指数。

两个市场的估值差距也愈发显著。A 股主板、中小板、创业板的市盈率分别达到了 20 倍、82 倍、141 倍，而纽交所和纳斯达克的市盈率分别只有 7 倍、21 倍，在美中概股的市盈率也仅为 21 倍。

这种差异也体现在了个股上。在 A 股，同样以信息安全为主营业务的公司启明星辰，其股价在短短几个月内就从 20 元直接窜到了 73.1 元，市盈率高达 200 多倍；2015 年 5 月底，乐视网市盈率达到 335 倍，一度创造了 A 股神话，市值最高达到千亿；暴风科技更是刷新了记录，市盈率高达近 900 倍。

面对国际国内资本市场环境的急剧变化，周鸿祎在心中不断问自己：是继续留在美国资本市场，还是私有化回归 A 股？究竟哪一种对 360 更有利？

枪膛里只有一颗子弹

2015 年 6 月 17 日，在毫无征兆的情况下，周鸿祎以内部信方式宣布，360 将退出美股，开启私有化进程。

为什么非要折腾？为什么要选择回归？这是当时很多人都好奇的问题。回忆起那段艰难抉择，周鸿祎至今记忆犹新：

> 关于退不退市的决定，我和我的老搭档齐向东、CFO 姚珏曾经在办公室就很多方案讨论过很多次，其中经历了数个小时的争辩，这里面的每一次的思考都费神耗力。在最终决定回归之前，我们一直在思考以什么样的方式回归最好。我们内部有过很多不同的声音。向左走还是向右走？这里潜伏着很大未知。做决定是一件让人左右为难的事情，也通常让人特别煎熬。毕竟最终的决策者必须为决策本身负责，成功了，一往无前；失败了，责任清晰。而在最终结果出现之前，谁也不知道我们是否能够顺利到达彼岸。

作为第一个拆解 VIE 结构回归 A 股的互联网公司，暴风科技曾连续拉出 30 多个涨停，CEO 冯鑫甚至放言"互联网公司回归 A 股是一个不可逆的过程"，建议他们"打死都要回来，99% 去美国和中国香港上市的公司都亏了"。此后，世纪佳缘、中国手游、淘米等公司纷纷宣布接到私有化提议，掀起了继 2011 至 2013 年中概股回归潮之后的新一波回归潮。

360 宣布私有化决定时，正值第二波中概股回归浪潮。不同于前一波主要是中概股遭遇海外机构做空和造假丑闻等因素导致，这一年，A 股市场的互联网企业受到高估值追捧，有分析认为 360 回归是为了短期套利。还有不少人认为，360 选择在美国退市的原因之一是"混不下去了"。

面对外界种种非议与质疑，周鸿祎放话称："中国公司干什么事都喜欢一窝蜂，大家当年一窝蜂地做 VIE 结构，一窝蜂去美国上市，突然大家一窝蜂地都要回来，但我们的私有化跟其他公司不一样。"

周鸿祎的内部邮件透露，私有化是 360 在反复考虑当前全球及中国资本市场环境后的审慎决定，更是加速业务全面升级、拓展业务发展空间的重要一步。"如果不是为了战略考虑，像我们这样一个体量略显庞大的公司从美国资本市场退出来，里面有很多难以想象的困难。我们需要说服投资人，四处借款融资，要得到很多政府机构的批准，要经过外汇管理的考验。这一系列的折腾绝不会比上市轻松简单，而在飞速发展的互联网时代，有几个公司能承受短期缺乏现金流的压力？"

在周鸿祎看来，360 私有化首先是当今的互联网安全局势决定的。2014 年发生"棱镜门"事件之后，包括中国在内大家都深刻意识到了网络安全形势的严峻和网络安全的重要性。如今在世界各国，基础设施和网络安全软硬件都不会采用其他国家的产品。

据说，有相关领导曾找周鸿祎谈话，表达了国家对互联网安全的极大担忧和期望，希望 360 回归，承担起构建网络安全核心技术能力的企业责任，成为维护国家安全的重要力量。"这是我开始考虑私有化的起始点。"周鸿祎说。

周鸿祎发现，网络安全行业的特殊性决定了其身份角色，不论是哪国企业，只要网络安全企业做大了，都需要和国家利益保持一致。360 作为中国最大的安全公司，拥有最先进的网络安全技术，其发展方向也必须和国家利益相向而行，尤其当 360 已经成长为国内安全领域的核心企业时，服务的对象很多是政府机关、银行等机构，解决 360 的身份问题是迟早的事儿。

顶着"美国上市的中国互联网安全公司"的身份，360 经常遭遇因身份尴尬带来的难题。一方面，作为一家中国人控制的公司，在收购美国安全技术时会面临不少障碍；另一方面，这种身份对安全业务扎根中国本土发展也很不利，而回归后，360 就能打造一支"网络安全国家队"。

除了宏观层面的战略思考之外，商业上的考虑也是 360 选择私有化的重要原因。周鸿祎在内部信中写道："这些发展，离不开国际资本市场的支持，360 人也秉持感恩之心，以我们特有的奋斗精神，持续创新，以高速的业绩增长回报了国际资本市场。然而，我们当中的很多人认为，360 目前 80 亿美元的市值，并未充分体现 360 的公司价值。"

确实，国内外资本市场对企业估值的巨大差异，被公认为是该轮中概股退市的动力之一。有报告显示，中概股估值依旧普遍偏低，但是很多中概股业绩却呈现高速增长，与其股价表现形成鲜明对比。除了价值被低估外，公司发展战略、架构的调整与重构也是这些中概股私有化的关键因素。

一般而言，中概股回归需经历"私有化退市——解除 VIE 架构——重启上市"三重历练。对于企业来说，私有化的好处在于：公司可以重新对战略和架构进行调整，如阿里巴巴 B2B 从港交所退市就是为了重新打包赴美上市；对于那些估值较低、融资功能丧失的公司，退市还能减少维护上市的运营成本（包括法律成本、合规以及财务成本）；

最重要的是，如果能成功回归 A 股，还可以有效提升估值，并通过再融资获取更大发展。

但如前文所述，周鸿祎曾说："关于退不退市的决定，我和我的老搭档齐向东、CFO 姚珏曾经在办公室就很多方案讨论过很多次，其中经历了数个小时的争辩，每一次的思考都费神耗力。"对于回归 A 股市场，他心中也不是没有迟疑。最主要的原因是，周鸿祎对 A 股市场并不了解，他既担心规范的问题，也担心将来是否容易增资扩股。

在最终决定回归之前，周鸿祎和他的团队一直在讨论以什么样的方式回归最好，公司内部有过很多不同的声音。周鸿祎曾经打算只把一部分的安全业务拆分回来，但是最后发现，360 几乎所有的业务都和安全息息相关，这种分拆实在很难做到。

出于对公司未来发展的战略考虑，周鸿祎最后拍板：360 的回归，需要的是整体的撤回。他的理由是，360 的核心命脉是安全，再怎么把公司做成三级火箭，第一级火箭还是最重要的，是所有一切业务的基础。作为一家安全公司，360 掌握着安全大数据，也有最先进的非对称技术，无论将来把公司分拆成什么样子，安全依然是 360 的起家之本。

私有化和退市——这是 360 新未来的使命所决定的，同时也再次奠定了 360 未来业务的基础——把安全做稳做牢。"为了看到更宏远的图景，360 必须承受短期的压力。"周鸿祎说。

在描述私有化时的心境时，周鸿祎曾说：

这如同在战场上，你的枪膛里只有一颗子弹，你需要一击而中。这就像我职业生涯里的又一场前途未卜的豪赌。

他认定，私有化一旦启动，再艰难也必须完成！

信仰与幸运

2016 年年末上映的《血战钢锯岭》是周鸿祎非常喜欢的一部电影。电影讲述了第二次世界大战临近结束时，决定战局走向的冲绳岛战役的故事。主角戴斯蒙德·道斯出于童年和家庭的原因，在战场上始终不愿意拿起枪，甚至因此被送上了军事法庭，但是在枪林弹雨的战场上，戴斯蒙德凭借信仰挽救了几十条生命。

这部关于信仰的影片，总能让周鸿祎联想起当初 360 步步喋血、跌宕起伏的私有化之路。

对于私有化，虽然周鸿祎事先做好了充足的心理准备，但是回顾整个过程，仍让他胆战心惊：

> 商场如战场，一切瞬息万变。作为将领，如何带兵克敌制胜？如何坚持自己的信仰？如何随机应变？商场和战场确实有很多东西都是相通的。360 私有化过程的惊险程度已经超过了赴美上市的过程，而这个时候，坚持就成了我们的信仰。坚持，坚持，再坚持，成了支持我们团队走下去的力量。

对于任何一家中概股来说，退市和私有化都需要经历重重考验。退市方面，私有化如何定价，如何避免与投资者的官司、纠纷，如何把股权结构调整做得干净，不为未来国内上市留下障碍，是非常复杂的问题。

有些公司退市时股价很低，这样就能大大减少整个私有化的成本，即便本身股价很高的公司，也能通过各种各样的手段压低股价，抬高股价反倒并不那么容易。但是周鸿祎从来没考虑过这些"歪门邪道"，他觉得，既然拿了美国投资者的钱，即使有一天选择不玩了，也要给人家一个公平合理的价格，让投资过360的人都不后悔。基于这种"将心比心"的立场，周鸿祎希望定出一个合理的价格，让股东们都能得到回报。

最后的定价是周鸿祎亲自拍板，通过董事会的特别委员会订立的，与投资者的律师和财务顾问的谈判也相当顺利。等到360给出合理的溢价，整个退市需要的资金已经达到了将近100亿美金——这无疑是一个天文数字。除了公司自有资金，周鸿祎还需要找合作伙伴募集数额庞大的人民币资金。但360毕竟是优质资产，也是投资者青睐的对象，因此，当时来找360合作的各种机构络绎不绝，希望争取份额的公司也非常踊跃。

正当360和很多潜在投资者谈判的时候，史无前例的股市熔断发生了，资本市场一片哀鸿遍野，投资人的信心遭到了极大打击，合作伙伴也内心惶惶。当股价不好的时候，有些参加私有化的财团私下和周鸿祎商量，能否压低退市的价格，而压低价格意味着要和股东重新谈判。周鸿祎认为，既然决心启动私有化，半路下不来才是最可怕的，时间一旦耽误，后续不知道还会发生什么突发情况。因此，他坚持没有压价。

2016年3月30日，360私有化协议获得了股东的批准。到此时，私有化进程已经完成近半，历时将近1年，取得了阶段性的胜利。

这一天，周鸿祎在社交媒体上写道："2011年3月30日，也就是5年前的今天，是360登陆纽交所的日子。2016年3月30日，今天上午，股东大会通过了投票结果，意味着 360 从美国退市又往前走了一步。我内心感慨万千，从公司创业初期、"3Q 大战"、美国上市、美国退市，一切像过电影一样在我脑海里一幕一幕闪过。Mark 一下今天这个特别的日子，继续向前！"

其后的拆解 VIE 过程，也不是把协议终止这么简单，而是需要将资产重新归置到一个未来准备在国内上市的实体里面。这里面包含大量的工作，需要跟工商、税务、外管等部门进行一系列的对接。

4 月 26 日，360 私有化项目终于获得国家发改委通过，进入公示阶段。接下来等待着周鸿祎的，是新一轮的换汇煎熬。

由于 360 使用的外汇额度过于庞大，可能会给汇率造成一定的波动。因此，外管局要求 360 私有化财团提供证明，明确换汇资金不涉及资本外逃等违规行为，并要求分批换汇汇出。截至此时，360 的退市资金尚未完全交割，留在国内的大量资金需要进行换汇，用于美国资本市场的交易。

从国家汇率安全的角度来看，自然不能因为一家公司让汇率遭遇挑战。为了最终能够在遵守国家规定的前提下，既不违反外汇政策，又可以让钱顺利出境购买公司，周鸿祎和外管局的高层进行了深入接触和探讨。

在央行和外管局的鼎力支持之下，美国东部时间 2016 年 7 月 15 日，360 科技有限公司宣布私有化交易完成，公司股票将不再在美国纽交所公开交易。根据 2016 年 3 月 30 日特别董事会批准的相关交易条款，除创始人翻转股票以及异议股东股票外，360 全部已发行的普通股将以每股 51.33 美元的价格被现金收购并注销。

反思 360 一波三折的私有化过程，周鸿祎的最大感受却是"完成私有化的时间点无比幸运"。短短几个月的时间，汇率的变动已经让私有化完成的成本剧增。如果当时任何一个环节出现问题，360 或许就会面临狂风巨浪一般的影响。比如，完成私有化的几个月后，周鸿祎发现人民币兑美元汇率一路从 6.5 增长到 6.9，如果私有化过程再拖上几个月，购买公司的人民币成本瞬间就要增加 40 亿元——这绝对是一场可怕的噩梦。

几年后，再重新反思当年 360 从美国退市这一行为，周鸿祎有了新的感悟：

> 网络安全这个行业跟别的行业最大的不一样，它未来就是网络上的军工企业，就是网络上的国防工业，所以这个行业跟游戏、娱乐行业不一样，这个行业要挣钱，没问题，但它首先要跟自己所在国家的国家利益、社会利益、老百姓利益保持一致，所以我们做出了从美国退市的决定，回归到国内，变成一家完全内资的公司，很多人到今天才明白 360 原来是有先见之明。

借壳风波

360 完成私有化之后，周鸿祎的"战斗"却并未结束，他仍要与时间赛跑，在国内尽快完成上市。

当时，周鸿祎面对两种选择：IPO 和借壳上市。IPO 审查时间很长，程序很复杂，在一定程度上会增加很多时间成本。借壳上市则没有那么复杂的流程，只需要多花点儿钱买下一家已上市公司，再通过资产置换等方式，就可以更快实现上市的目的。

一边是市场状况不佳导致新股发行速度放缓，另一边是企业上市热情的持续高涨，两大因素共同作用下，导致了 IPO 堰塞湖这道非常棘手的 A 股奇观。换句话说，新股 IPO 越来越难。因此，一些实力雄厚的企业，纷纷选择了走借壳这条路，如绿地集团借壳金丰投资、分众传媒借壳七喜控股、巨人网络借壳世纪游轮、顺丰控股借壳鼎泰新材等，莫不如是。

2016 年之后，借壳与 IPO 两种登陆资本市场的方式均呈现出新的趋势。IPO 方面，随着审核速度恢复正常、新股发行形成每周不超过 10 家的常态，IPO 堰塞湖逐步开始缓解；借壳方面，借壳新规实施以来，疯狂"炒壳"的行为明显降温，壳股市值出现大面积回落，同时，在并购重组成为服务实体经济主渠道的时代背景下，借壳需求开始出现回暖。

面对国内最大的互联网安全公司的归来，360 将以何种方式上市、若借壳谁是借壳标的，迅速成为市场讨论的热点，相关传言一波波接力发酵。不少上市公司都传出与 360 的"借壳绯闻"，包括高鸿股份、四川双马、开能环保等，这些传闻后均被否认。

周鸿祎曾在自传中提到，当时有很多人给他推荐 A 股壳资源，他疲于应付，掐断了很多来电。有一天，一个电话反复打进来，他一次都没接。后来，他收到一条短信："周鸿祎，怎么不接电话，是不是现在有点儿大老板气派呀？"原来，这是证监会的一位领导，当时市场上有很多人在炒作 360 概念股，他询问是否和周鸿祎有关。周鸿祎连忙解释："任何人说 360 在借壳的消息，都是在造谣，或是在炒作。"

2017 年 3 月 27 日，天津证监局披露了 360 的上市辅导公告。公告显示，360 于 3 月 23 日与华泰联合证券签订 IPO 并上市辅导协议，市场对于 360 借壳的猜测暂时搁浅。截至 8 月 31 日，在天津证监局更新的《天津辖区拟首次公开发行企业辅导情况表》中，360 的状态仍为"辅导进行中"。

9 月 6 日，360 官方对借壳传言做出回应，称："公司对于市场传言不予回应。360 的上市工作在稳步推进过程中，目前没有可以披露的信息。"6 天之后的第五届中国互联网安全大会上，久未接受采访的周鸿祎对媒体表示，360 上市将严格遵照法律法规正常进行，希望公众不要听信市场传言，明确否认了借壳上市的打算。

然而，正当外界对 360 排队 IPO 上市预期加深之时，剧情突然反转。11 月 3 日凌晨，一家 2016 年末总资产仅为 2.81 亿元的电梯上市公司——江南嘉捷发布一则重大资产重组报告书，震惊整个资本圈，因为资产重组的另一大主角正是 360。报告书称，拟通过资产置换及发行股份方式，以 504.16 亿元收购奇虎 360 的 100% 股权，交易后公司实控人变更为周鸿祎。这意味着，360 最终还是选择了借壳上市的路径，也证明了之前的传言并非造谣。

12 月 29 日，重组方案经中国证监会上市公司并购重组审核委员会审核，获得有条件通过。14：48 分，周鸿祎在个人微博发布在证监会门前的合影照片，配文称"感谢我们的合作伙伴，感谢我们的团队"。

在回应为何没坚持走 IPO 通道而选择借壳重组时，360 官方说法为："选择重组上市是考虑了当今的政策和投资人的利益，做出的理性选择。之所以选择重组，还是公司根据资本市场的发展和我们众多股东的意愿，综合各方面的考虑做出的战略性选择。"

360 上市方式由 IPO 变为借壳，着实出乎不少人的意料，但也有人分析称，借壳重组实属情理之中——正常 A 股回归的进程过于漫长，从拆除 VIE，到符合上市的硬指标，再到正常排队 IPO2000 多家的序列，往往需要三五年之久。

360 的私有化过程中，私有化财团用于私有化的资金，除了各成员投入的自有现金，还包括招商银行提供的 7 年期 30 亿美元贷款和 4 亿美元过桥贷款，其中，30 亿美元是靠抵押 360 位于北京朝阳酒仙桥路的大楼、北京奇虎科技有限公司一系列"360"商标而来，周鸿祎也曾自嘲是中国最大的"负翁"。基于沉重的债务压力，以及互联网领域机遇稍纵即逝的特点，360 注定难以承受长期的 IPO 排队，以尽可能短的时间在 A 股完成上市，成为周鸿祎"解负"的良药。

借壳上市其实是个技术活儿。360 提出要回归 A 股后，"绯闻女友"数量颇多，为何最终"嫁入豪门"的是江南嘉捷？

在与 360 合作之前，江南嘉捷只是一家名不见经传的传统企业，在资本市场上更是籍籍无名。从主营业务上看，江南嘉捷主要生产和销售电梯、自动扶梯，与 360 的信息安全业务毫不相关。2011 年 12 月，江南嘉捷在上交所上市，实际控制人为金祖铭和金志峰父子，二者合计持有 29.57% 的股份，其余股东均低于 5%。股权结构比较分散。

纵观不少借壳上市案例，"蛇吞象"式的重大资产重组屡见不鲜。在江南嘉捷停牌之时，这家公司的总市值为 34.91 亿元，虽与此前市场预期的奇虎360借壳方体量相去甚远，但实际上壳资源公司市值越小，换取上市公司资质的成本就越低。

从公开资料看，江南嘉捷确实是一家专心卖电梯的"老实"公司。上市5年来，既不增发新股，也不玩收购兼并，业绩相对稳定，盈利基本依靠主营业务，负债小，没有违规记录和诉讼纠纷。财报显示，2012年到2016年，公司归属于上市公司股东的净利润分别为1.45亿、1.81亿、2.34亿、2.25亿和1.59亿元。

自2014年起，江南嘉捷的净利润呈下滑趋势，在国内电梯业降产能压力增大等不利因素下，2017年上半年，江南嘉捷实现营业收入10.10亿元，同比下降10.83%，实现归属于母公司净利润2613.09万元，同比下降70.55%。若持续亏损下去，江南嘉捷则有"戴帽加星"的风险，而将公司作为壳资源出售，则更有利可图。

从买方的角度来说，借壳上市的公司会更青睐资产负债结构简单的壳资源，因为壳资源公司原先的债务还需要打包处理。江南嘉捷的资产负债表则表现得相当干净，2017年三季报显示，公司资产总计26.40亿元，负债总计9.34亿元，资产负债率才35.38%。

值得注意的是，重组的双方还同时签订了《业绩承诺及补偿协议》（即"对赌协议"），业绩承诺人360承诺本次重大资产重组实施完毕后，2017年至2019年，360净利润需要分别不低于22亿元、29亿元、38亿元，否则，需要进行股份及现金补偿。

数据显示，2014年到2017年上半年，360的营收分别为78.2亿元、93.6亿元、99亿元和52.9亿元，扣除非经常性损益的净利润分别为5.3亿元、10.7亿元、7.4亿元和10亿元。

面对未来3年累计近90亿元的业绩承诺，周鸿祎解释称，360在2017年上半年利润已经达到承诺业绩的45%，互联网行业的特性是下半年业务占比要高于上半年，因此他对下半年承诺非常有信心，并且对未来3年企业发展也保持看好。

周鸿祎认为：

一个公司的价值不仅仅在于它的营收，而在于一个公司最后能够让国家、政府、网民都离不开，它就有了价值。这个价值上立得住，才考虑挣钱，互联网领域挣钱方法很多。

新的起点

2018 年 2 月 28 日，360 安全科技股份有限公司的上市开锣仪式在上交所隆重举行，这也意味着，经历近 3 年的艰难运作，360 终于宣告重回 A 股怀抱。

仪式现场，周鸿祎身着标志性的红色上衣，围着一条耀眼的红色围巾，360 集团一众高管簇拥在他身旁，周鸿祎夫人胡欢也没有缺席这场盛事，以 360 集团股东代表的身份出席了活动。从此，内地资本市场又诞生了一家堪称重磅级的互联网企业。

敲锣仪式结束后，360 以 65.67 元 / 股开盘，开盘涨幅便达 3.84%。不过，由于受市场大势影响，360 股价随即又迅速下杀，到上午收盘时，跌落至 8.36%，报 57.95 元 / 股。截至当日收盘时，360 的总市值为 4278 亿元，这个数目算得上是当时 A 股最大市值的科技股巨头，超越了美的集团、海康威视、格力电器等几家龙头企业的成绩。

360 回归 A 股之前，乐视网和东方财富也都曾在互联网界荣耀一时，但即便处于牛市巅峰时，这两家公司的总市值也无法与眼下的360 相比。抛开 A 股不谈，即便与美股港股中的中国科技股比较，360的市场表现也是大幅领先。以 2018 年 2 月 28 日 360 的市值来看，排在其前面的仅有腾讯、阿里、百度和京东等几家庞然大物。

更不用提，借助 360 登陆 A 股，周鸿祎身家暴涨。此前周鸿祎直接持股公司 12.14% 的股份，为第一大自然人股东，同时，他还持有天津奇信志成科技有限公司 17.38% 的股权，天津奇信掌握 360 的股份为 48.4%，由此周鸿祎通过天津奇信间接持有公司 8.38% 的股份。此外，周鸿祎又通过天津众信间接掌控公司 2.79% 的股份。这也代表着，周鸿祎共计持有公司 23.31% 的股份，对应总股数 15.835 亿股。以上市当天上午收盘时 57.95 元的股价计算，周鸿祎的身家已直逼千亿，达到 910.64 亿元，A 股科技界新首富的桂冠似乎已遥遥在望。

然而，周鸿祎并没有被眼前的风头无两冲昏头脑，在上市仪式的致辞中，他坦言，作为第一个成功从国外私有化回归 A 股的互联网上市公司，360 不会是特例，他还说：

> 很多人觉得融资成功、上市成功就是一个终点，但是对我而言，上市可能就是新的起点，不论是 reboot（重启）还是 refresh（刷新），对 360 而言，都意味着一个新的开始。

就在回归 A 股前后，360 的核心管理人员开始出现离职潮。早在 360 私有化过程中，周鸿祎和时任总裁齐向东"分家"。2018 年 4 月，360 副总经理兼财务负责人姚珏和副总经理廖清红陆续递交了辞职报告，作为 360 在美国上市和退市、私有化以及重回 A 股等几次重役中的功臣，姚珏的去职难免引发外界诸多猜测，更遑论 360 COO 陈杰也于此前不久低调离去，而副总裁李亮、人力资源副总经理廖清红、副总经理杨超、董事会秘书张帆、市场品牌副总经理曲冰，以及高管井小山、张备、许怡然等人，都在短时间内相继离职。接连不断的人事震荡为 360 的管理构架蒙上了一层阴影。

2018 年 5 月 16 日，离 360 在 A 股上市还不到 3 个月，360 宣布启动首次增发，当时，360 正因为股价跌跌不休而遭受外界的频频非议，这份突如其来的定向增发预案公告立时掀起了一阵波澜。在公告中，360 声称为满足公司业务发展的资金需求，实现公司的战略目标，增强公司资本实力和盈利能力，拟非公开发行股票不超过 13 亿股，募集资金 107.9 亿元，主要用于网络安全、大数据中心、人工智能以及智能 IOT 等 9 个项目。

不少人对于 360 的增发方案持怀疑态度，因为从 360 发布的 2018 年第一季度财报来看，其持有资金高达 106 亿元，2015-2017 年的经营现金净流入分别为 35.16 亿元、24.08 亿元、51.57 亿元，这表明 360 现金储备十分充足，再融资的理由缺乏足够的说服力。

360 的新项目计划也颇令人费解。作为一家以安全为主营业务的互联网公司，360 的 9 个募投项目却大都看似与互联网安全没有直接关联，主要聚焦于人工智能、搜索、游戏娱乐、智能硬件、物联网与智慧城市等领域，而从企业经营角度分析，如此分散的业务方向在商业规则中是一种极具风险的行为。

2019 年 4 月 15 日，360 发布 2018 年年度报告，这份 360 在重组回归后的首份年报也可视作其上市一年来的成绩单。该报告显示，360 在 2018 年度实现营业收入 131.29 亿元，比 2017 年的 122 亿元增长了 7.28%；归属上市公司股东的净利润为 35.35 亿元，比 2017 年的 33.72 亿元增长了 4.83%。值得一提的是，360 的控股子公司三六零科技在 2018 年实现了扣除非经常性损益的净利润 35.68 亿元，以超额 6.68 亿元达成了当初的业绩承诺。

从营收与利润增长速度的角度看，与 2017 年相比，360 在 2018 年的成长呈现出放缓态势。而从主要业务的角度看，目前，360 的主要收入是在互联网广告及服务、互联网增值服务和智能硬件方面，2018 年分别实现营收 106.58 亿元、11.78 亿元和 10.15 亿元。

其实，360 在 2018 年的市场表现并不算亮眼，或许就是在 A 股敲锣那一刻，360 已经抵达了自身的巅峰，此后却迅速步入下跌期。回望 1 年前的 1 月 15 日，360 总市值曾经高达 4498 亿元。而 1 年后，以 2019 年 4 月 16 日的数据计算，360 的股价仅为 24.98 元，市值则是 1689 亿元，相当于前者的 1/3。

一切正如周鸿祎曾经的预言，A 股上市仅仅只是 360 的新起点，未来的路还很漫长，而挑战与变数仍未可知。

第十二章

以投资开启转型之路

在互联网这张"table"上，周鸿祎算是最早的入局者之一。然而，正当他与百度为了 PC 互联网时代的最后一点儿红利你争我抢时，却不知腾讯、阿里等大佬早已嗅到移动互联网的诱人商机，暗自铺排着未来的准备……周鸿祎先后投资了智能手机、娱乐内容业务、互联网金融、游戏业务等，开启多种转型探索。

智能手机：错失移动互联网良机

在互联网这张"table"上，周鸿祎算是最早的入局者之一。然而，正当他与百度为了 PC 互联网时代的最后一点儿红利"你争我抢"时，却不知腾讯、阿里等大佬早已嗅到移动互联网的诱人商机，暗自铺排着未来的准备。

2012 年，周鸿祎正式进军手机行业，中国正迎来移动互联网时代，iPhone 4S 气势如虹，诺基亚等老品牌仍需求旺盛，后起之秀也不甘示弱，小米手机当年销量突破百万。反观 360，经历过一场"3Q 大战"，又与百度、搜狗在搜索领域拼得水深火热，市场成长亟需新的动力。在对"小米风暴"进行一番深入研究后，周鸿祎决定，下一步就做手机。

周鸿祎清楚，360 并无硬件制造能力，自主研发又费时太久，于是他准备走特供机路线，放弃手机的生产、销售和售后环节，专注于开发可以整合 360 安全软件、浏览器、应用商店和手机桌面的套件，提供用户和内容，由国内外传统厂商负责特供机开发。

周鸿祎的这个计划其实并非孤例，许多互联网企业在初涉手机时，往往都采取与硬件厂商合作的形式。但现实总是很残酷——所有尝试皆证明，这条合作路上还未出现过赢家。

2012 年 5 月，周鸿祎与 TCL 合作推出了 360 手机的"第一杆枪"——特供手机"AK47"，此后又陆续与多家厂商展开合作。6 月开始，

360 先后与阿尔卡特、海尔等联合发布两款特供机"阿尔卡特 AK47"和"超级战舰"，然而，这些 360 特供机的战绩相当凄凉。"阿尔卡特 AK47"销量不足两万台，"超级战舰"的用户则纷纷表示质量欠佳。后来与夏新合作的学生机销量算是最好，也不过售出 40 万台，而与深圳创智成合作的特供机，60 天销量仅为 15 万台。

这期间，360 与华为合作的消息也传得沸沸扬扬。周鸿祎曾在 2012 年 5 月宣布，将牵手华为推出一款特供机，7 月接受预定，8 月正式发货。也许在周鸿祎看来，360 擅长软件，华为擅长硬件，双方的合作可谓强强联手。但是，由于 AK47 面市后遭到数码评测媒体铺天盖地的负评，尤其是与小米手机的对比结果很是惨烈，"360 特供机"一时成为众矢之的。周鸿祎似乎因此杠上了小米，种种针锋相对不断，甚至怀疑小米雇佣了水军攻击他。随后，周鸿祎邀请雷军来朝阳公园一见，但雷军完全不接招。

因为这场被外界戏称为"小 3 之争"的口水战，华为开始对 360 产生质疑，认为其与自身一贯的低调作风不符，最终，360 与华为的合作宣告破裂。等到 8 月底约定的发售期来临时，合作机也就没了下文。就这样，360 错过了 2013 年、2014 年突飞猛进的互联网手机风口。

然而，与华为的合作失败后，周鸿祎并未气馁。2014 年年底，360 宣布与酷派成立合资公司，搁置了 2 年的智能手机计划再次启动。酷派公告显示，酷派旗下附属公司奇酷将向 360 配发 4.09 亿美元股份，360 便可持有奇酷 45% 的股份。除市场与研发部分员工来自 360，奇酷大部分员工都来自酷派。因此，有媒体将这次合作解读为"360 出了 4 亿美元，酷派出了一个团队"。

2015 年 5 月，周鸿祎携其新手机公司"奇酷"正式亮相，又斥资 4500 万美元增持奇酷股权，占股比例提升至 49.5%。6 月 10 日，奇酷宣布对酷派旗下大神手机品牌的并购业已完成。6 月 27 日，周鸿祎在内部信中宣告，奇酷首款手机即将面世。

谁知就在内部信发出的隔天，酷派集团突然在公告中称，乐视旗下公司已购买集团董事长郭德英 18.5% 的股份，以 21.8 亿元跻身第二大股东。当天，周鸿祎在朋友圈写道："谁在我背后捅刀子，试图 screw 我，我的原则是一定要 fuck 回去。"8 月 26 日，周鸿祎召开奇酷手机发布会，发布了奇酷手机青春版、奇酷手机旗舰版和奇酷手机尊享版 3 款手机，价格从 1199 元跨越到 3599 元，并主打安全牌，号称要"在体验上模仿苹果，在安全上超越苹果"。9 月 8 日，周鸿祎向酷派发出通知，要求酷派以 14.85 亿美元收购 360 所持有的酷派 49.5% 股份。到当年年终，奇酷手机整体销量 200 万台。

经历过与酷派、乐视的"三角恋"后，懂得"东莞没有爱情"的周鸿祎终于决定做手机了。2016 年 3 月，周鸿祎将奇酷正式更名为 360 手机，一定程度上解决了 360 旗下手机品牌混乱的问题，此后又对手机产品进行了重新归类，划分出 F、N 和 Q 三大系列，F 系列手机主打性价比和舒适体验，N 系列手机定位于千元机，Q 系列手机则定位为中高端旗舰。

2016 年至 2017 年两年间，360 发布了不少新机，出货量维持在每年 500 万台左右。在此时期，行业竞争越发激烈，华为、小米、OPPO、vivo 等品牌快速成长，占领了大量市场份额，小手机厂商要么不支倒下，要么苟延残喘。

2017 年年底，360 手机总裁李开新曾表示，2018 年的目标是业绩增长 50%，也就是说，销量要达到 750 万台。然而，2018 年的全球手机市场亦不景气，几乎所有品牌的智能手机出货量都出现不同幅度的下滑。360 手机虽然仍在推出新品，但生存空间越来越小，市场占比难以迅速扩大，而频繁改名也极大影响了品牌形象的打造以及用户群体的知名度维护。据统计，2018 年第一季度，360 手机的出货量仅 55 万台，要想达成年销售 750 万台的目标，谈何容易。

2012 年第一次宣布要做手机时，周鸿祎曾预言："2 年以后，市场上没有什么高端手机，所有手机都会变成廉价的终端。"7 年后，现实却与他的预测正好相反，如今的手机越卖越贵，全球智能手机的领导品牌几乎都走高端路线，千元手机市场上，不断有二三线品牌被淘汰出局。

后来，再聊起手机行业的竞争，周鸿祎的心态已经很淡泊，在肯定小米和华为能力"很强"的同时，他坦承 360 手机目前正处于第二梯队，他仍认为，手机最好的黄金时代已经过去。面对未来，应该往前看。而谈及对 360 手机业务的预期，周鸿祎说：

> 360 手机未来不再是颠覆谁或革掉谁的命，而是在市场里，踏踏实实做一款好产品，能赢得用户的认可，公司不要再赔，能够延续下去。

难以攻克的娱乐内容阵地

长久以来，PSP、搜索和安全业务虽然为 360 带来了巨大的用户量，但是高流量、低黏性、低转化率却一直是 360 绕不开的关卡。如何解决这些难题？周鸿祎想到的对策是，聚焦娱乐和内容，打造泛娱乐业务。"大众喜欢娱乐，而娱乐会增加互联网公司的产品黏性，所以 360 需要娱乐业务。"周鸿祎说。

近年来，周鸿祎积极向娱乐靠拢，从网络视频、移动直播到新媒体投资，试图与内容建立更深层次的联系。他想给资本市场讲一个新的故事：如何利用娱乐和内容让流量更具黏性。在互联网泛娱乐化趋势越来越明显的背景下，这不失为 360 深思之后走出的一步活棋，但其间的过程相当坎坷。

周鸿祎真正将构想付诸实践是在 5 年前，由于适逢移动直播和短视频的风口，周鸿祎便将切入点选定在在线视频领域。

2014 年，周鸿祎以极高报价向古永锵伸出橄榄枝，但一场博弈之后，最后的结局却是阿里巴巴如愿入股优酷土豆。

2014 年 12 月 24 日，360 与光线传媒签署《合资协议》，共同出资成立先看网络公司，一同进行网络视频业务方面的探索，拟将先看做成一个电影行业的垂直视频网站。内容由光线负责生产，流量则由 360 负责提供。遗憾的是，这个看似各展所长、各为其利的合作不到

1 年就宣告夭折，360 黯然退出先看网。

2015 年 12 月，360 宣布与东方明珠合作，携手打造联合品牌 BesTV 360，计划在 3 年内发展 3000 万移动互联网视频日活跃用户，然而，这次合作依然未见成效。

2016 年 5 月 10 日，周鸿祎找来李湘担任 360 娱乐总裁，负责整体娱乐资源的整合，希望用娱乐内容支持 360 公司相关业务快速发展。此时期，360 还策划过一个"乐次元计划"，准备出击经纪公司和演艺公司，并投拍电影，组建数字版权交易平台，甚至创立娱乐综合体。该计划由周鸿祎特批，预计耗资逾 300 亿元。但最后，这些项目全都不了了之。

虽然在线视频的尝试屡屡受挫，但周鸿祎并未放弃。

自 2017 年公布回归 A 股计划后，周鸿祎曾多次宣称，360 将发布信息流、短视频等一系列产品，以弥补公司在移动应用端用户时长有限的缺陷。他认为：

> 再往后看 3 年，360 作为最大的互联网安全服务提供商，已经拥有成熟的互联网体系。而只要有用户、流量的基础，就可以随着互联网的发展探索新的业务。

2017 年 11 月，"快视频"App 正式推出，定位于"一分钟超短视频"，360 同时宣布，将投入百亿资金打造超短视频生态。当时，短视频领域方兴未艾，快视频刚上线几个月，就以黑马之姿跃上各大榜单。一切似乎都很顺利，周鸿祎离他的短视频梦想仅一步之遥。

不料，2018 年 2 月，有 B 站用户爆料称，快视频平台私自搬运 B 站 UP 主的投稿视频。事件引起极大反响。3 月，快视频公开道歉，并表示将下架所有侵权视频。而到了 8 月下旬，国内开始集中整治短视频，一些短视频平台纷纷被点名，包括快视频在内的 15 款 App 遭遇暂停更新和下架处理。截至目前，快视频仍未恢复上线。

在直播领域，周鸿祎也是最早的淘金者之一。周鸿祎倾注许多心血打造的花椒直播，算是移动直播产品中的元老。2015 年 6 月，正值移动互联网直播市场的春秋战国时代，360 孵化的手机直播平台花椒直播正式上线。花椒初试啼声，便表现不俗，易观数据显示，2017 年泛娱乐直播平台的全网用户渗透率中，花椒直播位列第 4，前 3 名分别是一直播、映客和 YY。周鸿祎不仅多次为花椒站台，还经常亲自担纲主播，就连宝马车起火也成为他直播的内容。

但是，无论周鸿祎多么卖力地吆喝，也掩饰不了花椒直播的一大硬伤：战略不明。成立之初，花椒直播的定位是媒体，团队主要由传统媒体人组成，对标的也是美国的 Periscope。2015 年，花椒直播经常关注一些新闻事件，比如丰台区木材厂着火、巴黎恐怖袭击等。但仓促上线的花椒直播由于自身技术限制，视频质量受到影响，且时常卡顿。

就在花椒直播探索着媒体基因稀缺的 360 如何做好媒体这一课题时，以 17 直播掀起的美女主播风潮已大行其道。于是，2016 年年初，周鸿祎放弃了对媒体的执念，开始学习做网红，花椒团队也参考 17 的模式做起了直播社交。一时间，美女直播在花椒所占的流量高达 80%，而在 VR 概念红了以后，花椒又跟风上线 VR 直播。

2017 年年底，直播答题兴起，花椒直播再次快速跟进，推出"百万赢家"活动，周鸿祎一边用微博为活动应援，一边亲身上阵，直到官方叫停所有直播答题平台。

除了战略问题之外，花椒直播还有一大短板，就是团队。从始至终，能拍板决定花椒直播产品方向的唯有周鸿祎，花椒的历次方向变更，背后都有周鸿祎的影子。而花椒直播运营团队与周鸿祎和 360 的战略想法并不一致，团队合作因此出现裂痕，最终留给 360 一团乱麻。2018 年 6 月，花椒直播与六间房重组，彻底与独立上市无缘。

熊猫直播是另一个让周鸿祎吃足了教训的直播项目。2016 年 12 月，周鸿祎投资王思聪的直播平台熊猫 TV，不久后又再次追加战略投资，成为熊猫直播第二大股东。然而，从欠薪主播风波到网站关停，这家曾经的明星平台一步步走向灭亡的全过程，让吃瓜群众看了好一场大戏，却无人对其最终结局表示惊讶。或许，大家已然明白，这才是直播行业的常态。

2019 年 4 月 20 日，有媒体报料称，360 已退出资讯平台北京时间股份有限公司，其所持北京时间 60% 的股权转让给北京新媒体集团。虽然 360 并未对该报道给予回应，但已有北京时间工作人员承认此事属实。

回想当初，以北京时间为代表的新媒体是周鸿祎较为看重的投资方向之一——作为与短视频、直播产品同性质的泛娱乐平台，曾经承载着 360 增强内容黏性的强烈期冀。

2016 年 4 月 12 日，北京时间顶着光环诞生。360 宣布与北京电视台合办北京时间，计划以整体合作模式，集合北京市新闻资源，打造具有广泛影响力和竞争力的新型主流媒体。360 总裁齐向东出任 CEO，团队中还不乏多位腾讯、搜狐等门户网站专业人士。由于背景深厚又根正苗红，北京时间凭借其强大的内容团队，一度被视为视频版的"澎湃 + 今日头条"。

但很快，CEO 齐向东去职，由此拉开了内部乱局的序幕。短短 1 年时间，从高管到编辑、记者，不是离职就是被裁，再加上盗用文章、转型困难、资金紧张等一个个麻烦纷纷冒头，北京时间最终无奈收摊。据专业人士分析，近年来信息流平台进入爆发期，新闻 App 趋于饱和，又有今日头条、一点资讯等珠玉在前，尽管北京时间百般努力，但始终收效甚微，最终在竞争中落败。

战略性放弃北京时间，不仅是周鸿祎闯荡内容领域的一次重要战役，也是 360 新媒体实践过程的一个缩影。

　　2016 年 3 月，360 以数千万元资金战略投资科技媒体钛媒体。2016 年 7 月，360 又参与了以娱乐原创内容见长的新媒体橘子娱乐的 B+ 轮融资。而更早之前，360 还对界面、VIVA 无线新媒体等进行投资。

　　与北京时间的合作告吹，意味着 360 在新媒体领域又少了一个阵地，但难以断言这代表了周鸿祎泛娱乐梦想的破灭。或许哪天，人们又会不期然地发现，"红衣大炮"正朝着下一个新媒体战场进发。

布局互联网金融

2019 年 4 月 27 日，360 金融发布了 2018 年年报，这是 360 金融自上市以来出炉的首份年报。

报告显示，2018 财年，360 金融净收入为 44.5 亿元，较 2017 年的 7.88 亿元增长了 464%；净利润为 11.9 亿元，较 2017 年的 1.65 亿元增长了 624%；非美国会计准则（Non-GAAP）下净利润为 18 亿元，较 2017 年的 1.65 亿元增长了 992%；撮合贷款总额为 959.8 亿元，比 2017 年的 309.9 亿元增长了 210%；截至 2018 年 12 月 31 日，在贷余额为 430.8 亿元，比 2017 年的 121.7 亿元增长了 254%。

用户数据也同样喜人。截至 2018 年 12 月 31 日，360 金融累计授信用户数达到 1254 万人，较 2017 年的 330 万增长了 280%；通过 360 金融获得贷款的借款用户累计达到 828 万，较 2017 年的 229 万增加了 262%。

无论收入、利润、业务还是用户，360 金融无不成就了 3 位数以上的增长幅度，这一结果让所有人都不禁暗自咋舌，那些曾经对 360 金融心怀质疑或忧虑的人士也纷纷转变立场，开始重新审视和评判这家长期饱受争议的企业。有心人自然也没有忽视报告中的某个重要内容：周鸿祎作为第一大股东，持股比例由 13.8% 增至 14.4%，所占投票比例依旧是 76.3%。有人感叹：老周又大赚了一笔。

事实上，对于互联网金融行业而言，2018 年可谓寒风凛冽。在这危机四伏的艰难时节，不少互金企业的首要追求只是活下去就好，而偏有如 360 金融这般逆风而上者，成功地在危机中寻找到了转机，最终实现了弯道超车。

仔细想来，360 金融之所以能够安然度过寒冬，恐怕与其"越冬"准备充足紧密相关。业务起步之初，360 金融首先成立了小贷公司，以自有资金与旗下 P2P 平台所吸纳的个人资金为依托，开展放贷业务，借此迅速积攒了丰富的运作经验，缩小了与其他企业的竞争差距。随后，360 金融考虑到小贷牌照放贷的杠杆率限制，放弃了进一步追加资金，主动拓宽资金资源，逐渐向助贷模式转型。

2018 年 2 月，360 金融着手推出小微贷业务，首批目标客户直接瞄准淘宝与京东里的小商家，试运营半年后，该业务便开放给了 360 借条的全部用户。同年 11 月，企业贷服务接棒上线，服务对象转为个体工商户和企业董监等高等客户。

除此之外，分期电商也是 360 金融开展的重点项目，主要包括手机、数码产品和智能家电 3 大品类，该业务与 360 的 IoT 大战略紧密结合，形成一个圆满的消费金融闭环。同时，360 金融机智灵活地瞄准早已深耕多年且具有相当竞争优势的智能硬件领域，刻意避开了与传统电商主营业务相碰撞的风险与可能，摸索出了一条差异化的发展道路。

360 金融 CEO 徐军表示，由于 360 金融拥有结构性优势，资金来源、风险管理、获客等方面的良好表现，造就了公司在 2018 年的逆势上扬。而在分析者眼中，360 金融之所以能在严峻的市场环境中脱颖而出，也与其稳扎稳打、未雨绸缪的创业态度不无关联。

那么，此番局面难道是周鸿祎内心早已写就的剧本吗？

回想 2013 年前后，许多互金公司都争相出场，尤其是 2013 年至 2015 年间，金融科技公司的年增长率已经超过 100%，2015 年顶峰时期甚至达到了4300家。面对众多网企纷纷抢占先机、进军金融领域并趁势野蛮生长的热潮，周鸿祎却表示了拒绝，即便有些基金公司和银行主动找上门来寻求合作，他也没答应。他还曾态度明确地表示：

> 我现在也在看互联网金融。第一，我确实不懂。第二，为什么全国所有互联网公司都是哪儿挣钱奔哪儿去。一说互联网开银行，大家都去了。为什么大家不能干点儿各自有意思的事呢？美国的互联网公司就是自己都有自己的地盘。你看阿里做了腾讯做，腾讯做了百度做，最后全互联网都做。我还是在安全领域踏踏实实地做几个用户体验很好的安全产品。

但是，在中国的互联网江湖中，很多事情并非个人意志所能决定，正如周鸿祎后来回忆时所说："你不进别人的地盘，别人就会进你的地盘。"当周鸿祎发现，几乎所有知名网企都已涉足金融领域——从高调进军的蚂蚁金服和京东数科，到低调扩张的腾讯财付通和美团及滴滴金融业务，他再也无法坐观其变了。

2016年8月，周鸿祎曾在接受采访时表示，360旗下独立的金融公司会考虑上市的可能性："互联网金融目前很乱，国家监管很合理。但是如果业务本身做得非常健康，等到三五年以后，没准就可以独立分拆上市。"

随后，360金融拆分为独立的金融集团，成为360体系内孵化的第一家公司。当时周鸿祎的野心是，"2016年我们能不能达到5000亿，国内（互联网）金融业进入到Top5或者Top6"。老周说到做到。2016年第四季度，360金融正式推出旗下首个金融产品。相比那些率先起跑的互金企业，360金融虽然下场较晚，但胜在技术实力过硬，且资金流充足，于是后发先至，在消费金融行业快速崛起。

2017年下半年，互金中概股在美上市渐成风潮，不料年底时，

141 号文件陡然出台，规定平台贷款利率不能超过 36%，同时平台方也不能为银行兜底，以狂袭之势彻底终结了消金行业的"野蛮年代"。此后，许多高利息平台被清退出局，有些公司陷入了不良率显著上升的困境，还有不少风控水平欠佳的互金公司也难以为继。而经过这次暴风骤雨般的洗牌之后，强监管与精细化运营成为互金企业竞争与发展战略的新主轴，以 BATJ 为代表的大型平台逐渐成为行业领头羊。

凭借之前打下的良好基础，挟 360 安全软件及庞大 PC 客户体量的优势，360 金融在这轮淘汰赛中也稳占一席之地，紧随蚂蚁金服、微众银行、京东金融及百度金融之后，位居互联网金融排行榜第 5 名。截至 2018 年第三季度，360 金融累计贷款超过 940 亿元，贷款余额为 347 亿，将趣店、拍拍贷等率先在美上市的"前辈"远远抛在了身后。

2018 年 12 月 14 日，360 金融登陆纳斯达克，募资总额约为 5120 万美元，由此成为互联网巨头旗下第一个上市的金融公司，也是周鸿祎操盘的第二家上市公司。有专家分析指出，360 金融虽然成功上市，但仍面临诸多难题与隐忧。

首先，金融牌照似乎是 360 金融难以回避的硬伤。目前，360 金融只取得了金交所和网络小贷等牌照，而支付、银行、保险等牌照仍未到手，这种缺失或将使得 360 金融错失与几家领衔企业拉近差距的良机。同时，360 金融目前对约 22% 的助贷业务提供实质性兜底，却不具备合规的担保证明，给其未来发展带来了一定的法律风险。此外，从 2018 年开始，蚂蚁金服、京东金融等大公司都已往技术方案供应商的方向前进，而 360 金融在此领域似乎并无具体作为，因此，360 金融必须逐渐探索去担保化的路径，并尽快在技术能力的输出方面发力。

更为重要的是，360 金融对 360 集团的过于依赖也很值得斟酌。360 金融的一大优势来自 360 浏览器带来的用户流量，但这却是一把双刃剑，用得好固然可以成为市场竞争中的一大利器，可若是 360 公司出现任何不利状况，比如受到限制或削弱的话，360金融也难免要受连带影响，甚至遭受重创。

由此可见，360金融作为当下科技金融第一股，其发展之路却并非一马平川，未来能否走得更稳更远，仍有待接受市场与时间的检验。

一场"游戏"一场梦

2019 年 4 月 9 日，360 游戏正式宣布，将与军事游戏开发商 Wargaming 达成战略合作，协力在中国市场推出多款游戏。据悉，全球最富盛名的军事网游《坦克世界》是 Wargaming 于 2010 年推出的产品，曾连续多年位居全球免费游戏营收前 10，为代理商累计贡献 40 亿元收入。

距离上一次在游戏产业有大动作已过去一年，360 游戏突然与 Wargaming 合作，这意味着：360 正计划从分发走进研发。或许没几人知道，360 虽以安全服务为主，却实为隐形游戏大佬。在 360 的整体营业收入中，除了核心的互联网广告及服务业务，游戏业务所处互联网增值业务占比位列第二。

对于游戏业务的定位，周鸿祎曾在 2014 年公开断言，360 不会去自研游戏，而是将平台的流量和用户分给游戏开发者，也就是说，只做裁判，不做选手。在当今这个瞬息万变的商业时代，关于"食言"的讨论毫无意义。重要的是，对 360 游戏而言，涉足自研已是迫在眉睫，稍有迟疑，游戏产业的丰厚收益或将彻底消失。

360 游戏的态度转变早就有迹可循。2018 年 5 月 23 日，周鸿祎曾在与岂凡的合作发布会上表示：

　　360 以前做游戏只是单纯靠流量变现，帮助游戏开发者进行推广。到了今天，游戏行业进入到内容制胜的时代，渠道只是起到分发作用，依靠渠道强推虽然可以获得收入，但却很难打造出精品。

说出这番话的周鸿祎必然也深知，360 游戏之所以强大并非缘于研发，而是得益于安全软件带来的渠道分发之功。但随着 2015 年以《梦幻西游》为代表的端游 IP 等强势杀进，中国游戏行业彻底进入了内容为王的时代。2015 年之前，中国手游市场同质化、轻度化现象严重，渠道的确能够决定一款游戏的成败，而自 2015 年起，游戏产品可以完全脱离渠道，依靠社交媒体上的口碑即可实现自我传播，近来的《旅行青蛙》等爆红游戏莫不如是。

数据是最好的佐证。2014 年，360 的互联网增值服务营收为 6.112 亿美元，2015 年第一季度营收环比下滑 20.1%，第二季度营收环比下滑 8.6%。而到了 2017 年，环比下滑接近 58%。近两年，360 游戏的发展也不乐观，页游、手游营收延续了双下滑趋势。这充分说明，仅凭渠道强推，已无法确保产品的获利。

当渠道不再有价值，仅沦为管道之时，顶级产品开发者自然无需和渠道分成，渠道所有者甚至还得倒求着这些产品方的"驾临"，并许以资源和流量的利多，以吸引和留住用户。

游戏市场规则的现实之处正在于，80% 的市场被顶级产品所占有，且不必与渠道分成，渠道商能分享的只是剩下那 20% 的市场利润。因此，360 游戏唯有放弃"渠道为王"的陈规，积极主动涉足自研，以克服市场竞争中管道自身存在的弱点，将有效流量与用户进行最大程度的吸收和转化。

正是基于这种思考，360 才会在 2017 年 11 月的重组方案说明会上明确表示，对于手游领域，将从简单的联运分发转为加强独代的运营,通过投资、建立手游自研团队等方式,加强自研产品。至于PC领域,将加强联运和代理,多签些好产品。

只要有突破的机会,没有任何渠道大佬会甘愿固守分发的老套路。从腾讯到今日头条,都由分发转向了自研;小米也已对一系列游戏公司进行资本投资,所以有了《小米超神》和《小米枪战》等产品,只可惜因吃鸡游戏稳占先发优势而没能成为爆款;而阿里在发现UC九游的渠道价值出现崩塌迹象时,便以10亿元收购简悦,在发行业务线之外,果断选择全面试水自研。

当看到所有曾经强势无比的渠道商都正做着同样的努力,360游戏此刻涉足军游自研,也就不那么令人惊讶了,换言之,这只是一种趋势下的必然结果。业界人士猜测,360游戏此举的动机有二:一是为孵化冷门市场,挖掘新机遇;二是寻找伙伴,借由与各相关方的企业级合作,将军事游戏变成一种以训练为目标的功能游戏。

在之前的2018年中,360游戏接连遭遇业绩持续下滑、管理层震荡不断等事件的冲击,在此背景下,从分发走向研发,不失为360游戏重振河山的一次有益尝试。以自身积累深厚的安全业务为后盾,360游戏极有可能实现更深层面的合作,敲开军事游戏玩家市场和功能服务市场的大门。

第十三章

"大安全时代"的新战场

　　谈及未来规划，周鸿祎表示，将始终聚焦大安全领域，坚持实施"3+1"策略。"3"包括3个方面：一是国家网络安全大脑，专门解决网络安全政企市场问题；二是城市安全大脑，用以解决城市的物理安全问题；三是家庭安全大脑，围绕家庭解决个人安全和家庭照看问题。"1"是360当前的互联网战略，比如搜索、网游、导航、短视频等业务。

IoT 热潮

最近两年，IoT 成为互联网行业趋之若鹜的风口。其实，周鸿祎早在五六年前就洞察到行业趋势，并有针对性地进行产业布局，使 360 很早就跻身 IoT 和智能硬件新贵的行列。

周鸿祎当年这样描述过 IoT：

> 工业化 4.0 是一个高大上的名字，我更愿意把它叫作"重新发明轮子"的时代，就是我理解的 IoT，所有的东西都与互联网连接，这就给制造业一个巨大的转型升级的机会。

2013 年 10 月 29 日，360 首款可穿戴设备——"360 儿童卫士"智能手环正式亮相，售价 199 元。手环包括 GPS 实时定位、安全区域预警、通话和录音 3 大功能，家长可通过对应 App 向手环发送命令，查询孩子位置，并查看孩子在某段时间的行动轨迹。此后，360 陆续发布了一些新的硬件设备。

2018 年，360 重新回归 A 股，推行"一点两翼"战略，"一点"是指核心点——安全战略，IoT 是"两翼"之一。安全战略为 IoT 战略提供核心技术与安全背书，而 IoT 战略则反哺安全战略。

2018 年底，360 提出"S-AIoT"战略，"S"既代表"Security"，

守护数字世界的安全；也意味着"Safety"，打造智能互联下的物理安全防护；"A"是 AI（人工智能）技术。360 希望将"安全"和"AI"作为 IoT 战略布局的双引擎，以此征战万亿级 IoT 市场。

如今，IoT 已进入群雄争霸时代，性价比高的智能硬件产品更利于占领市场份额，安全问题并没有被视为首要问题。相比 IoT 领域的其他竞争者，360 在硬件行业还是一个新手，但周鸿祎相信，凭借在安全领域多年积累的成功经验，可以打造出 IoT 领域的差异化优势。他说：

> 很多厂商都在生产 IoT 产品，但很多都是仅仅依靠一个芯片连接到手机，就敢号称是智能产品，其实只是小家电而已。360 不是要做成百货店，而是为社会及家庭的中坚力量提供智能安心生活的解决方案，让家更有安全感。

通过多年的精心布局，360 基本构建起了一个以安全为核心的完整的 IoT 硬件生态。智能硬件商品可分为智能家居、智能穿戴、汽车用品、母婴玩具、娱乐影音 5 个类别，涉及智能家居、智能穿戴、车联网 3 大领域，包括可视门铃、路由器、扫地机器人、智能摄像头、儿童手表、行车记录仪、智能音箱、wifi 扩张器等近 60 个产品。

2019 年 3 月 28 日，360 在北京举行"老周的 IoT 春季发布会"，隆重推出 IoT 家族新成员——360 家庭安全大脑。在周鸿祎"IMABCDE+S"理论框架基础上，它将软硬件紧密结合，协调家庭防火墙、家用摄像头、可视门铃、AI 音箱、扫地机器人、儿童手表等硬件产品，让设备之间相互联动，通过运算、协调和存储，守护用户家庭安全。

"IMABCDE+S"凝聚了周鸿祎对 IoT 的思考成果，其内涵是：IoT 硬件（I）可以连接用户，5G 通信（M）将硬件数据快速实时地传输到云端（C），云端的大数据管理平台（D）对这些数据进行分析和管理，产业互联网、工业互联网运用区块链技术（B）来防止数据被篡改和滥用，边缘计算（E）可以保护数据隐私，人工智能（A）的强大自学习能力和数据处理能力让每一台 IoT 设备相互连通，而 IoT、移动通信、人工智能、区块链、云计算、大数据、边缘计算等技术都会存在一定的安全隐患，最终都离不开安全（S）。周鸿祎说："在这个 IoT 时代，只是孤立地搞大数据，孤立地搞云，或者孤立地谈 AI，再或者孤立地做一个智能硬件，都是不完备的。必须把这几个技术综合运用起来。"

看得出来，周鸿祎这几年一直在探索 IoT 的应用领域，但是，要想引领 IoT 风潮并不容易。

首先，IoT 在中国尚未形成一个足够囊括大型上市公司业务模式的新市场。虽然物联网在中国的发展轨迹与互联网成长路径比较相似，但过去在互联网流行的商业模式不一定适用于物联网。周鸿祎认为，"很多机会刚出来时都不是敲锣打鼓的，一个机会如果 BAT 都看好了，往往不是创业者的机会"。

其次是 360 的战略与组织问题。360 业务纷繁复杂，战略上却缺乏稳定性，以 IoT 业务为例，硬件产品有几十种，但战略构架分属 4 个业务部门。大家各自为战，不仅宣传、营销步调不一，产品还时常"撞车"，2018 年推出的 3 款智能门锁就分属不同的业务部门。这种分散的状态容易造成内部管理混乱，而且影响整体战略的突破与提升。

此外，赢利能力也是个大问题。360 的核心业务是安全，也是发展命脉所在，支撑盈利的业务则是内容产品。IoT 虽然被视为未来新的业务增长点，但投资者很容易将 360 理解成一家生产摄像头、路由器、扫地机、手表、门锁等产品的普通制造商。在这些领域，海康威视、友讯达等龙头企业早就占领半壁江山，产品毛利率均超过 40%，而 360 仅为 20%。

看得出来，周鸿祎对 IoT 雄心勃勃，他甚至豪气干云地说："所有传统产业都值得重做。"周鸿祎拿电梯行业举例，"全国每年都有不少电梯坠梯事件，其实可以通过物联网传感器，把电梯的噪音都记录下来，再通过机器学习，实现对意外事故的预警"。

这种感觉让人很容易联想到周鸿祎此前对于手机、直播、短视频等业务的布局，在大张旗鼓中启动，在偃旗息鼓中告终，一时成为热点，最终乏善可陈。可以说，周鸿祎是一位天赋异禀的商业天才、一位高瞻远瞩的战略家，他总是能够第一时间把握住风口，但 360 并不具备相关的人才、资源、文化，执行力大打折扣，以至于周鸿祎只能无奈放弃。如果 360 能够抓住每一次机会并且做成功，周鸿祎可能早就坐拥大半个互联网江山了。

IoT 布局能否打破规律，在总结教训的基础上扬长避短？如何将 IoT 故事讲得更生动，让资本市场欣然接受？如何在不占优势的智能硬件上脱颖而出？这些问题都等待周鸿祎给出答案。

"安全大脑"

在中国的网络安全领域，360 是当之无愧的龙头老大。

随着信息化技术的飞速发展，网络安全迎来了新时代。因为与大数据、云计算、物联网等新兴概念结合得越发紧密，网络安全的内涵也得到了极大程度的拓展。但与此同时，从国家安全、城市安全以及基础设施安全等角度思考，网络安全的责任与使命也从未像今天这般艰巨与沉重。

CNNIC 发布的《第 43 次中国互联网络发展状况统计报告》显示，2018 年，CNCERT 共监测发现中国境内感染网络病毒终端数同比下降 70.6%，境内被篡改网站数量同比下降 61.3%，境内被植入后门网站数量同比下降 27.6%。这充分说明，中国网民在上网过程中遇到的安全风险可能进一步下降。

与此同时，更多的网络安全隐患开始转向国家安全、国防安全、关键基础设施安全、社会安全等。网络病毒疯狂对具体对象进行定向攻击，比如医院、工厂等涉及重大公众利益的目标，这导致以病毒之名行勒索之实几乎成为一种商业模式。据周鸿祎观察：

> 现在网络安全的形势已经变了，进入了网络战时代。首先是对手变了，很多网络攻击已经不是来自民间黑客，而是拥有国

家背景的网军、黑客团队，我们不能停留在一些简单的产品和技术层面，必须系统地思考在网络安全行业到底发生了什么问题，为什么会有这样的情况，有没有方法能够从更高的层面去解决网络安全问题，解决网络安全下一个五年、十年面临的挑战。其次是攻击方式变了。过去网络安全对付的是病毒，是木马，现在网络攻击是针对漏洞。

为了抵御新威胁与新挑战，360宣称要打造一个可以保障国家级网络安全的国之重器。

2017年，周鸿祎首次公布了集团新战略——"大安全"，这标志着360迈进互联网安全的新纪元。他说："我们要站得更高、看得更远、做得更新。'大安全'战略是一件前无古人的新事业。"

自此以后，"大安全"成为360发展路线的核心准则。360开始深耕安全领域，并将安全作为重要战略方向，积极开拓优势产品的新业务增长点。比如，360 PC浏览器2018年将推动与企业和政府的合作作为一项重要工作内容，其中，安全就是一大卖点。在360的设想中，PC浏览器未来将具备类似杀毒软件和办公软件的功能。

2018年5月，全球最大的分布式智能安全系统——"360安全大脑"正式推出。所谓"安全大脑"，即综合利用大数据、人工智能、云计算、区块链、移动通信等核心技术，具备威胁感知、推理溯源、攻击预警、决策辅助、自我学习5项核心能力，可在保护国家、国防、关键基础设施、社会、城市及个人的网络安全方面发挥重要作用。换言之，"安全大脑"就是网络安全的"智能升级版"。

周鸿祎认为，放眼全球，能做"安全大脑"的公司只有两家，一家是谷歌，另一家就是360。在"安全大脑"上，360每年都会投入25亿元研发资金，约占公司全年营收的20%。这种投入力度使得360取得了核心大数据、人工智能、安全大脑方面的诸多突破。到2018年底，

360 申请专利数累计超过 12000 件，授权专利数累计接近 4200 件。周鸿祎对于"安全大脑"的人才与团队建设也不遗余力，360 安全创新中心的规模堪称亚太地区最大，总共拥有 17 支安全研究团队和 11 个安全研究院。

2018 年 10 月，在中国计算机行业权威机构"中国计算机学会"发布的年度技术成果评选中，"360 安全大脑"荣获"科学技术奖科技进步卓越奖"，成为国内首个获此殊荣的智能安全产品。

2018 年，360 "安全大脑"成果斐然。在国家安全大脑方面，360 作为重要安全保障单位，在两会、博鳌论坛、中非论坛、世界互联网大会等重大活动中，为网络安保工作提供了全程护航。城市安全大脑方面，360 积极开展与雄安新区、天津、西安等地区的战略合作，提供智能化、网络化的安全服务，同时还对与公安机关联合发起的猎网平台进行全新升级改版。家庭安全大脑方面，360 互联网安全中心共截获移动端新增恶意程序样本约 434.2 万个，PC 端和手机安全软件共为全国用户拦截钓鱼攻击约 369.3 亿次，360 手机卫士共为全国用户识别和拦截各类骚扰电话约 449.3 亿次，拦截各类垃圾短信约 84 亿条。

为了配合网络安全整体战略布局，360 还推出汽车安全大脑，可使车载终端具备链接智能功能，以形成安全闭环，减少交通风险的发生；360 流媒体后视镜记录仪 M320 和 360 儿童安全座椅两款智能终端相继发布。此前，360 也发布过多个物联网终端，包括 360 可视门铃、360AI 音箱、360 家庭防火墙、360 家庭安全大脑等设备。

令人疑惑的是，2018 年 360 的业绩增长主要来自于互联网广告及服务，安全业务的营业收入却未见成长。对于"安全业务不赚钱"的质疑，周鸿祎表示，360 的模式很独特，安全不赚钱，必须用互联网来赚钱，这也是当初无意中走对的一条路。

如果 360 不做网络游戏和网络广告，一年的利润也就三五亿，这么少的利润根本无法支持 360 每年养活那么多的安全专家、发现那么多的国家漏洞和国家级的攻击。虽然做安全不赚钱，但 360 通过免费杀毒赢得了大量安全大数据，建立了互联网模式，能帮助国家解决网络安全问题。因此，不能用市值评价 360 的价值。

回顾多年前那场轰动全国的"3Q 大战"，周鸿祎仍然记忆犹新。但他认为，360 已经彻底告别"你死我亡"的竞争思维。随着 to C 市场增量的显著放缓，互联网安全企业应该从全新的角度出发，即便是曾经水火不容的竞争对手，也可以采取合作的形式谋求双赢。

当年 360 进入 to C 市场时并不懂这个道理，无知无畏做了一款免费杀毒软件，把江民、瑞星、金山这些小兄弟"打坏了"。"在 to B 领域，今天哪家公司都不敢保证说用自家的产品就可以解决所有网络安全问题，政府对企业也没有信心，所以我们要联合起来，站在国家和社会的高度，真正地把网络安全大数据做起来。"周鸿祎说。

谈及未来规划，周鸿祎表示，将始终聚焦大安全领域，坚持实施"3+1"策略。"3"包括 3 个方面：一是国家网络安全大脑，专门解决网络安全政企市场问题；二是城市安全大脑，用以解决城市的物理安全问题；三是家庭安全大脑，围绕家庭解决个人安全和家庭照看问题。"1"是 360 当前的互联网战略，比如搜索、网游、导航、短视频等业务。

正如方正证券在研究报告所指出的那样，"360 将凭借自身强大的品牌、技术、资金、人才优势，全面布局大安全业务，信息安全将迎来行业颠覆者"。

分道扬镳

2019 年 4 月 12 日晚，360 发布公告，将作价 37.31 亿元转让所持奇安信 22.6% 股权。本次交易完成后，360 与奇安信将不再存在股权关系，同时收回对奇安信的 360 品牌授权，终止在技术、数据、源代码等方面的合作。公告显示，奇安信此前以 360 品牌开展企业安全业务，两大股东分别是齐向东、奇虎 360，分别占股 27.7% 和 22.59%，董事长齐向东为实际控制人。

周鸿祎和齐向东是互联网行业有名的"黄金搭档"，两人携手合作 16 年。周鸿祎喜怒形于色，齐向东则是泰山崩于前而色不变；周鸿祎主外，是 360 的灵魂人物，长期是舞台中心的焦点；齐向东主内，以二把手角色隐居幕后，用心辅佐。周鸿祎对齐向东的评价很高：

> 这世上有两种人，一种人是从 0 到 1，能够无中生有，这种人很少见；还有一种人从 1 到 N，给他一个平台他能做大，这两类都是创业者。我自己就是让 360 从 0 到 1 的一号位，而齐向东则是帮助 360 完成从 1 到 N 的二号位。

但是，二号位也有"从 0 到 1"的愿望，齐向东曾告诉周鸿祎，"这辈子最大的梦想是带个上市公司"。

齐向东与周鸿祎分道扬镳的起点，或许要从 2011 年说起。这一年，360 在"3Q 大战"的硝烟中登陆纽交所，周鸿祎和齐向东分别持股 17% 和 8.9%，两人合计拥有近 60% 的投票权。经过与腾讯长达 5 年的漫长缠斗，360 败诉，并且在"3Q 大战"中伤了元气，再加上中概股在美国遇冷，到 2015 年末，360 市值下跌至 80 亿美元。周鸿祎和齐向东商讨后决定私有化，重新杀回 A 股。就在此时，齐向东萌生退意。

2016 年 7 月，360 完成私有化交易，周鸿祎持股比例从 17.3% 提升到 22.3%，齐向东持股比例从 8.1% 下降到 2.2%，套现约 37 亿元。1 年之前，2015 年 5 月 25 日，360 成立控股子公司企业安全集团，由奇安信全资持股，齐向东兼任 CEO。当 360 私有化完成后，齐向东拿出套现的 10.67 亿元获得奇安信 41.25% 股权，并且在多轮增资后成为奇安信及企业安全业务的实际控制人，360 由控股变为参股。

齐向东之所以能够逐渐成为奇安信实际控制人，一个可能的原因是周鸿祎并不看好政企安全市场。当年这项业务很小，而 360 从 C 端导流到其他业务每年都有大量收益。周鸿祎和齐向东约定分家各自干，井水不犯河水。为了扶持齐向东，周鸿祎将 360 的品牌、技术免费输送给奇安信使用，甚至将 360 的办公场地免费租给奇安信。

然而，随着产业互联网浪潮到来，政企安全市场迅猛增长。2016-2018 年，奇安信营收从 6.56 亿增长至 23.94 亿元，复合增长率超过 90%，净亏损也在不断下降。相形之下，360 的 to C 业务创新屡遭失败，周鸿祎逐渐重视 to B 业务，将目光聚焦到政企安全领域。此时，一场兄弟之争似乎难以避免。

2018 年 2 月 28 日，360 借壳江南嘉捷重新登陆 A 股，最高市值超过 4000 亿元。而齐向东的持股比例仅剩下 1.79%，并不再担任上市公司高管，在 360 的上市敲钟仪式上，齐向东并未露面，也许此时双方正剑拔弩张。

一年之后，兄弟分家的消息终于公开。周鸿祎不同意这个说法："从一开始，360就是投资和扶持老齐（齐向东）的公司，现在他们有上市的计划，如果继续用360品牌不符合上市要求，那我们尊重老齐的想法，所以把股份转让出去，业务也拆分出去，一切都是按照契约来的，360也不是我和老齐的，哪来的分家呢？"

齐向东很默契地解释说，奇安信正筹备科创板上市。按照有关要求，拟上市公司应当具备独立性，若360免费提供品牌、技术、大数据等授权支持，奇安信的独立性就无从谈起。只有从股权上彻底解决问题，才能实现奇安信独立发展。

不过，从后来的事实来看，两家企业的竞争态势可不像他们说的那样和谐。

2019年8月19日，第七届互联网安全大会（ISC2019）在北京怀柔雁栖湖举办，周鸿祎邀请了不少国外重量级嘉宾。在接受媒体采访时，周鸿祎关于将奇安信从360彻底剥离的说法与之前有所不同，他说："我们原来投了家公司叫360企业安全集团，这家公司后来方向变得与其他网络安全公司没什么两样，至少不是我想象的那种做得最酷的公司，所以后来把这家公司卖掉了……大家在业务上有一些重合，奇安信若上市，除非我不是他的股东，如果我是他的股东，大家就不能同业竞争，又会导致老齐这家公司上不了市。"

8月21日，由奇安信主办的北京网络安全大会闪亮登场，大会邀请了10位院士。周鸿祎前两天刚提出"安全大脑"，齐向东就说"空泛的安全大脑不能解决安全问题"；360宣布从to C到to B进入政企市场，齐向东则调侃"拿着服务于C端的软件去为政府服务会被扫地出门"。无论形式还是内容，两位老朋友针锋相对的意味不言自明。

那段时间，外界最关心的问题莫过于兄弟相争，这是最引人关注的故事桥段。周鸿祎表示，360做政企安全业务只聚焦一件事——做网络安全大脑，也就是网络空间的"雷达"和"预警机"，这些其他安全公司做不了，也就不会和同行直接竞争，反而会有更多的合作空间。因为同质化、低水平的竞争最后的结果是价格战，谁也赚不到钱。

周鸿祎说："360定位为技术赋能者、核心技术提供者，也是大数据的提供者，我们是生态的打造者，未来我们可能会用投资的方式再投出像奇安信这样的公司。"按照规划，360未来的企业安全业务将打造成平台模式，而奇安信等公司则更多地类似于供应商的角色。周鸿祎豪气冲天地说："今天，中国在大安全领域最有可能把生态打造起来的就是360，我认为非我莫属。"

齐向东正在向梦想无限接近。2020年5月中旬，奇安信向科创板提交上市申请。齐向东直接持有25.89%的股份，并通过安源创志、奇安叁号间接控制12.45%的股份，合计控制38.34%的股份。2019年，奇安信营收突破30亿元，但还未实现盈利，此次IPO拟募集资金45亿元，用于安全服务化建设项目、云和大数据安全防护与管理运营中心建设项目等6个项目以及补充流动资金。

在互联网行业，一旦某个产业或领域出现新机会时，总会诞生多家可以互相抗衡的竞争者，只不过，这次在政企安全领域的两位竞争者是一对昔日搭档。从商业规律来看，竞争并不意味着两败俱伤，周鸿祎和360的成长史恰恰证明，竞争精神是最宝贵的企业家精神。

政企安全 3.0

2020 年，周鸿祎迎来 50 岁生日，步入知天命的年纪。

周鸿祎知天命，却不认命。随着年岁增长，他不像以前那样锋芒毕露，怒发冲冠，变得平和从容。周鸿祎在微博上有 1222 万粉丝，他曾经指点江山，激扬文字，每一次发动微博论战都能引发广泛关注，如今，他低调到两个月只发 3 条微博，还都是抽奖话题。他说："今天如果有人要打我，我还是会打回的。只是在面对竞争的时候，心态会平常一些，因为在做 to B 时，突然觉得，你要成功并不是别人都要失败。"

在刻意远离聚光灯、低调转型的过去几年间，360 追逐过智能手机、直播、短视频、智能硬件等"风口"，大多数无疾而终。周鸿祎就像离开马背的成吉思汗那样，单点突破的战法在新战场中未奏效，他对此回应道："我知道很多人对我妖魔化，说我做事情没有耐心。所有的企业家在做事的过程中都在试错，没有谁看准一件事，一做就必成，如果都成功，就不叫创新。"

自我反思、自我批判是周鸿祎的一大优点，他说：

> 最可怕的就是，我自己又有经验，又有很多想法，又觉得自己很聪明。然后手里又有点儿资源，虽然没有腾讯那么多人，

但手里好歹也有一万人，还有上百亿的现金。这种情况下就会产生一种虚假的幻觉，那就是觉得有时候是无所不能。所以我现在这几年也一直在做减法。

减法的另一种表述是聚焦，周鸿祎为自己找到政企安全的新目标而倍感兴奋，甚至寄予厚望。在他看来，进入政企市场不是为了和同行做同质化竞争，而是为了抵御国与国之间的APT（高级持续性威胁）攻击。不过，总有质疑的声音担心360是为了挣钱，为了扩大政企市场的份额。他说："做企业完全不谈钱是虚伪的，但如果做企业只看钱，就有可能比较短视，成就不了一家伟大的公司。我们希望做一个受人尊重的企业，所以战略上一定要看得长远。"

2019年9月3日，360大厦A座一层报告厅，360宣布政企安全战略进入3.0时代。周鸿祎对360政企安全从1.0升级到3.0的路径做了解读：

1.0阶段大约从2006年前后算起，大量C端用户和企业网管开始使用免费的360安全卫士，然后360推出"网管版"查杀病毒、打补丁，后来又有"企业免费版"。从那时起，360服务了很多政企客户。不过，这个阶段，360只是从to C向to B的自然延伸，并无清晰的商业模式。

2.0阶段始于2010年，此时360在to C市场已经取得领导地位，周鸿祎亲自决策进入企业市场，主要打法是投资、收购了几十家企业安全公司，通过资本运作布局to B市场。周鸿祎说："2.0阶段对我们最大的帮助，是让我们对to B和to C市场有了不一样的认知。"

3.0阶段被周鸿祎定义为"大安全时代"。整个社会、整个国家都架构在互联网之上，虚拟世界和物理世界彼此打通。他说："我们企业安全的一个重要使命就是要解决国家安全、社会安全和基础设施安全。网络战商业模式可以区分to C、to B、to G，但网络战不会区分，任何网络战攻击都不会在一夜之间发生。网络战是个整体战，不区分军队、民间，也不区分国家、企业和个人。在攻击者眼里，它是超限战，无所不用其极，只要能作为攻击目标和跳板对象，都在他的攻击之列。"

在 1.0 阶段，360 是免费驱动，单点能力突破；在 2.0 阶段，360 是投资驱动，看清行业本质。周鸿祎在 2.0 阶段就敏锐洞察到：没有一个公司可以取代整个产业，能把什么都做好。所以，360 在 3.0 阶段更加聚焦，希望解决如何探测和阻断其他国家对我们发起的网络攻击，"我们是一家给党政军企提供高端网络安全服务的公司"。

对于周鸿祎来说，无论哪个阶段，最令他兴奋的不是实现目标，而是改变规则，推动整个行业变革。在 3.0 阶段，他希望带来 3 大变革：

第一，客户端的变化从合规驱动到能力驱动。以前政府、企业采购首先考虑合规而不考虑实际效果，未来网络安全一定是能力驱动，解决网络安全问题要看到效果。

第二，安全企业端的变化从卖硬件到卖服务，从卖产品到卖价值，向高智商的服务业转型。

第三，给行业带来改变，通过投资一批创新企业激活行业，推动行业升级迭代。周鸿祎说："这个行业再不改变就发展不下去了。整个行业干了 20 年，一年总收入也就 200 亿，头部公司一年的收入也就 10 来亿。产品高度同质化竞争，市场很小，利润很低。"

经过十几年的发展，360 逐渐形成 3 大核心竞争力：人数据、漏洞和攻击的知识库、一群具有攻防实战经验的高级别安全专家。这些法宝将成为周鸿祎决胜 3.0 阶段的重要利器，但他不会大杀四方，而是主张和平共处，他说："360 政企安全 3.0 新战略将执行以共建、分享、赋能、投资构建安全大生态的发展模式，不做网络安全产业的破坏者和颠覆者。所以，虽然要改变规则，但不是去颠覆，而是激活升级，让全产业受益。"

与周鸿祎的踌躇满志相比，360 的业绩表现和改变力度显得有些平淡。2020 年 4 月 23 日晚间，360 公布了 2019 年年报，首次公开进入"大安全时代"的成绩单。

2019 年，360 政企安全相关收入 4.73 亿元，同比增长 75.15%。但是，与总营收 128.41 亿元、净利润 59.80 亿元相比，这点儿贡献度微不足道。营收贡献最多的仍然是互联网广告及服务带来的 97.25 亿元，其次是智能硬件收入 16.76 亿元。看得出来，广告和游戏等业务依然是 360 的主营业务，新的增长引擎还需要加大马力。

另外，360 扣非净利润仅增长 3.1%，而净利润同比上涨 69.19%，利润来源主要是出售全新股权确认的投资收益近 30 亿元，应该是奇安信股权交易所获的那笔收入，这与主营业务没有直接关系。而且，2019 年经营性现金流比 2018 减少 9.9 亿，跌幅 26.36%，这意味着政企业务依然处在艰难的起步阶段，360 任重而道远。

在年报发布的前一天，2020 年 4 月 22 日，360 公告称超百亿定增获得证监会核准批复。2018 年 5 月，360 发布定增预案，非公开发行股票拟募集资金总额不超过 107.93 亿元，主要用于安全研发及基础设施类、商业化产品及服务类两大类别的项目。此次定增获得通过，意味着 360 将加大政企市场投入力度。在此之前，无论是智能手机还是娱乐内容、流量业务，周鸿祎失败的根源在于"不够 All In"，缺乏最后一战的魄力，但愿此次不留遗憾。

其实，哪有什么最后一战，所谓的"最后"，不过是另一战的开始。对于周鸿祎而言，他永远年轻激情，以质疑一切、挑战一切的姿态颠覆行业，改变世界。

颠覆不是为了改变过去，而是为创造更美好的未来。

"实体清单"之问

在过去两年间，周鸿祎经常因为一个无法回避的尴尬问题夜不能寐，他说："如果有人来问，周鸿祎你天天吹牛，说360是中国网络安全第一，但你做了些什么？"

周鸿祎很难具体回答，只好用愿景和理想搪塞过去："360从一开始有一个使命：要创造安全，这个世界因为安全才能变得更美好。"其实，周鸿祎有骄傲的资本，也有响亮的回答："过去10年，360独立发现了40个对我们国家进行网络攻击的APT组织。它不是一个创新的想法，而是一条被验证的路，这条路成功的同时一定有很多被验证不成功的路。今天找到了方向，这是很难得的事情，就应该加大投入的力度，更加坚定地走下去。"

对抗国外网络攻击一直是周鸿祎骄傲自豪的事情，这与国家安全战略有关，与一家企业的使命、价值有关。然而，正因为360在国家网络安全方面的卓越表现，引起美国关注并进行史无前例的严厉报复。

2020年5月23日凌晨，美国商务部宣布，将33家中国公司及机构列入"实体清单"，其中包括以360为代表的网络安全和AI领域的头部企业。360被制裁的理由是"具有采购相关物项用于中国军事最终用途的风险"。美国商务部表示，将限制这些"实体名单"中的公司和组织在没有得到美国政府具体批准的情况下使用含有美国技术的产品。从最近两年被列入美国"实体清单"的企业处境来看，都将不可避免地造成损失，但都在积极应对。

这次美国发布"实体清单"的时机选择非常微妙，恰逢中国在北京召开全国"两会"之际，其叵测用心昭然若揭。

周鸿祎正在以全国政协委员的身份忙着参加"两会"，他提交了4份提案，聚焦"新基建"的网络安全，分别是：《关于尽早构建新基建网络安全防护体系的提案》《关于尽快制定〈国家5G安全战略〉的提案》《关于加强信创网络安全保障能力建设的提案》《关于加快推进工业互联网安全保障的提案》。他说："网络安全是我的'老话题'，但是随着国家'新基建'战略的提出和实施，今年又有了不少新内容。'新基建'需要同步做好安全的顶层设计，网络安全建设需要同步跟上。否则'新基建'虽然跑得快，但实际都是在'裸奔'。"

"网络安全作为'新基建'的基础型技术，无论是'新基建'哪个阶段，都需要网络安全保驾护航。所以要从规划设计、基础建设、大数据安全和实战检验等方面推进'新基建'网络安全防护体系建设。"周鸿祎说，"在我们进行'新基建'时，全部采用了新的数字化技术，都是架构在软件之上，意味着我们过去不联网的设备联网了，整个工厂和城市的运转完全架构在软件和互联网上，一旦网络和软件受到攻击，或软件里有不为人知的漏洞，整个'新基建'就可能会出现严重的问题。"

借着全国"两会"的难得机会，周鸿祎向媒体和与会代表推销起"360网络安全大脑"，就是一套相当于应对APT攻击（高级可持续威胁攻击）的预警机系统，他说："围绕着'网络安全大脑'这套技术，我们希望能帮助建立一套安全防护方法和体系，把它输出到工业互联网里，输出到'新基建'里，输出到5G安全防护体系里。"

然而，还没等周鸿祎把APT攻击预警机系统广而告之，大洋彼岸的美国就以"实体清单"的方式对360进行精准攻击，这多少有些令人措手不及。不过，周鸿祎对此并非完全没有预感，早在 2019 年 12 月中方就中美第一阶段经贸协议发表声明之际，周鸿祎就明确表示："互联网技术是全球一体化发展中的重点领域，也是产业全球化协同发展特征最明显的专业领域之一。我们看到双方达成一致的中美第一阶段经贸协议中，包括了知识产权、技术转让等相关内容，这些内容的落实，将有助于强化知识产权保护，扩大市场准入，有力保障中美企业在国际市场上健康、良好、有序地展开国际合作。"

那时候，周鸿祎还抱着和平友好的心态建言，希望双方化干戈为玉帛，减少摩擦加强合作。如今，战火已经烧到自己头上来了，他不可能置身事外。

5 月 23 日当天，360 集团向媒体公开回应："坚决反对这一不负责任的指责，并反对美国商务部把商业活动和科技研发政治化的做法。"

360 在回应中表示："近年来，360 基于安全大数据打造了'网络安全大脑'，可有效探测发现国家级黑客组织、网络大型犯罪团伙等对我国发起的高级网络攻击，并且取得了显著成果，捕获超过 40 起其他国家对我国网络基础设施的攻击。最近，360 也披露了美国某情报机构对我国长达 10 年的网络攻击的实锤证据。网络安全企业发现网络攻击后披露攻击事件、分析与溯源黑客组织信息，属于行业惯例，也是顶尖网络安全公司的实力展示和责任所在。包括美国网安公司在内的全球同行，也这样做过，披露攻击事件是网络安全公司不断改进防守技术、打击网络犯罪的需要，而不应该成为制裁的导火索。"

360 始终以"让世界更安全更美好"为使命，保护了中国众多政府企业基础设施和数亿消费者的安全，同时也是维护全球网络安全的关键力量。360 安全大脑累计帮助苹果、谷歌、微软发现数千个安全漏洞，间接保护全球网民，并得到这些公司的高度评价和多次感谢。360 安全大脑也曾多次帮助美国执法机构破获全球网络犯罪攻击案件，在国际上得到广泛认可。

对此，360 认为，网络攻击和犯罪才是全人类共同的敌人，需要全球网络安全力量更好地开展合作。美国商务部的制裁，试图削弱中国网络安全防守能力，只会有利于各种攻击组织和攻击活动，给全球网络安全会带来负面影响。

虽然"实体清单"会对 360 开展业务造成一定困扰，但不会对其日常经营产生重大影响，更不会中断其继续为客户提供安全保障的能力。360 强调："无论遇到何种动机的打压和不公正待遇，360 都将坚持创新和发展核心技术，打造数字时代的安全基础设施，做好我国政府、企业基础设施的网络守护者。"

周鸿祎对于 360 被纳入美国"实体清单"完全不能理解，360 不仅为美国大公司提供网络安全方面的帮助，还帮助美国的相关执法部门破获全球网络犯罪攻击案件。不过，他也很欣慰，360 用 10 年时间打造了网络安全大脑，可以检测发现其他国家对中国基础设施的网络攻击，从而可以让中国的网络防御能力增强。

对于绝大多数人来说，面临美国"实体清单"这种突如其来的重大危机，简直天昏地暗，如坠入万劫不复的深渊。可是对于周鸿祎而言，不过是有一场斗争与较量，他曾说过："我这人天生好斗，每天早晨起床时我也懒得上班，但是一想到竞争对手，我就精神抖擞地爬了起来。你要想成功，自己就要变成一把剑，敌人和挫折都是磨刀石。"战斗者的心态永远积极向上，乐观开朗，永不言败。感谢折磨你的人，不要将其视作"绊脚石"，而是"磨刀石"，你才会锋利无比，所向披靡。

正是一次次战争在磨练 360 快速成长，日渐强大。周鸿祎桀骜不驯，敢想敢干，这种棱角分明的个性为他带来广泛赞誉和追捧，也招致无数责骂和批评。不过，经过美国"实体清单"这一仗，周鸿祎对商业竞争的理解会更深，也更理解肩负的国家责任和时代使命。

可以预见，2020 年是 360 的关键之年，也是周鸿祎的人生新阶段。经此磨难，周鸿祎境界更高，格局更大，360 也会离伟大公司的梦想更近，走得更远。

周鸿祎大事记

1970 年 10 月 4 日　周鸿祎出生。

1988 年 6 月　周鸿祎毕业于郑州九中。

1992 年　周鸿祎毕业于西安交通大学电信学院计算机系，获学士学位。

1995 年　周鸿祎从西安交大管理学院系统工程系研究生毕业，获硕士学位。

1995 年始　周鸿祎就职于方正集团，先后担任程序员、项目主管、部门经理、研发中心副主任、事业部总经理等职。

1998 年 10 月　周鸿祎创建北京三七二一科技有限公司（3721），并在同年推出了 3721"网络实名"的前身——中文网址，开创中文上网服务之先河。

1999 年　3721 正式提供网络实名中文上网服务，覆盖当时 90% 以上的中国互联网用户，占据中国付费搜索市场 40% 的市场份额。

2001 年	3721 公司在中国互联网企业中率先宣布盈利。
2004 年 1 月	雅虎出资 1.2 亿美金购买 3721 公司。
2004 年 3 月	周鸿祎就任雅虎中国总裁，全面负责雅虎及 3721 公司的战略制定与执行，任职期间推出"一搜网"、1G 免费邮箱等多项互联网业务。
2005 年 8 月	周鸿祎在执掌雅虎中国18个月后功成身退。
2005 年 9 月	周鸿祎担任 IDG 公司 VC 投资合伙人。
2006 年 2 月	周鸿祎成立天使投资基金。
2006 年 7 月	中国互联网协会发起"净化网络生活空间，从我做起"网络百日大扫除活动，360 安全卫士正式对外推出。
2006 年 8 月	周鸿祎投资奇虎 360 科技有限公司，任奇虎 360 董事长；360 安全卫士发起公投"恶意软件"的活动，号召网民针对业界争论不休的"问题软件"进行公开投票。
2006 年 12 月	360 安全卫士正式推出"绿色软件"下载平台，承诺在此平台上推荐下载的软件均为无捆绑、无恶意软件的绿色软件。
2008 年 3 月	360 正式将域名切换至 *www.360.cn* ，完成从产品向安全平台的蜕变。

2008 年 4 月　　360 安全卫士发起"要求 CNN 道歉，全国网友大签名"活动，21 万余名网友参与了该活动。

2008 年 7 月　　360 与国际知名杀毒厂商合作推出了免费的杀毒软件——360 杀毒。

2009 年 4 月　　360 安全中心联合盛大，投入 1000 万元巨额奖金悬赏《永恒之塔》游戏外挂和木马的举报。

2009 年 6 月　　360 安全中心推出"软件管家"，发动网民举报"卸不干净"软件。

2009 年 10 月　　360 安全中心高调发布永久免费的 360 杀毒 1.0 正式版。

2010 年 1 月　　红杉中国合伙人沈南鹏、高原资本合伙人涂鸿川、360 董事长周鸿祎，共同宣布启动一项投资计划——"免费软件起飞计划"。

2010 年 3 月　　360 宣布推出又一款永久免费的安全软件——360 手机卫士 V1.0 版。

2010 年 5 月　　360 安全卫士正式发布"木马防火墙"。

2010 年 6 月　　360 斥资 100 万元资助"反流氓软件英雄"董海平，成立"软件行为用户监督联盟"。

2010 年 9 月　　360 正式发布《互联网安全免费白皮书》，断言杀毒软件已全面进入免费时代。

2010 年 9 月 27 日	360 推出隐私保护器，称 QQ 偷窥用户隐私，随后又推出扣扣保镖，可屏蔽 QQ 弹窗和广告等功能。
2010 年 11 月 21 日	腾讯和 360 双双发表致歉声明，腾讯称向所有在事件中受到困扰的用户致歉，360 也向用户致歉，并表示腾讯与 360 软件、网站已全面兼容。
2011 年 3 月 30 日	周鸿祎带领奇虎 360 在美国纽交所上市，开盘当日其股票开盘价为 27 美元，盘中最高时涨至 34.40 美元，收盘 34 美元。
2011 年 8 月	360 发布移动（PAD）浏览器。
2011 年 9 月	2011 安永中国企业家奖揭晓，360 公司董事长周鸿祎等荣获本年度中国科技企业家奖。
2012 年 1 月	360 公司将旗下 360 保险箱软件与游戏媒体门户企业游久数码科技有限公司进行合并重组，全力打造游戏开放平台。
2012 年 3 月	凤凰网与奇虎 360 宣布正式签订战略合作协议；360 与芬兰 Rovio 娱乐公司正式签约，360 获得中国地区《愤怒的小鸟（太空版）》首发权。
2012 年 4 月	360 推出专门为儿童打造的互联网软件平台 360 安全桌面儿童模式。

2012 年 5 月　　360 宣布合作发售特供机产品，打造智能手机开放平台。

2012 年 6 月　　由 360 公司发起，万普、多盟、酷果、InMobi、应用汇等移动互联网广告产业链各方共同参与的行业沙龙在京举行，共同向全行业发出了《拒绝手机恶意广告，推进移动健康盈利》的倡议。

2012 年 7 月　　巨人网络与奇虎 360 联合召开新闻发布会，正式联运一款新网游——《千军》；360 协助微软修复 Windows 内核驱动漏洞（MS12-047），从而第 6 次获得微软官网致谢。

2012 年 8 月 16 日　　360 推出综合搜索，成为 360 网址导航的默认搜索引擎。

2012 年 9 月　　360 搜索发布 so.com 独立域名，S 代表 Safe（安全），O 代表 Open（开放）。

2012 年 10 月　　全新 360 安全浏览器 6.0 版发布。

2012 年 11 月　　360 杀毒 4.0 正式版发布，360 安全浏览器推出"个人信息使用日志"。

2012 年 12 月　　360 安全卫士 9.0 版本开启内测，开启云端安全新时代。

2013 年 1 月　　360 安全卫士推出加速球功能。

2013 年 4 月　　360 搜索推出医疗、医药、健康信息的垂直搜索引擎"良医搜索"。

2013 年 6 月	360 国际版产品正式推出，标志着 360 正式开启国际化进程；同时，360 发布首款硬件产品"360 随身 WIFI"，帮助用户实现移动终端设备的无线联通。
2013 年 8 月	360 搜索发布"欺诈推广全赔计划"。
2013 年 9 月	360 影视 App 正式上线；360 企业版宣布推出"天眼""天机""天擎"整体安全解决方案；由 360 公司主办的国内规模最大的一次网络安全盛会"2013 年中国互联网安全大会"在北京召开。
2013 年 10 月 29 日	360 发布首款可穿戴设备"360 儿童卫士"智能手环产品，可随时定位孩子位置，并具备安全区域预警、通话连接等功能。
2013 年 12 月 19 日	北京市海淀区人民法院对百度公司起诉周鸿祎、奇虎公司侵犯名誉权案作出判决，判处周鸿祎及奇虎 360 公司败诉，要求周鸿祎、奇虎 360 公司删除侵权微博、道歉 10 天，并处罚金 5 万元。
2014 年 1 月	360 手机助手率先在国内推出手机下载免流量。
2014 年 2 月	针对 Windows XP 系统"停服"，360 推出安全卫士"XP 盾甲"，承诺向 XP 用户提供免费安全服务，直到 XP 退出市场。360 企业安全也推出"XP 盾甲"企业版和 360 天擎 XP 加固版。

2014 年 2 月 24 日	最高人民法院对腾讯诉奇虎 360 不正当竞争案作出终审判决：驳回奇虎 360 的上诉，维持广东高院的一审法院判决，奇虎 360 赔偿腾讯 500 万元经济损失。
2014 年 4 月	360 手机卫士重返苹果应用商店；安卓清理大师正式上线；由北京市公安局网络安全保卫总队与 360 公司联合发起的"北京网络安全反诈骗联盟"正式成立并启动。
2014 年 10 月	360 对软硬件技术进行全面升级，推出全球第一款保护儿童安全的智能手表——"360 儿童卫士 2"。
2014 年 11 月	360 举办首个"360 用户节"。
2014 年 12 月	360 投资 4 亿美元与酷派组建合资公司，正式宣布进入智能手机领域，周鸿祎发布内部邮件《带上 AK47，跟我到南方做手机》。
2014 年 12 月 24 日	360 与光线传媒签署合资协议，共同出资成立先看网络公司。
2015 年 1 月	360 安全路由首发，创下 98 秒 35000 台的记录；360 投资 2 亿元，与磊科成立合资公司蜂联，共同进军互联网智能路由器市场。
2015 年 3 月 10 日	周鸿祎担任酷派和 360 合资公司 CEO。
2015 年 3 月	360 宣布推出 360 智能摄像机。
2015 年 4 月	360 推出 360 儿童卫士智能手表 3 代。

2015 年 5 月	360 企业安全集团正式宣布成立；360 正式推出行车记录仪。
2015 年 6 月	360 孵化的手机直播平台花椒直播正式上线。
2015 年 8 月	360 宣布推出 360 手机奇酷旗舰版、青春版。
2015 年 12 月	360 宣布与东方明珠合作，携手打造联合品牌 BesTV 360。
2016 年 1 月 15 日	周鸿祎当选为北京知识产权保护协会第三届理事长。
2016 年 3 月	360 公司正式发布 360 智能摄像机 1080P 版；360 企业安全集团正式启用"360 网神"品牌；360 战略投资科技媒体钛媒体。
2016 年 4 月 12 日	360 宣布与北京电视台合办北京时间。
2016 年 5 月 10 日	李湘担任 360 娱乐总裁。
2016 年 6 月	360 旗下路由器运营方蜂联完成 3 亿 B 轮融资，公司估值达 20 亿；360 手机卫士 7.0 版本全新上线，四大功能升级并提供三大创新服务。
2016 年 7 月	360 手机 N4 升级版新品正式发布；巴迪龙儿童手表 5C 正式发售。
2016 年 8 月	360 手机 Q5/Q5 Plus 在京东独家开售。
2016 年 9 月	360 手机卫士发布具备强大骚扰拦截能力的 iOS 10 版本。

2016 年 11 月	360 手机浏览器宣布推出 8.0 版本，具备可自由定制首页与轻应用等特色功能。
2016 年 12 月	周鸿祎投资王思聪的直播平台熊猫 TV。
2017 年 4 月	360 记录仪 M301 天猫首发，破天猫车品首发销售记录；360 与滴滴携手打造出行安全新标杆启动仪式。
2017 年 6 月	2017 第二十一届中国国际软件博览会上，360 手机卫士在评选中荣获本届软博会"金奖"。
2017 年 11 月	360 正式推出"快视频"App，定位于"一分钟超短视频"。
2018 年 2 月	360 金融推出小微贷业务。
2018 年 2 月 22 日	周鸿祎担任 360 公司董事长兼 CEO。
2018 年 2 月 28 日	三六零安全科技股份有限公司正式在上交所敲锣上市，成功回归 A 股。
2018 年 3 月 15 日	周鸿祎当选为政协第十三届全国委员会经济委员会委员。
2018 年 5 月	360 公司正式推出全球最大的分布式智能安全系统"360 安全大脑"。
2018 年 12 月 14 日	360 金融登陆纳斯达克，成为互联网巨头旗下第一个上市的金融公司，也是周鸿祎操盘的第二家上市公司。

2019 年 3 月 28 日	360 在北京举行"老周的 IoT 春季发布会"，隆重推出 IoT 家族新成员"360 家庭安全大脑"。
2019 年 3 月	360 家庭防火墙 OS 发布，系业内首个自研家庭防火墙路由器系统。360BNI 引擎发布，系自主研发的 360 安全大脑网络流解析引擎，具备"自学习、自进化"的能力，属业内领先水平。
2019 年 4 月 9 日	360 游戏宣布将与军事游戏开发商 Wargaming 达成战略合作，协力在中国市场推出多款游戏。
2019 年 4 月 12 日	360 发布公告称，将转让其所持北京奇安信科技有限公司的 22.6% 股权，作价 37.31 亿元。
2019 年 5 月	周鸿祎担任北京六间房科技有限公司董事长。
2019 年 5 月	360 推出企业安全浏览器，面向政企市场，并全面支持国内主流计算平台。
2019 年 7 月	360 举办第七届互联网安全大会，以"应对网络战 共建大生态 同筑大安全"为主题，成为全球网络安全行业瞩目的盛会。
2019 年 9 月	360 发布政企安全战略 3.0，构建大安全生态，提升我国的网络综合防御综合能力。
2019 年 10 月	360 IoT 安防战略升级暨新品发布会在深圳举行。

2019 年 11 月　　360 浏览器与 360 政企 DNS 团队部门通力合作，在 360 极速浏览器 12.0 新版本中加入了 DoH，使其成为国内首家支持 DoH 服务的浏览器。

2020 年 1 月　　360 公益基金会紧急成立专项小组，迅速启动驰援湖北疫区计划，募集善款购买医疗物资送往疫区一线。

2020 年 2 月　　360 发起"百城战疫"活动，就地动员各业务单元、全国各地分公司的 IT 专家，联合行业伙伴，在网络安全保障、疫情/舆情数据分析、社区/园区封闭管理、疫情作战指挥系统、疫情保险互助方面，全力支持各地政企单位共抗疫情。

2020 年 4 月 22 日　　360 公告称超百亿定增获得证监会核准批复。

2020 年 5 月 22 日　　美国商务部以"具有采购相关物项用于中国军事最终用途的风险"为由，将 360 集团列入"实体清单"。360 表示，反对美国商务部把商业活动和科技研发政治化的做法。

周鸿祎名言录

1.打CS是外在的表象，真正需要锻炼和改变的是内心的价值观。害怕风险、恐惧失败、从众随大流、经不起别人的冷嘲热讽甚至谩骂攻击、盲目崇拜大公司大企业，这都是没办法去创新创业的，这样的人你给他发一把真枪他都不敢拿。

2.美国人崇尚颠覆式创新，而不是跟在别人后面，因此颠覆者和破坏者都被视为英雄。在中国，颠覆和破坏往往是贬义词，被认为是麻烦制造者，因此在中国创新需要勇气。

3.一个人越早知道自己的价值观，对自己的发展越有利。我的成功得益于我很早就有很清楚的价值观。

4.从骨子里来说，跟李彦宏、雷军等人相比，他们可能更成熟，更容易去驾驭商业的成功。而我骨子里不是一个商人，我是一个对技术着迷的程序员和注重用户体验的产品经理。

5.我特别喜欢创业，也善于创业。我一直觉得，只有创业，才能有快乐，才有成就感！

6.当时年少无知，急于求成，犯下了很多愚蠢的错误，所以我到现在都不太赞同学生创业的想法，因为经验和年龄是最不容易超越的。没有当过一个好员工就不可能成为一个好老板，你没有当员工好好地打基础，就不能当一个好老板。

7. 我一直觉得，什么事都应该去试试，哪怕会失败，人生最大的遗憾莫过于当时想做而没有去试试。而我想做的事我都去做了。年轻时最大的收获，就是养成了坚强的意志，能够承受很多的磨难和打击，并且不会轻易放弃，只要有 1% 的机会，就会用 100% 的力量去争取。

8. 4 年来，我们一直都是处在一种被嘲笑、被轻视的状态下。但我相信中国会成为互联网第一大国，中文会成为互联网使用最广泛的语言，中国人最终会选择用自己的母语上网。所以在别人不看好的时候，我对自己的 idea 始终保持信心。

9. 任何一个好的创意，一个好的想法，如果大家都一致说好，你才要怀疑这个想法是不是真的好了。因为从概率上来讲，90% 的人是平庸的人。你的想法 90% 的人一致叫好，有两种可能：这个想法已经被别的企业验证，你已经没有机会；要不，你这个想法肯定很愚蠢。而那些不被别人看好的想法，反倒有可能在那些大企业所不屑于或者没有意识到的领域创造出优势来。

10. 在某些领域我们很难与国外公司竞争，但在与中国文化有关的领域，我们不希望也被外国企业一统天下。外国公司从来不是一个慈善家，标准控制在对方手里，就必然受制于对方。

11. 在一个人或者一个企业的成长过程中，最可怕的不是面对一个强大的压力，或者突然遇到一个竞争者的挑战，或者突然遭到了灭顶之灾。在有压力的情况下，我们每个人都会爆发出一些潜能来应付这种情况。但是，在面对突然而来的机会时，并不是每个中小企业都能把握的，绝大多数机会会变成企业的陷阱和滑铁卢。3721 本来是最有机会在中国跟百度逐鹿搜索市场的，但是由于决策失误，错把雅虎抛来的诱惑当作机会，亲手葬送掉了 3721。对我而言，这是个至少 10 亿美金的失败。

12. 跨国公司不要老是以国际大企业自居，只有学会了解中国国情，学会和中国伙伴合作，掌握本地市场运作的技巧，才能成功。

13. 乔布斯屡战屡败，桀骜不驯，性格缺陷明显，很像我自己。乔布斯42岁高龄尚可以站起，我为什么不能呢？

14. 当时3721特别想跟百度竞争，其实不用盯着百度，再融资，融几千万美金，然后自己招人，自己慢慢改善技术，可能几年以后，搜索业务就能打开局面了。但当时我的竞争心太强，这是我个性中的一个弱点，太喜欢跟人竞争，一旦跟人对上了，恨不得把对方干掉，就特别急躁，眼睛里又只有竞争对手。

15. 带翅膀的不一定是天使，也可能是鸟人。我不认为谁有钱谁就叫天使投资。仔细研究硅谷的那些天使投资者就会发现，他们在投资谷歌和苹果等公司之前，都曾经在硅谷摸打滚爬过，因为有实战经验，所以才在创业上帮到大忙：首先，他们对产业比较了解，能帮助创业者理清思路、规划方向；其次，因为有过或成功或失败的创业经历，清楚创业是怎么一个过程，能够适时给创业者一些具体到位的指点；另外，他们本身在VC圈有很广的人脉关系，可以轻松找到下家，给创业企业进一步融资。

16. 天使投资人和创业者之间的关系，就像结婚一样，你选择了这个人，你就要接受他的优点和缺点，要帮助他发挥他的优点，然后改正他的缺点。但是从心态上一定要明白，不可以越俎代庖。劝说归劝说，但企业始终属于创业者，必须尊重创业者。如果对方做的事情，我觉得不妥当，我会劝说，但最后我会尊重他的意见。

17. 我投一个项目，一开始不是看钱途，而是看他是不是做了一个很酷的产品，这个产品是不是很多人会用。就算有些企业还没有找到特别明确的商业模式，但是只要其产品有很多人在用，他能改变很多人的生活方式，我就会投资他。

18. 我向来看不起某些市值很高的互联网公司。这些公司为了利益不择手段，没有正确的价值观，一方面，疯狂遏制创新企业；另一方面，什么广告都敢接，起不到一个好的表率作用。他们都是会赚钱的公司，但没法赢得用户的尊重。我希望360能成为像谷歌一样受人尊敬的伟大公司。企业发展到一定阶段，就应该考虑如何在自己的行业领域内，做对社会有益的事情。先去不择手段地赚钱再去做慈善买个好名声是很虚伪的。我的性格让我很难变成那种传统意义上所谓伟大的企业家，那也不是我的梦想。

19.把名声弄坏了其实是有机会矫正的，但我当时年轻气盛，由于过度竞争，眼中只有竞争对手，太想战胜对手了，太想做网页搜索了，太着急了，又正好碰上雅虎。雅虎诱惑说有能跟谷歌相匹敌的搜索技术，结果我当了小白鼠，就加入了豪门。3721变成雅虎助手，而我继续背负着恶名。

20.当时大的杀毒公司都眼睁睁看着流氓软件横行，却不敢解决，因为大家都清楚，做流氓软件的实力很强，他们光明正大地做，还形成了地下产业链。而作为同圈子的人，低头不见抬头见，断同行的财路，无疑是需要胆量的。也有人呼吁用正规渠道去解决，借助政府和司法力量，但取证很困难，根本不可能打赢官司。

21.在网上搜我的名字，一半都是骂我，很多被我们动了奶酪的流氓厂商，他们心有不甘，有的洗手不干了，有的对我进行人身攻击，像阿里巴巴、雅虎这样的公开对我破口大骂。但是这些没有对我造成什么实质性的影响。互联网发展到今天，美国的《时代周刊》都把网民选为时代人物，因为互联网是最民主的地方，无论你做得好与坏，网民都最有发言权。

22.中国传统的价值观，其实就是从众，如果小众了，别人就会觉得你很二。可一件事情，已十拿九稳。一味模仿，还有什么趣味？我玩的就是心跳。

23.想要赚大钱就要颠覆已有规则，不一定说创新就要成立研究院，雇很多科学家，申请无数专利。改变一个游戏规则也是创新，我们让杀毒软件从收费到免费，跟技术没多大关系，但它就是创新。只要这种创新是受用户欢迎的，那就一定有它的价值。

24. 杀毒软件成本极低，杀毒企业的引擎技术大多十几年没有动过，研发也没有花多少钱，每年靠一些人整理病毒库换新版本，再拿出去卖给网民，靠这点儿东西从网民那拿几亿的钱。收费和暴利阻碍了杀毒市场的发展，必须革命。

25. 从搜索到邮箱，从即时通讯到网页浏览，互联网发展到今天，凡是在互联网里成为基础服务的平台都已经免费，事实也证明，想用基础服务来收费的路是行不通的。反木马、反病毒，防火墙都属于互联网基础服务的范畴，所以都应该免费，这也是互联网安全服务结合的大势所趋。

26. 即便杀毒软件全部免费，厂商同样可以寻求增值业务收费或者向企业用户收费一类的新的盈利模式。目前中国有 2 亿网民，未来中国会有 5 亿或者更多的网民，我们希望把安全打造成一个互联网基础服务，希望它将来会像搜索一样，变成互联网基础服务。所以我们并不是通过免费杀毒来打击其他厂商，而是通过免费来做大安全市场。

27. 采用了一种不适当的商业模式，它会逼着人去作恶。你主观上善良，不想做恶，但因为你是商人，你要对股东负责，你要对投资人负责，你要对市场负责，你一旦走上这条路，收入的压力就会逼着你，让你想办法提高广告的效果，这样你就得把广告做得更加的骚扰、更加的强制，最后就走向另外一个极端。

28. 360 的成功来自于葵花宝典："欲想成功，必先自宫。"

29. 不管 360 的模式怪不怪、绕不绕，都是由一个叫周鸿祎的中国人独创的，周鸿祎改变了"网络安全"的定义，用 3 年时间颠覆了传统杀毒行业。这是事实。

30. 我属于李云龙那种人，直接亮剑。好处是比较简单，坏处就是很容易树敌。别人还图穷匕见，我连个图都没有，直接就把匕首端上。

只要来挑衅，我肯定会反击，你要战，我就战。

31."3Q 大战"之后两家企业都在反思，腾讯的改善是特别明显的，虽然它还不放弃对一些对它有危害的公司的绞杀，但至少它从绞杀一切创业公司转向去投资一些公司，跟一些小公司合作。

32.中国有垄断八成的搜索巨头，让用户没有选择，这才是对用户和行业的最大伤害。谷歌用户经常因为网络中断而不得不使用它，因为用户没有选择，所以搜索巨头可为所欲为，任意操纵搜索结果，道德谴责、舆论批评对巨头无效，只有竞争打破垄断，才会让消费者和行业获益，竞争会改善搜索质量，让用户成为赢家。

33.这个社会很现实，你成功与否是以你挣了多少钱、你公司上没上市、公司做没做大为考量标准。如果你没有达到这几点，你很快就会被遗忘，因为历史由成功者来书写，所以，我必须要获得世俗的成功。只有上市才能让投资人和公司的员工得到应有的回报，也才能进一步增强公司在行业内的话语权。

34.向左走还是向右走？这里潜伏着很大未知。做决定是一件让人左右为难的事情，也通常让人特别煎熬。毕竟最终的决策者必须为决策本身负责，成功了，一往无前；失败了，责任清晰。而在最终结果出现之前，谁也不知道我们是否能够顺利到达彼岸。

35.这如同在战场上，你的枪膛里只有一颗子弹，你需要一击而中。这就像我职业生涯里的又一场前途未卜的豪赌。

36.商场如战场，一切瞬息万变。作为将领，如何带兵克敌制胜，如何坚持自己的信仰，如何随机应变，商场和战场确实有很多东西都是相通的。360 私有化过程的惊险程度已经超过了赴美上市的过程，而这个时候，坚持就成了我们的信仰。坚持，坚持，再坚持，成了支持我们团队走下去的力量。

37.一个公司的价值不仅仅在于它的营收，而在于一个公司最后能够让国家、政府、网民都离不开，它就有了价值。这个价值上立得住，才考虑挣钱，互联网领域挣钱方法很多。

38.很多人觉得融资成功、上市成功就是一个终点，但是对我而言，上市可能就是新的起点，不论是 reboot（重启）还是 refresh（刷新），对 360 而言，都意味着一个新的开始。

39.工业化 4.0 是一个高大上的名字，我更愿意把它叫作"重新发明轮子"的时代，就是我理解的 IoT，所有的东西都与互联网连接，这就给制造业一个巨大的转型升级的机会。

40.现在网络安全的形势已经变了，进入了网络战时代。首先是对手变了，很多网络攻击已经不是来自民间黑客，而是拥有国家背景的网军、黑客团队，我们不能停留在一些简单的产品和技术层面，必须系统地思考在网络安全行业到底发生了什么问题，为什么会有这样的情况，有没有方法能够从更高的层面去解决网络安全问题，解决网络安全下一个 5 年、10 年面临的挑战。其次是攻击方式变了。过去网络安全对付的是病毒，是木马，现在网络攻击是针对漏洞。

41.我们要站得更高、看得更远、做得更新。"大安全"战略是一件前无古人的新事业。

42.如果 360 不做网络游戏和网络广告，一年的利润也就三五亿，这么少的利润根本无法支持 360 每年养活那么多的安全专家、发现那么多的国家漏洞和国家级的攻击。虽然做安全不赚钱，但 360 通过免费杀毒赢得了大量安全大数据，建立了互联网模式，能帮助国家解决网络安全问题，因此，不能用市值评价 360 的价值。

43.这世上有两种人，一种人是从 0 到 1，能够无中生有，这种人很少见；还有一种人从 1 到 N，给他一个平台他能做大，这两类都是创业者。

参考文献

1.《颠覆者：周鸿祎自传》，周鸿祎、范海涛著，北京联合出版公司 2017 年 11 月出版

2.《周鸿祎：我的互联网思维》，欣叶著，台海出版社 2018 年 11 月出版

3.《疯狂斗士周鸿祎》，席圣文著，中国商业出版社 2016 年 11 月出版

4.《周鸿祎自述：我的互联网方法论》，周鸿祎著，中信出版社 2014 年 08 月出版

5.《360 周鸿祎：爱拼才会赢》，刘志则著，台海出版社 2019 年 02 月出版

6.《智能主义：未来商业与社会的新生态》，周鸿祎著，中信出版社 2016 年 11 月出版

7.《周鸿祎谈互联网思维》，侯姗姗著，中国法制出版社 2015 年 10 月出版

8.《极致产品》，周鸿祎著，中信出版社 2018 年 06 月

9.《红星照耀周鸿祎》，王雪琦，来源：《中国企业家》 2019 年 2 月 26 日

10.《周鸿祎终于不再"折腾"》，杨业擘，来源：《Tech 星球》2019 年 5 月 6 日

11.《"安静"的周鸿祎》，来源：《极客公园》2019 年 5 月 14 日

12.《周鸿祎变了》，接招，来源：《创业邦》2019 年 5 月 29 日

13.《"360 退出北京时间，周鸿祎的新媒体梦又碎？"》，马程，来源：全天候科技 2019 年 4 月 20 日

14.《"专访周鸿祎：靠工资只能糊口，想买房别指望 996"》，牛耕，来源：《AI 财经社》 2019 年 4 月 19 日

15.《"周鸿祎寻枪"》，翟文婷，来源：《中国企业家》 2015 年 8 月 20 日

16.《"周鸿祎会改变吗"》，夏勇峰，来源：《商业价值》2011 年 5 月 11 日

17.《"周鸿祎：很多时候，成功都是被逼出来的"》，来源：《投资人说》 2017 年 12 月 7 日

18.《"如何读懂周鸿祎？"》，懂懂笔记，来源：《世界经理人》2019 年 5 月 29 日

19.《"周鸿祎又食言了"》，王美文，来源：《亿欧网》2018 年 9 月 6 日

20.《"周鸿祎，不再开炮"》，魏晓，来源：《凯迪社区》2017 年 7 月 14 日

致谢

周鸿祎与奇虎360真正走进大众视野，应该始于2010年10月那场舆论鼎沸的"3Q大战"之后。"凡是没有将我杀死的，终将使我强大"，周鸿祎和奇虎360脱胎换骨，不仅得到了更多用户支持，后来还在美国上市、回归A股，不断转型、扩张，从胜利走向更大的胜利。

一个有意思的插曲是，经此一役，腾讯公共形象一落千丈。2012年，马化腾请财经作家吴晓波写《腾讯传》，几经延宕终于在2017年初出版，"3Q大战"已经过去7年了。巧合的是，大概在《腾讯传》秘密启动的同一时期，我凭借长期研究中国企业家群体的敏感性，开始提笔写《周鸿祎传》，并且在2013年8月顺利出版《周鸿祎：人生就是不停的战斗》。这是第一部全面叙述周鸿祎成长历程的传记图书，面世以后不仅市场反响强烈，还收到奇虎360内部的积极评价。

在我看来，这部开先河的作品点燃了周鸿祎和奇虎360著书立说的热情。此后几年，周鸿祎陆续出版《周鸿祎自述：我的互联网方法论》《极致产品：国民简明爆品实践指南》《智能主义：未来商业与社会的新生态》等作品，还请两位女性传记作家写作《拒绝平庸：周鸿祎和他的创士记》《颠覆者：周鸿祎自传》两部传记。从打造企业家IP、塑造品牌、提升公共形象来说，周鸿祎略胜马化腾一筹。

马化腾只是周鸿祎此生交手的众多对手之一。人在事上练，刀在石上磨。"红衣大炮"周鸿祎的商战故事精彩纷呈，比尔·盖茨、杨致远、马云、马化腾、李彦宏、雷军……哪个对手不是名震江湖的雄主？哪个故事不是惊心动魄的斗争呢？一路走来，周鸿祎一直跟自己斗、跟落后思想观念斗、跟违背商业常识斗、跟极致产品缺失斗、跟国内国外巨头斗，敢于斗争是勇气、魄力，善于斗争是本领、能力。时代在变，斗争的内涵也在变，但斗争精神永不过时。

但斗争、颠覆不是周鸿祎人生的全部，甚至属于表象，他有对极致产品的追求，有对回归商业常识的偏执，更有对智能未来的探索精神。最近几年，周鸿祎已逐渐淡出浮华喧嚣的互联网主舞台，有自媒体还撰文《人民想念周鸿祎》并走红网络。周鸿祎以《致想念我的人民》作为回应："大家是想念讲真话的人，是想念挑战者，也是想念互联网的炮火声。"

这部作品的大部分内容都是《周鸿祎：人生就是不停的战斗》的修订版，讲述他作为"斗士"的战斗史，与原书稿有很大幅度的删减。后半部分的第10-13章为新写内容，由我的同事、财经作家谢再红辅助完成，讲述奇虎360上市之后的新故事。

在写作过程中，我们重点参考了包括以上所列的周鸿祎本人著作及两本传记的内容，还有很多主流媒体报道及专家的分析解读文章，对此向所有著作者表示衷心感谢！

周鸿祎以及奇虎360为大家奉献了宝贵的创业智慧、经营方法和哲学思想。同时，与周鸿祎战斗过的所有互联网巨头也功不可没，读者可以从本书中领略各种商战谋略和格局雄心。从某种角度来说，商业竞争的最终受益者是用户以及整个行业。

这是周鸿祎对于时代和行业的价值，也是我们写作本书的价值所在。